Kunst-Reiseführer in der Reihe DuMont Dokumente

Zur schnellen Orientierung – die wichtigsten Orte und Sehenswürdigkeiten Mexikos auf einen Blick:

(Auszug aus dem ausführlichen Ortsregister S. 280)

Acolman . . . . . . 200f.
Calixtlahuaca . . . . 74ff.
Cancun 273
Cerro de las Mesas . . . 80ff.
Chichén-Itzá . . . . . 151ff.
Cholula . . . . 55ff.
Cobá 275
Cuicuilco . . . . . . 12ff.
El Tajín . . . . . . 83ff.
Isla Cozumel 273
Isla Mujeres 273
Jalapa 261
Kabáh . . . . 145f.
Labná . . . . 144f.
La Venta . . . . . . 80ff.
Malinalco . . . . . . 76f.
Merida . . . . . . 268f.
Mexico-City . . . . . 203f.
Mitla . . . . 106ff.
Monte Albán . . . . . 86ff.
Oaxaca 202
Palenque . . . . . . 118ff.
Puebla . . . . 197ff.
San Cristobal de las Casas . 266f.
Santa Cecilia 54
Sayil . . . . 143f.
Taxco . . . . 195ff.
Tenayuca . . . . . . 53f.
Tenochtitlán . . . . . 48ff.
Teotihuacán . . . . . 15ff.
Tepotzotlán 201
Toluca 260
Tres Zapotes . . . . . 80ff.
Tula (Tollán) . . . . . 45ff.
Tulúm . . . . 274f.
Uxmal . . . . 147ff.
Villahermosa . . . . . 264f.
Xochicalco . . . . . . 77ff.
Yagúl . . . . 109ff.
Zaachila 111

In der Umschlagklappe: Karte von Mexiko und Guatemala

In der hinteren Umschlagklappe: Zeittafel

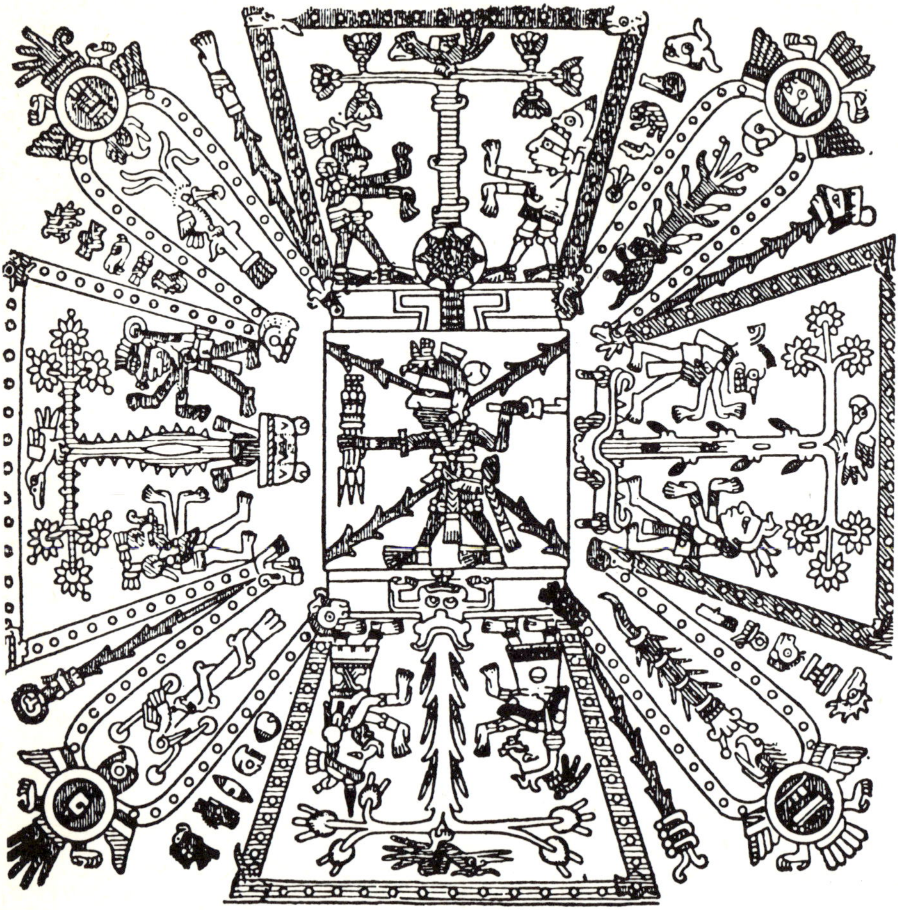

Das Kreuz der fünf Weltgegenden mit ihren Gottheiten. In der Mitte steht der Feuergott der im ›Nabel der Erde‹ wohnt. In den vier Himmelsrichtungen, an jedem Ende der Welt, sind je zwei Götter als Schützer und Herren gesetzt. Dazwischen sind die Tageszeichen des Kalenders wiedergegeben

Hans Helfritz

Mexiko

Ein Reisebegleiter zu den Götterburgen
und Kolonialbauten Mexikos

DuMont Buchverlag Köln

Umschlagvorderseite: Teotihuacán. Blick von der Mondpyramide auf die Sonnenpyramide (Foto: Helfritz)

Umschlagrückseite: Olmekenkopf im Museumspark von Jalapa (Foto: Helfritz)

Besonderer Dank gebührt *Dr. Wolfgang Vollrath* (Villa Hügel, Essen), der bei der Überarbeitung und Aktualisierung des Kunstreiseführers mit sachkundigem Rat wertvolle Hilfe leistete.

CIP-Kurztitelaufnahme der Deutschen Bibliothek

Helfritz, Hans:
Mexiko: e. Reisebegleiter zu d. Götterburgen u. Kolonialbauten Mexikos / Hans Helfritz. – Erweiterte und überarbeitete Neuaufl. – Köln: DuMont, 1980.
(DuMont-Dokumente: DuMont-Kunstreiseführer)
ISBN 3-7701-0442-0

Druck und buchbinderische Verarbeitung: Boss-Druck, Kleve

Printed in Germany ISBN 3-7701-0442-0

Inhalt

Umwelt und Lebensraum der alten Mexikaner 7

Kultstätten des Hochlandes 11

Cuicuilco 12
Teotihuacán 15
Tula (Tollán) 45
Tenochtitlán (Mexico-City) 48
Tenayuca und Santa Cecilia 53
Cholula 55
Calixtlahuaca 74
Malinalco 76
Xochicalco 77

Kultstätten der Golfküste 80

La Venta, Tres Zapotes und Cerro de las Mesas 80
El Tajín 83

Kultstätten des Südens 86

Monte Albán 86
Mitla 106
Yagúl und Zaachila 109
DIE MAYA 112
Palenque 118
Sayil-Labná-Kabáh 141
Uxmal 147
Chichén-Itzá 151

Die kulturelle Entwicklung Mexikos zur Kolonialzeit 175

Die Eroberung der Neuen Welt 176
Der Kirchenbau und seine Stilwandlungen 177
Die Entwicklung von Städte- und Kirchenbau 178
Die Plastik als Stilelement im Kirchenbau 181
Die Malerei und die Kunst des ›imaginero‹ 193
Die Silberstadt Taxco und ihre Kolonialbauten 195
Die Stadt Puebla und ihre Kirchen 197
Weitere bedeutende Bauten aus der Kolonialzeit 200
Acolman 200
Tepotzotlán 201
Oaxaca 202
Mexiko-Stadt 203

Die mexikanische Volkskunst 205

Die Kunst des Töpferns 205
Flechtarbeiten und die Webkunst 208
Calaveras – Totenköpfe. Die figürliche Kunst im Totenkult 209
Die volkstümlichen Illustrationen José Guadelupe Posadas 213

Praktische Reisehinweise 217
von Wolfgang Abel

Bildnachweis 277

Register 278

Zur Aussprache

Im allgemeinen gelten für die Aussprache der Eigennamen die Regeln der spanischen Phonetik. Die Betonung liegt bei allen auf einen Vokal oder mit *n* und *s* endigenden Wörtern auf der vorletzten Silbe. Abweichungen von dieser Regel werden durch Akzente angezeigt. Bei Wörtern, die nicht auf *n* und *s*, sondern auf andere Konsonanten endigen, wird die letzte Silbe betont.

Y wird wie das deutsche stimmhafte *j* ausgesprochen.

X wird, wenn es am Anfang eines Wortes steht, wie *sch* ausgesprochen. Steht das *X* in der Mitte des Wortes, wie bei México, so wird es wie *ch*, wie in *nicht*, gesprochen.

J spricht man aus wie *ch* in Bach; *ch* wie *tsch*.

Qu wird wie *k*, *z* wie *sz* gesprochen.

C vor *e* und *i* wird ebenfalls wie *sz*, sonst wie *k* gesprochen; *ll* spricht man wie *lj* und *ñ* wie *nj* im Deutschen.

Umwelt und Lebensraum der alten Mexikaner

Die Landschaft, das Klima und die Bodenbeschaffenheit haben der frühen mexikanischen Architektur ihr Gepräge gegeben. Der Urwald und die unendliche Weite des Hochlandes riefen bei den alten Mexikanern ein ganz bestimmtes Raumgefühl wach. In der Verschmelzung der Landschaft mit den Bauwerken liegt das Hauptgewicht ihrer großen Kunst, die uns heute so zeitnahe entgegentritt. Verstärkt wird der überwältigende Eindruck der Baukunst noch durch die plastische Struktur der Ornamente und durch die Farbe, die ebenfalls nicht ohne die Landschaft zu denken sind.

Wohl kaum ein anderes Volk irgendeiner der alten Hochkulturen, nicht in Europa und auch nicht in Asien, hat es verstanden, ein Stück Natur durch Erdaufschüttungen und Abtragung so umzugestalten, daß nicht nur ein, sondern eine ganze Reihe von Tempelbezirken mit Plattformen, versenkten Plätzen und Pyramiden entstand, die den Mittelpunkt jener einst so glanzvollen Stadtstaaten bildeten. Der Aufwand, der bei der Umgestaltung der Natur von Menschen geleistet wurde, ergab sich aus der Topographie und wechselt von Landschaft zu Landschaft, von Stadt zu Stadt.

Nur selten waren die Motive zur Anlage zyklopischer Bauwerke militärischer Art, aller Wahrscheinlichkeit nach eigentlich nur bei den Hochanlagen von Monte Albán und Xochicalco, die unglaublich eindrucksvoll über tiefen Tälern zu schweben scheinen. In der Regel muß man sich jedoch die Baukomplexe, die die Raumschöpfer der verschiedenen zentralamerikanischen oder mesoamerikanischen Hochkulturen errichteten, als Zentrum ihres religiösen und zeremoniellen Lebens vorstellen. Rampen und Treppen sind die Hauptelemente, die immer wieder in der altmexikanischen Architektur zur Raumgestaltung benutzt werden. Sie stellen die Verbindung von Plattformen in verschiedenen Höhenlagen her und dienten dem priesterlichen Zeremoniell bei Opferungen, die besonders bei den Azteken in der letzten Phase ihrer Entwicklung so grausige Formen annahmen.

Aber auch dort, wo die Anlagen festungsartigen Charakter zeigen, dienten die Räume zwischen den Gebäuden als Schauplätze zeremonieller Handlungen.

Priester lenkten die Geschicke jener Völker, und der Glaube, verbunden mit einer aus geistiger Notwendigkeit heraus geborenen Opferbereitschaft, ließ diese heiligen Stätten entstehen, deren einstige Pracht wir uns, gemessen an dem, was erhalten geblieben ist, heute kaum mehr vorstellen können. Man könnte sie, da sie auch geistige Mittelpunkte der verschiedenen indianischen Stämme bedeuten, mit Delphi oder Olympia im alten Griechenland vergleichen, nur mit dem Unterschied, daß sie nicht wie diese ihre Kraft weit über die politischen Grenzen hinaustrugen, sondern monumentale Symbole der Macht der jeweils verschiedenen Gottheiten und der ihnen ergebenen, aber politisch unabhängigen Stämme waren. Durch das kultische Brauchtum wurde das Zusammengehörigkeitsgefühl bei den einzelnen Stämmen wachgehalten. Die gemeinschaftlichen Zusammenkünfte, die von einer ansehnlichen Priesterschaft gelenkt wurden, fanden in diesen Tempelstädten statt.

Konzentrierte sich also das kultische Leben auf die zentralen Plätze, so wohnten die Mitglieder einer Stammesgemeinschaft in oft weit auseinanderliegenden Siedlungen, die mehr oder weniger dörflichen Charakter zeigten. Besonders in den bewaldeten Siedlungsgebieten, wo man immer wieder neues Gelände für den Feldbau urbar machen mußte, gab es keinen städtischen Wohnungsbau in unserem Sinne.

Die Hütten der Indianer waren aus vergänglichem Material gebaut. In vielen Gegenden Mexikos sind sie es auch heute noch. Im Hausbau der Indianer Yucatáns zum Beispiel hat sich seit der Zeit ihrer Vorfahren kaum etwas geändert. Die erkerartig nachgebildeten Hütten am prachtvollen Tor von Labná geben hierzu ein anschauliches Beispiel. Für den Bau einer einfachen Hütte mußte ebenso der Boden geebnet werden wie für den Bau eines Tempels oder eines Zeremonienplatzes. An der Anordnung solcher Plattformen, die erhalten geblieben sind, können wir feststellen, daß auch hier wie bei den großangelegten Schauplätzen, die ausgesprochen kultischen Charakter zeigen, die Räume zwischen den Behausungen für die Beziehung der Gebäude zueinander von Wichtigkeit waren. Doch das, was seit den letzten 150 Jahren gefunden wurde – denn weiter reicht die Geschichte der Entdeckungen in Mesoamerika kaum zurück –, sind nicht Reste von Wohnanlagen, sondern die steinernen Monumente der Tempelstädte der Maya und der Träger der Teotihuacán-Kultur, der wir die riesigen Pyramiden für die Sonne und den Mond und das reliefgeschmückte Heiligtum Quetzalcoatls verdanken. Es sind die erst in jüngster Zeit freigelegten Anlagen von Tula, dem alten Tollán der Tolteken, und es sind die wenigen Bauten der Azteken, deren Hauptstadt Tenochtitlán mit ihren Palästen, Pyramiden und Tempeln nach der Ankunft der spanischen Eroberer der Vernichtung anheimfiel.

Den Göttern weihten die alten Mexikaner ihre großen Baugefüge. Das Rituell, dem alle diese Schöpfungen eine unbeschreiblich weihevolle Szenerie boten, stand im Mittelpunkt des Gemeinschaftslebens aller altmexikanischen Kulturen. Doch die Völker, die jene Tempel und Pyramiden, die Opferschalen und Kalendersteine, die Friese mit den leuchtend weißen Kalksteinmosaiken und die rötlichen Gesichter der Atlanten von Tula schufen, sind nicht ausgestorben. In den indianischen Dörfern Yucatáns und in den strohgedeckten Lehmhütten unter den schattenspendenden Orgelkakteen im Hochland Mexikos leben sie noch heute.

Xochiquetzal, Göttin der Blumen

Auch der starke soziale Sinn, der das Gefüge der alten Stadt-Staaten zusammenhielt, lebt weiter im mexikanischen Volk. Und es steht fest, daß kein Land in der ganzen Welt eine so alte Tradition und so zahlreiche bauliche Reste aus seiner großen Vergangenheit besitzt wie Mexiko. Werden doch in diesem Land von dem Instituto Nacional de Antropología e Historia nicht weniger als 11 000 archäologische Plätze betreut. Zu ihnen gehören mehr als 3000 mittlere und größere Siedlungen, doch weniger als ein Zehntel von ihnen ist archäologisch erforscht. Aber soviel steht fest: Das, was Mexikos Erde freigab und was an architektonischen Schöpfungen erschlossen wurde, steht in einem hohen künstlerischen Rang, der den Resten der Hochkulturen in der alten Welt ebenbürtig ist.

Als Maler wie Picasso und Matisse im Jahre 1906 der afrikanischen Negerkunst Eingang in die europäischen Salons der Kunstfreunde verschafften, trat eine allgemeine Um- und Neuwertung der Kunst ein. Der bis dahin von den Griechen übernommene Begriff ›Kunst‹, auf den man alle künstlerischen Werte abzustimmen versuchte, geriet ins Wanken. Man erkannte plötzlich die ungeheure Ausdruckskraft altmexikanischer Kunstwerke und begriff, daß die Wurzeln dieser Kunst im Religiösen lagen.

Die Plastik, die der mexikanische ›Künstler‹ schuf – der Begriff ›Kunst‹ in unserem Sinne existierte bei keinem der altamerikanischen Völker –, war für ihn nicht Abbild, sondern Sinnbild eines göttlichen Wesens. Genauso, wie eine große Anzahl afrikanischer Figuren als dauernd oder zeitweilig beseelt galten, oder wie der Weiheakt in Alt-Ägypten oder Babylon die Statue zu einer wirkungsvollen Kraftquelle machte und sie mit geistiger Lebendigkeit erfüllte, so waren auch bei den Mexikanern die Götterbilder beseelt, denn die ganze Natur war ja nach ihrer Ansicht mit Empfindungen und Leidenschaften ausgestattet.

Auch die Städteplanung und Architektur beruht auf dem Fundament der Lebensform der alten Mexikaner: auf der Religion. Erst die Mathematik und Astronomie, die im alten Mexiko mit der Religion aufs engste verbunden waren und im Kalenderwesen ihre höchste Vollendung fanden, machten es möglich, daß mit sicherem Stilgefühl so erstaunliche architektonische Leistungen zustande kamen.

Alle Kulturen des alten Mexiko haben gemeinsame Züge, obwohl sie in verschiedenen Gegenden und zu verschiedenen Zeitabschnitten entstanden. Doch zeigen sie andererseits auch charakteristische Abweichungen in religiöser und sozialer Hinsicht wie in der Architektur und in den anderen Bereichen der Kunst.

Etwa 11 000 archäologische Stätten kennt man heute in Mexiko. Nur ein Bruchteil von ihnen ist ausgegraben. Ständig verändern neue Funde unsere Anschauung von den alten mesoamerikanischen Hochkulturen. Aber die großen Marksteine der Entwicklung scheinen festzustehen.

Kultstätten des Hochlandes

Archaische Kulturen	*1500–100 v. Chr.*
Teotihuacán-Kultur	*200 v. Chr.–900 n. Chr.*
Tolteken von Tollán	*900–1200 n. Chr.*
Aztekische Kultur	*1324–1521 n. Chr.*

Mexiko ist ein indianisches Land, auch heute noch. Man braucht nur einmal an einem Festtag die Ruinen von Teotihuacán oder Chichén-Itzá zu besuchen und wird erstaunt sein zu sehen, wie interessiert die einfachen Leute aus dem Volke, und das sind immer noch Indianer, die Ruinenstätten durchwandern; sie nehmen Anteil an den letzten Ausgrabungen und bewundern aufrichtig die Kunstwerke ihrer indianischen Vorfahren.

Wer sind nun diese Indianer, woher kommen sie? In archäologischen Kreisen ist man heute fast schon mit Gewißheit der Ansicht, daß Amerika über die Beringstraße oder die Aleuten besiedelt wurde. Sie kamen zu Fuß, denn während der Eiszeit lag die Beringstraße trocken, und Amerika war landfest mit Asien verbunden. Am Ende der Eiszeit war der Spiegel der Weltmeere gewaltig gestiegen, und die Länderbrücke versank im Meer. Die Theorie der Einwanderung über die Beringstraße ist bisher die einzige, die wissenschaftlich begründet werden kann. Eine ursprüngliche Entstehung des Menschen auf dem amerikanischen Kontinent konnte dagegen in keiner Weise bewiesen werden.

Nach den Ergebnissen der neuzeitlichen Funde schätzt man, daß im Gebiet des heutigen Mexiko schon vor etwa 20 000 Jahren Menschen gelebt haben. Den Völkerschub von Asien her muß man sich in relativ kleinen Gruppen und während großer Zeitabstände vorstellen. Die ersten Einwanderer zogen sicherlich schon über die ungeheuren Gletscherfelder der Beringstraße dem unvereisten Süden zu. Bis zum Ende der Eiszeit und sogar noch kurz danach lebten in Altamerika das Mammut, das Mastodon, der Riesenelefant und unendliche Herden von Kamelen und Wildpferden. Ein einziger Fund von Tule-Springs in der Nähe von Las Vegas in den USA, wo menschliche Werkzeuge neben Knochenresten einer urtümlichen Fauna aufgedeckt wurden, läßt nach der Radiokarbonmethode auf ein Alter von rund 28 000 Jahren schließen. Das ist eine enorme Entdeckung, aber die Einwanderungsgeschichte des Menschen nach Amerika weist immer noch zahlreiche Lücken auf. Eine klare Datierungsunterlage für die ganze amerikanische Vorgeschichte muß erst noch erbracht werden. Anthropologische und kulturelle Probleme stellen sich ein. Wieso kam es zu einer Entwicklung von Hochkulturen in begrenzten Gebieten Amerikas einige tausend Jahre später als in der Alten Welt? Woher kamen die Diskrepanzen im Entwicklungsrhythmus? Sicherlich spielt dabei die verschiedene Umwelt eine Rolle. Wahrscheinlich gibt es auch unterschiedliche Entwicklungsfähigkeiten zwischen den spezifischen Rassen des *homo sapiens*. Alle diese Probleme ergeben sich bei der Suche nach dem ältesten Menschen in Amerika. Der ›älteste Amerikaner‹ wird immer noch gesucht.

Vor 8000 Jahren waren es in Mexiko noch Nomadenstämme, Sammler und Jäger, die in immer neuen Wellen von Norden her einströmten. Auf den ›Jagdfriedhöfen‹ und auf riesigen Abfallhaufen finden die Archäologen ein überreiches Material, das dazu beiträgt, Licht in die Menschheitsgeschichte Amerikas zu bringen. So läßt sich der Zug asiatischer Stämme bis hinunter nach Feuerland verfolgen. Diese Stämme formten die Urbevölkerung Amerikas.

In Mexiko beginnt die Zeit des Archaikums nach den Forschungen, die mit Hilfe der Radiokarbon-Methode vorgenommen wurden, im 2., ja teilweise schon im 3. Jahrtausend v. Chr. Es ist die Zeit der frühen Pflanzer; aber erst um 1500 v. Chr. begegnet man dem ersten Kunsthandwerk, das sich durch eine gefällige Keramik auszeichnet. Der ergiebigste Fundort hierfür ist Tlatilco bei Atzcapotzalco, das sich heute schon im Stadtbereich von Mexico-City befindet. Die zahlreichen tönernen Figuren anmutiger Tänzerinnen mit hochgetürmten Frisuren, mit kleinen Brüsten und reichem Schmuck repräsentieren einen ganz bestimmten Stil, der von den Archäologen mit ›pretty ladies‹ bezeichnet wird.

Cuicuilco

Als ältestes architektonisches Zeugnis im Hochland gilt die Pyramide von Cuicuilco (um 300 v. Chr.). Die Pyramide von Cuicuilco wurde zu unbekannter, wahrscheinlich schon christlicher Zeit von überströmender Lava des Vulkans Xitle bis zu einem Drittel ihrer Höhe eingeschlossen. Der zu Eisenhärte erstarrte Lavastrom, der sogenannte Pedregal, auf dem auch die neue Universitätsstadt Mexikos errichtet wurde, befindet sich im südlichen Randgebiet von Mexico-City. Alle Grundelemente des klassischen indianischen Pyramidenbaus sind hier schon vorhanden. In diesem Bau haben wir gewissermaßen die Urform aller mesoamerikanischen Tempelpyramiden vor uns.

Den Brauch, ein Heiligtum auf einem ›künstlichen Berg‹ zu errichten, finden wir überall in Mesoamerika. Ein künstlich aufgeschichteter Hügel, der naturgemäß zunächst rund ausfällt, war die Urform. Dieser Hügel wurde mit Steinpackungen verkleidet und nahm später viereckige Gestalt an, so daß die Form einer abgestumpften Pyramide entstand. Sie wurde aus weltanschaulichen Gründen gewissermaßen »Symbol des Himmels«, wie Walter Krickeberg meint, denn »während wir den Himmel als ein Gewölbe betrachten, ist er für andere Völker ein Berg, den die Sonne am Vor-

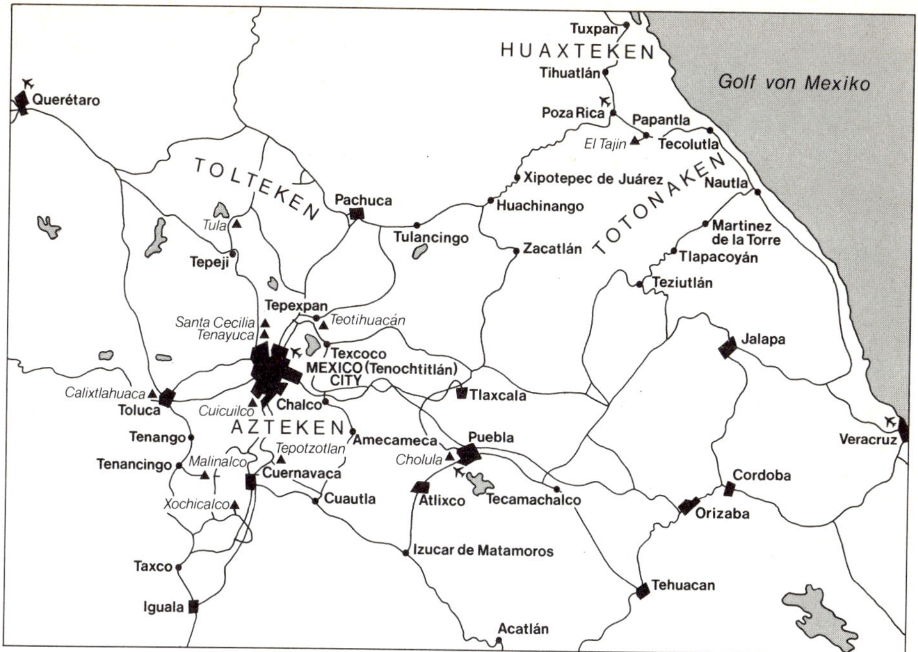

Zentrales Hochland von Mexiko. Gebiet der Archaiker, Tolteken und Azteken

mittag hinauf- und am Nachmittag hinabsteigt, dessen Abhänge daher stufenförmig wie die Absätze eines Riesenbaus ansteigen«.

Die Pyramide von Cuicuilco ist ein fast runder Kegelstumpf von etwa 20 Meter Höhe, der heute nach den schwierigen Freilegungsarbeiten – der Hügel war wie so viele andere Pyramiden auch vollständig von Gestrüpp und Kakteen überwuchert – etwa 8 bis 12 Meter kleiner ist und ursprünglich einen Durchmesser von 135 Metern hatte. Über dem runden Fundament bauen sich vier Stufenreihen mit einer abgeflachten Plattform auf, die vermutlich das Heiligtum trug. Auf der Ostseite befindet sich eine hohe Treppe, auf der Westseite hat wahrscheinlich eine schräge Rampe zur Plattform und zu dem mehrfach erhöhten Altar hinaufgeführt. In späterer Zeit wurden die Stufen der Pyramiden fast immer mit den Zahlen 9 und 13 verbunden, die die ›neun Herren der Unterwelt‹ und die ›dreizehn Herren des Tages‹ repräsentieren.

Cuicuilco bedeutet in der Nahua-Sprache ›Platz für Singen und Tanz‹. Wir könnten den Ort aber ebensogut das ›mexikanische Pompeji‹ nennen, denn nicht weit von der Pyramide entfernt wurden unter dem 80 Quadratkilometer großen Lavafeld des Pedregal an einem Platz namens Copilco Reste von Siedlungen und Begräbnisstätten gefunden. Ebenso wie in Pompeji muß der Vulkanausbruch überraschend schnell gekommen sein, denn in der erstarrten Lava fanden sich Abdrücke von Menschen

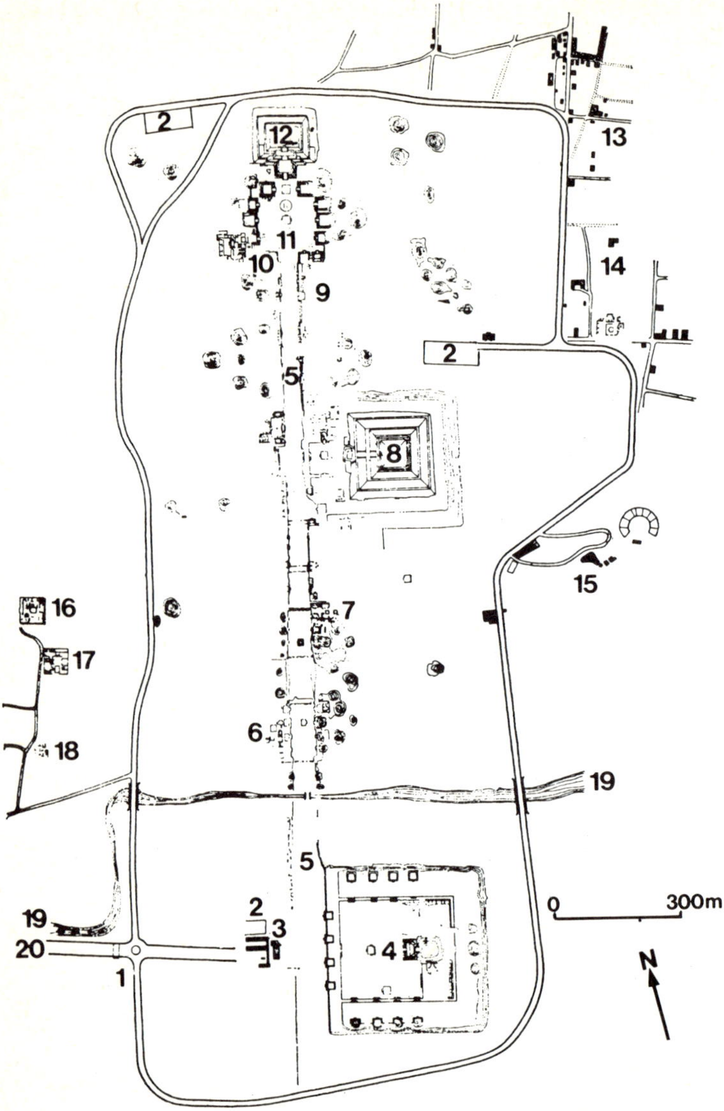

Plan der archäologischen Zone von Teotihuacán
1 Eingang 2 Parkplätze 3 Museum 4 Zitadelle mit Quetzalcoatl-Tempel 5 Totenweg 6 Unterirdische Gemächer 7 Gebäude mit den Mica-Platten 8 Sonnenpyramide 9 Jaguartempel 10 Tempel der mythologischen Tiere 11 Platz vor der Mondpyramide 12 Mondpyramide 13 San Martín de las Piramides 14 Tepanitla (Ausgang) 15 Restaurant 16 Yayahuala 17 Zacuala 18 Tetitla 19 San Juan-Fluß 20 Straße nach Mexico-City

und Hunden, die vom Tode überrascht wurden. Aus diesen und anderen Funden geht hervor, daß die Archaiker der Copilco-Cuicuilco-Periode Maisbauern waren, daß sie Fischfang auf den Seen betrieben, daß sie sich Hunde hielten und daß sie zur Jagd Pfeilspitzen aus Quarz und Obsidian benutzten; Schmuckstücke aus Jade und Meermuscheln lassen vermuten, daß sie auch Handel mit anderen Völkern trieben.

Teotihuacán

Als die Spanier am Anfang des 16. Jahrhunderts Mexiko eroberten, kamen sie auch nach Teotihuacán, aber niemand konnte ihnen über die Erbauer der Sonnen- und der Mondpyramide Auskunft geben. Es muß ein Volk von Riesen gewesen sein, meinten die Mexikaner, das derartige Monumentalbauten ausführen konnte, und als Beweis hierfür zeigten sie den Spaniern riesige Oberschenkelknochen, die aber nicht vom Menschen stammten, sondern vom Riesenelefanten, der im diluvialen Zeitalter in Mexiko noch lebte und der bis zu 5 Metern groß wurde. Und was wissen wir über die Erbauer von Teotihuacán? Im Grunde genommen nicht viel mehr, als daß sie keine Azteken waren.

Wahrscheinlich lag die Metropole damals schon seit zwei- bis dreihundert Jahren in Trümmern. An verkohlten Balken, die unter den Resten vieler Häuser gefunden wurden, ließ sich durch den Karbontest feststellen, daß der Zusammenbruch der Stadt, die vermutlich einem großen Brand zum Opfer gefallen ist, im 8. Jahrhundert erfolgt sein muß. In der aztekischen Überlieferung lebte die Erinnerung an die Kultur von Teotihuacán noch fort, doch verliert sie sich im Mythos. Auf jeden Fall muß diese Kultur tief im Archaikum verankert gewesen sein.

Der Name Teotihuacán ist ein aztekisches Wort, es bedeutet ›der Ort, wo man zum Gott wird‹. Der berühmte und gelehrte Franziskanermönch Bernardo de Sahagún (1499–1590), der Geschichtsschreiber vorspanischer Kulturen, erklärt den Namen dieses Platzes folgendermaßen: ». . . und sie nannten den Ort Teotihuacán, weil es der Begräbnisplatz der Könige war. Die Alten sagten, wer gestorben ist, ist zum Gott geworden, so hieß das, daß er gestorben sei.«

Obwohl die halbmythische Vorgeschichte des Volkes, das die größten und mächtigsten Bauwerke im mexikanischen Hochland geschaffen hat, sich im Dunkel des Archaikums, also in der ›vorklassischen Periode‹ verliert, sprechen die Archäologen in Anbetracht der erstaunlichen Leistung dieses Volkes in der Architektur und im Kunsthandwerk hier schon von einer ›klassischen Zeit‹.

Die Teotihuacán-Kultur wird allgemein in vier Perioden unterteilt. Die erste Periode liegt noch im Archaikum. Zu dieser Zeit wurde bereits mit dem Bau der beiden größten Pyramiden begonnen, während die Keramik der ersten Periode noch sehr primitiv ist. Die klassische Periode liegt zwischen 100 und 600 n. Chr., sie war die Glanzzeit der Teotihuacán-Kultur. Die Stadt dehnte sich damals schon über eine

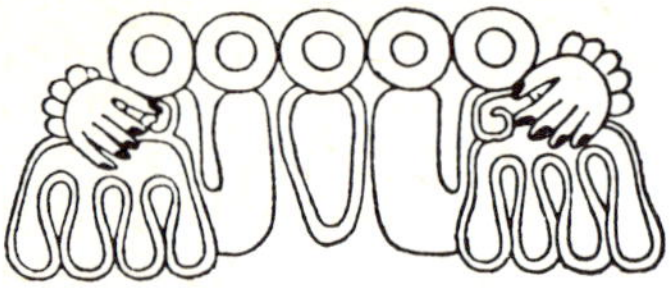

Handmotiv in Teotihuacán. Die herabfallenden Tropfen symbolisieren Herzen

Die göttliche Hand, Hauptmotiv von einem Fresko in Teotihuacán

Fläche von 10 Quadratkilometern aus, und man nimmt an, daß zeitweise 150 000 Menschen dort gewohnt haben. In die dritte Periode fällt die Zerstörung der Stadt; sie wurde von ihren Bewohnern zunächst völlig aufgegeben, und die Teotihuacán-Kultur war damit eigentlich beendet. Als Teotihuacán um 600 zerstört wurde, entwickelte sich die Kultur jedoch irgendwie weiter. Ein Teil der Bevölkerung kehrte in den nächsten zwei Jahrhunderten zu den Ruinen zurück, anscheinend als Schatzhüter. Daß diese Stämme eng mit den ursprünglichen Bewohnern verwandt waren, beweisen Keramikreste aus dieser Zeit, die man in Abfallgruben gefunden hat. In dieser Zeit, die erst um das Jahr 1000 zu Ende ging, entfalteten sich Keramik und Malerei zu höchster Blüte.

Teotihuacán, das große klassische Zentrum Mesoamerikas, wurde sicherlich von einer Priesterkaste regiert. Die bedeutendsten Gebäude des Zeremonialzentrums waren dem Gottesdienst geweiht, und die Wohnungen, die sich mit ihren privaten Innenhöfen an diese Zone anschlossen, waren für den theokratischen Klerus bestimmt. Kriegerische Auseinandersetzungen waren allenfalls interner Art.

Völlig frei und offen liegt das Stadtgebiet in der Landschaft. Nirgends sind Anzeichen von Befestigungen entdeckt worden. Andererseits muß Teotihuacán schon in seiner Frühzeit weitgehende Handelsbeziehungen unterhalten haben. Seine kulturelle und künstlerische Ausstrahlung läßt sich über Monte Albán bis nach Yucatán und Guatemala verfolgen. Erst kürzlich wurde auf einer Steinplatte in Tikal ein Relief des Regengottes von Teotihuacán entdeckt, und in Kaminaljuyú, dicht am Rande von Guatemala-City, wurde eine Pyramide freigelegt, die typische Merkmale der Mondpyramide von Teotihuacán erkennen läßt. Besonders deutliche Parallelen treten auch bei der Keramik auf. In Kaminaljuyú fand man Dreifußgefäße in der reinen Teotihuacán-Form, die eindeutig teotihuacanischen Ursprungs sind und später mit Maya-Ornamenten in der ›Stucco-Technik‹ verziert wurden. Der frappierende Einfluß Teotihuacáns im Mayagebiet läßt sich durch das Auftreten von Künstlern aus Teotihuacán, die mit den Händlern dorthin gelangt sind, erklären.

Teotihuacán wurde errichtet, um den Göttern zu huldigen. Es war eine Götterstadt, »wo die begrabenen Könige zu Göttern wurden«. Es war aber keineswegs die

1 Chichén-Itzá. Blick vom Tempel der Krieger auf die Sonnenpyramide ▷

3 Obere Plattform der fünfstöckigen Hauptpyramide von Tula

◁ 2 ›Atlanten‹ der Pyramide von Tula

4 Mexikanisches Hochland mit dem Popocatepetl

6 Blick auf Tulúm am Karibischen Meer

◁ 5 Die Tempelanlage von Monte Albán

7 Chichén-Itzá, Tempel der Krieger

8 Palenque: der große Palast mit dem Observatoriums-Turm

9 Palenque: der kleine Sonnentempel, daneben ein unlängst ausgegrabener und rekonstruierter Bau ▷

◁ 10 Der ›Triumphbogen‹ von Labná in Yucatán

11 Mayaruinen von Kabáh, Yucatán

12 Die Wahrsagerpyramide in Uxmal

14 Die große Pyramide von Cobá im Staate Quintana Roo

◁ 13 Die ›Casa de las Palomas‹ in Uxmal

15 Goldmaske des ›Jaguar-Ritters‹ aus Grab 7, Monte Albán ▷

16

17

18

19 Aztekenkalender, ›Stein der Sonne‹, im Museo Nacional de Antropología in Mexico-City

20 Rekonstruierter Aztekenkalender aus Teotihuacán, im Museo Nacional de Antropología

21/22 Tonmaske der Maya und Mayakopf im Museo Nacional de Antropología

◁ 16 Teil vom Wandgemälde ›Paradies des Tlaloc‹ in Tepantitla

◁ 17 Zapotekische Skulptur im Museum von Oaxaca

◁ 18 Aztekischer Karneol in Form einer Heuschrecke

23 Taxco: Blick auf Stadt und Kathedrale

24 Taxco: Altar der Kathedrale

25 Christusfigur in der Barockkirche San Francisco de Acatepec bei Puebla

26 Eine der zahlreichen Dorfkirchen mitten im Maisfeld bei Puebla ▷

27/28 Die vollständig mit bunten Kacheln verkleidete Kirche San Francisco de Acatepec

29 Kachelverzierungen an der Außenseite der Kirche San Francisco de Acatepec

30 Hauptaltar der Kirche von Tonantzintla

31 Die Kathedrale von Mexico-City

32 Portal des Kirchplatzes von Malinalco

33 Mit Totenfigur geschmücktes Schaufenster eines Bäckerladens

34 Zum Totenfest im Museum Diego Riveras ausgestellte figürliche Volkskunst

35 Chamula-Indios in San Cristobal de las Casas

36 Zapotekin bei Oaxaca, die ihre Tongefäße nach altindianischer Art ohne Drehscheibe und Brennen töpfert

37 Indios beim Fischen auf dem Patzcuar-See

Totenstadt, zu der sie die Azteken irrtümlicherweise erhoben. Teotihuacán war in erster Linie eine glanzvolle Tempelstadt, in der einst reges Leben pulsierte. Sie war eine der wenigen Plätze Mesoamerikas, wo Wohnanlagen unmittelbar mit den sakralen Bauten verbunden waren. So ist Teotihuacán die imposanteste und populärste Tempelstadt Altmexikos. In 2300 Meter Höhe erhebt sie sich, nur 40 Kilometer Luftlinie von Mexico-City entfernt, über dem weiten, baumlosen Hochplateau von Anahuác. Im Mittelpunkt eines riesigen Arsenals steht die Sonnenpyramide, die in ihrer Masse größer als die Cheopspyramide in Ägypten ist. Bei einer Höhe von 65 Metern über einem Geviert von rund 220 Metern Seitenlänge birgt sie etwa 1 Million Tonnen luftgetrockneter Lehmziegel in sich. Überwältigend ist der Anblick dieses mächtigen Bauwerkes, bei dem man sich immer wieder vor Augen halten muß, daß den Priesterfürsten zum Bau dieses Kolossaldenkmals keinerlei moderne Hilfsmittel zur Verfügung standen; sie kannten weder das Rad, noch hatten sie Zugtiere. Die Herrscher müssen über eine unvorstellbare Macht verfügt haben. Wie hätten sie sonst ihr Volk zu solch ›bergeversetzenden‹ Leistungen, im wahren Sinne des Wortes, anspornen können? Und doch ist das, was wir heute von der Sonnenpyramide sehen, bei aller Mühe, die sich die Restauratoren bei ihren Ausgrabungen und dem Wiederaufbau gegeben haben, unvollständig, ja in mancher Hinsicht sogar falsch. Zunächst einmal fehlt der Tempel, der die oberste Plattform krönte. Von ihm war nichts mehr vorhanden.

Über der Steinbemantelung, die heute sichtbar ist, trug die Pyramide ursprünglich eine mehrere Meter dicke Stuckkappe, die in leuchtenden Farben bemalt war. Auf jeden Fall muß ihr Anblick in früheren Zeiten sehr viel lebendiger gewesen sein als heute. An der Basis übertrifft dieser Bau alle Pyramiden der Alten und der Neuen Welt, und dabei ist diese Sonnenpyramide noch nicht einmal die größte Pyramide Mexikos. Die bisher nicht freigelegte Pyramide von Cholula im Staate Puebla, auf deren Plattform heute eine christliche Kirche steht, ist um mehr als die Hälfte größer als die Sonnenpyramide von Teotihuacán.

Bei ihrem Anblick fällt einem die ungleiche Höhe der Etagen auf, deren Seitenwände verschiedene Neigungsflächen zeigen. Links und rechts von einem podiumartigen Vorbau beginnt die Treppe, die bis zur oberen Plattform hinaufführt. Zunächst sind es zwei Arme, die schräg nach innen gerichtet bis zum ersten Absatz führen. Bis zum dritten Stockwerk hinauf folgen wiederum zwei Treppenarme. Über das vierte und fünfte Stockwerk hinweg gelangt man schließlich auf einem einzigen Treppenarm bis zur obersten Plattform. Zwischen den Jahren 1920 und 1930 wurde die Pyramide zweimal durchtunnelt, und diese Methode führte zu der Erkenntnis, daß der uns überkommene Bau von Anfang an so geplant war, wie er jetzt erscheint, und daß bei der Pyramide keine Übermantelungen stattgefunden haben, wie das in so vielen Fällen bei anderen Pyramiden geschehen ist.

Die große Längsachse, die das Zeremonialzentrum der Stadt durchschneidet, nannten die Azteken den ›Totenweg‹. Diese Bezeichnung ist aztekischen Ursprungs.

Sie nimmt Bezug auf die Geisteswelt der Azteken, die aber durchaus nicht gleichzusetzen ist mit der der Teotihuacáner. Auch ist die ›Sonnenpyramide‹ bestimmt kein Sonnenheiligtum gewesen, viel eher sollte man glauben, daß dieses Bauwerk dem Feuergott oder einer Wassergottheit geweiht war. Der sogenannte Totenweg ist eine schnurgerade Straße, die im Süden an dem kleinen Rio San Juán beginnt und sich 1,7 Kilometer weiter nördlich in der Treppe zur Mondpyramide fortsetzt. Wie eine Himmelsleiter steigen ihre Stufen empor und verlieren sich im Nichts. Der Totenweg wird von der Sonnenpyramide und von der sogenannten ›Zitadelle‹ flankiert. Er weicht um 17 Grad östlich von der Nordrichtung ab. Somit sind alle sakralen Bauten Teotihuacáns in diese Himmelsrichtung ausgerichtet.

Die Höhe der Mondpyramide von 42 Metern stimmt mit der Höhe der Sonnenpyramide überein, denn sie ist auf einem erhöht liegenden Gelände errichtet worden. Für ein Mondidol hielten die Azteken die 3 Meter hohe und 22 000 Kilogramm schwere steinerne Figur, die oben auf dieser Pyramide gestanden haben soll. Sie wurde später auch wirklich in der Nähe der Mondpyramide gefunden, aber wahrscheinlich repräsentiert die Statue eine Wassergöttin.

Ganz widersinnig ist die Bezeichnung ›Zitadelle‹ für einen Komplex, der von 15 Pyramidenstümpfen gebildet wird. Diese Bauwerke umschließen einen Innenhof mit Seitenlängen von 400 Metern. Mit einer Festung hat diese Tempelanlage bestimmt nichts zu tun.

Am eindrucksvollsten ist der Haupttempel, der nach aztekischem Glauben dem Gott Quetzalcoatl, der gefiederten Schlange, geweiht war. Sechs nach oben niedriger werdende Podeste sind mit waagerechten Quadergesimsen und Reliefplatten verziert, aus denen plastisch gefiederte Schlangenköpfe und Masken dämonischer Wesen herausragen. Am unteren Rand ziehen sich im Flachrelief Schlangenleiber dahin. Darstellungen von Muscheln und allerlei Seegetier vervollständigen dieses einzigartige Mosaik. Reste von Bemalungen lassen erkennen, daß auch hier das Zusammenspiel von Farbe und Form einen unerhörten Eindruck auf den Beschauer ausgeübt haben muß. Daß die gefiederte Schlange an diesem Tempel ein göttliches Wesen darstellen soll, ist nicht zu bezweifeln.

Der gefiederten Schlange, die die Azteken später Quetzalcoatl nannten, wurde auch bei anderen Hochkulturen vielseitige Bedeutung zugesprochen. Auf jeden Fall war die Gottheit, die hier in Teotihuacán durch diesen prachtvollen Tempelschmuck geehrt wurde, eng dem Wassergott verbunden. Das besagt eindeutig das Bildwerk. Wie bei den Azteken der Regengott Tlaloc das höchste Ansehen genoß, so war der Regengott auch schon im Pantheon der alten Teotihuacáner sicherlich das höchste Wesen. Krickeberg hält die Darstellung der gefiederten Schlange auf der Fassade des Zentraltempels der ›Zitadelle‹ für eine »Verkörperung der irdischen Gewässer«, da sie von Muscheln und Schneckengehäusen umgeben ist.

Neben dem Wassergott standen in Teotihuacán noch zwei andere Götter in hohem Ansehen: der ›Feuergott‹ und der ›Fette Gott‹. Der Feuergott ist uns in zahl-

Ausschnitt aus dem Wandgemälde von Tepantitla-Teotihuacán, das das Tlalocam, das Paradies des Tlaloc darstellt. Die Figuren tanzen und singen, spielen Ball, fangen Schmetterlinge und pflücken Blumen

reichen Darstellungen aus Stein und Ton als sitzender alter Mann mit einem Feuerbecken auf dem Rücken erhalten. Das Abbild des Fetten Gottes, der für eine ähnliche Erscheinung wie der chinesische Glücksgott gehalten wird, finden wir in zahlreichen Tonfigürchen.

Bei den Ausgrabungen, die 1962 unter Leitung von Ignacio Bernal auf dem Mondplatz gemacht wurden, entdeckte man zum ersten Mal die Wohnstätte eines hohen Würdenträgers der Stadt, einen Palast, den man den ›Palast des Quetzalpapalotl‹ nannte. Man nannte ihn so nach den Darstellungen auf den prachtvollen Steinquadern, mit denen die Pfeiler des Innenhofes geschmückt sind: mythische Tiere, eine Kombination von Schmetterlingen und vom Quetzal. Die Augen der

Tiere sind mit schwarzen Obsidian eingelegt. Dieser Innenhof, dessen Boden mit Stuck ausgegossen ist und der sich nach innen hin neigt, hat in der Mitte einen Abfluß zu einer Zisterne. In den Haupträumen und Portiken entdeckte man reich bemalte Wandbänke, die als Galerien rings um die Räume laufen. Diese Malereien geben uns so manche Einblicke in das Leben der Menschen, die einst dieses große Kulturzentrum Teotihuacán bevölkert haben. Inzwischen hat man diesen wichtigen Gebäudekomplex sorgfältig und vorbildlich rekonstruiert. Ferner konnte man feststellen, daß zwischen den bildnerischen Darstellungen von Teotihuacán und den Darstellungen in Tajín eine erstaunliche Ähnlichkeit besteht, weshalb man annimmt, daß zu Beginn unserer Zeitrechnung zwischen beiden Kultplätzen enge Beziehungen bestanden haben müssen.

Neuere archäologische Forschungen, die ihr Interesse nicht mehr so sehr auf das reine Beschreiben und Sichern von Funden konzentrieren, sondern eher eine Erklärung der sozialen Strukturen der Zeit anstreben, brachten einige interessante Ergebnisse, die hier noch kurz erwähnt werden sollen (nach Sanders und Price, Mesoamerika, The Evolution of a Civilisation, 1968. Ein sehr lesenswertes Buch, das viele bis dahin unbekannte soziale Entwicklungen dokumentiert): Die Entwicklung Teotihuacáns, der – neben Oaxaca – ersten echten urbanen Zivilisation in Mesoamerika, verlief selbständig und war von keinem anderen Vorbild beeinflußt. Während der ›klassischen Periode‹ war Teotihuacán ohne Zweifel das größte und bedeutendste urbane Zentrum in Mesoamerika. Die politische Bedeutung und Macht der Stadt muß zu dieser Zeit außerordentlich groß gewesen sein. Man könnte von einem Imperium Teotihuacáns sprechen, weil alle während der ›klassischen Periode‹ bewohnten Fundstätten Zeichen der Herrschaft Teotihuacáns aufweisen. So war das Becken, in dem Teotihuacán liegt – und heute Mexico-City –, der dominierende Kulturfaktor Mesoamerikas. Die beherrschende Stellung des Gebietes hat sich durch die Kolonialzeit bis in unsere Tage erhalten.

Man fragt sich, wie solch ein mächtiges Zentrum gerade hier entstehen konnte. Das Tal von Mexiko ist sehr trocken, Bevölkerungswachstum und landwirtschaftliche Versorgung waren also in erster Linie abhängig von einer kontrollierbaren Wasserwirtschaft. Daneben war der Gütertransport auf dem Wasserweg von großer Bedeutung, weil die Mesoamerikaner keine Lasttiere kannten. In der Beherrschung der Möglichkeiten einer Wasserwirtschaft liegt der Schlüssel zum Verständnis der rapiden Entwicklung von Teotihuacán. Als Resultat der Wasserkontrolle verfügten die Einwohner des Hochtals über ein gestiegenes und gleichmäßiges Nahrungsmittelangebot, ohne das ein solches Zentrum gar nicht auskommen konnte. Dieses gewaltig gestiegene Angebot mußte nun verwaltet, rückverteilt und im Tausch eingesetzt werden. Offensichtlich entstand auf diesem Weg das, was einen Staat mit zentralistischer und imperialer Funktion entscheidend prägt: eine zentrale, kontrollierende und damit mächtige Bürokratie.

Parallel zur Entwicklung einer Bürokratie setzten weitere Entwicklungen ein, die einen Staat der Größe und Bedeutung Teotihuacáns kennzeichnen: Gesteigerte landwirtschaftliche Produktivität erfordert ein Rückverteilungssystem, das den Ertrag nach einem bestimmten Schlüssel auf Bevölkerungsschichten verteilt, die nicht an der agrarischen Produktion teilhaben. Teotihuacán war das Zentrum eines solchen Systems, und die umliegenden Dörfer waren abhängig davon. Die steigende Bedeutung des zentralen Staates Teotihuacán ermöglichte eine expansive Entwicklung des Einflußbereiches. Dies wird auch deutlich an der Möglichkeit der zentralen Instanz, Handwerker einzustellen und zu bezahlen. Nur so, durch Freistellung von Arbeitskräften von der agrarischen Produktion, konnten die heute bestaunten Kunstwerke und Monumentalbauten überhaupt entstehen.

Hieroglyphe der Stadt Tollán. Der Name bedeutet ›Platz des Schilfrohrs‹ oder ›Binsenstadt‹ in der Nahua-Sprache

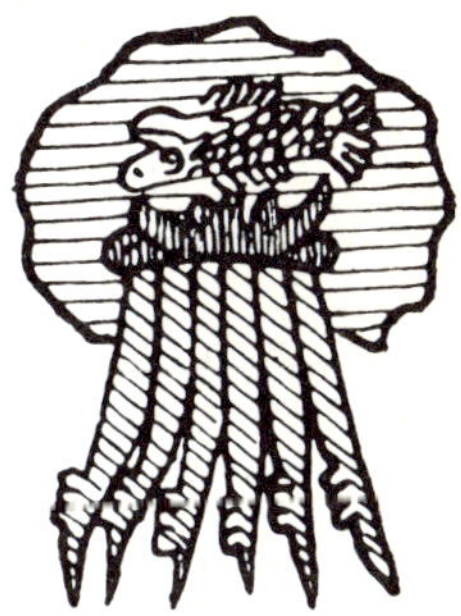

Tula (Tollán)

Um das Jahr 900 n. Chr. fielen erneut wilde Horden aus dem Norden ins Hochland von Mexiko ein. Sie mischten sich mit bereits ansässigen Stämmen, nahmen deren Zivilisation an, gründeten eine Hauptstadt namens Tollán und nannten sich von nun an Tolteken. Ihre Kunst, die ebenso wie die von Teotihuacán ganz der Götterwelt zugewandt war, läßt deutlich das militärische Machtgefühl der Tolteken erkennen. Diese Epoche, die mit dem noch halbmythischen Eroberer Mixcoatl ihren Anfang nahm, wird als frühe postklassische Periode bezeichnet.

Jetzt erlebte die geistige Welt der Mexikaner eine Wandlung von Grund auf, die eine neue Weltanschauung brachte (vgl. dazu Fig. S. 2). Ihrer Ansicht nach lebten die Tolteken im Zeitalter der ›Fünften Sonne‹. Alle vier vorangegangenen mythischen Zeitalter waren von Göttern geschaffen worden und endeten mit einer Naturkatastrophe. Das erste Weltzeitalter endete mit dem Einbruch pechschwarzer Finsternis. Das zweite wurde durch schreckliche Wirbelstürme gekennzeichnet, das dritte endete mit Feuersbrunst, und die Welt des vierten Zeitalters wurde durch eine Sintflut vernichtet. Aber auch die ›Fünfte Sonne‹, unter der wir leben, sollte untergehen, und zwar durch ein Erdbeben.

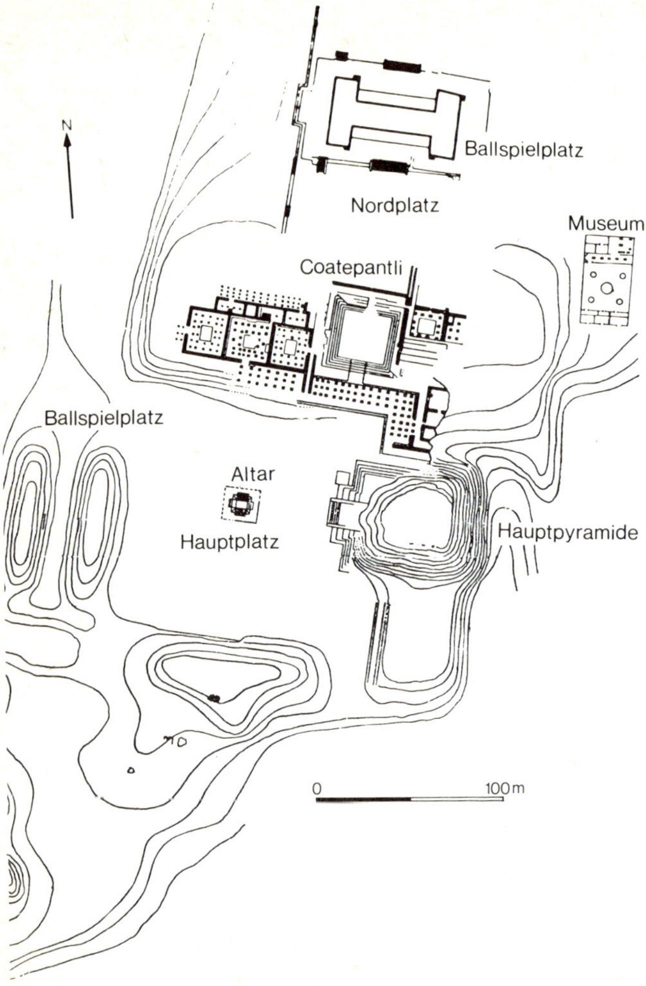

Plan der Ruinen von Tula

Unvorstellbar groß muß die Angst vor dem Verschwinden der Sonne gewesen sein, ein Schatten, der ständig das Leben der alten Mexikaner bedrohte. Nur etwas könnte die Katastrophe wenn nicht abwenden so doch hinausschieben: das Menschenopfer, denn das menschliche Blut und das menschliche Herz waren ja das Kostbarste, was man den Göttern als Opfer darbringen konnte.

Fanden Menschenopfer bei den Tolteken noch innerhalb gewisser Grenzen statt, so steigerten sie sich später bei den Azteken bis ins Unermeßliche. Die unersättlichen neuen Gestirnsgötter, voran der Sonnengott, verlangten Blut – und Blut war nur durch Opferung von Gefangenen zu beschaffen, die im Kriege gemacht wurden.

So wie im Glauben und wie im kultischen Brauchtum tritt jetzt auch eine Wandlung in der Kunst ein, vor allem in der Behandlung der Motive. Kriegerische Gestalten, Jaguare und Menschenherzen verschlingende Adler schmücken im Relief die Wände der Tempel. Und auch die Architektur zeigt etwas Neues: den Säulenbau und ein damit verbundenes neues Raumgefühl. Pilaster, Säulen und Atlanten bestimmen den überwältigenden Eindruck von Tollán, der ehemaligen Haupt- und Tempelstadt der Tolteken.

Die mexikanische Ortschaft, in deren unmittelbarer Nähe sich die Ruinen von Tollán befinden, heißt Tula. Sie liegt im Staate Hidalgo und ist etwa 80 Kilometer von Mexico-City entfernt. Noch bis in die dreißiger Jahre unserer Zeit zweifelte man daran, ob es sich bei den Ruinen wirklich um die Reste der alten Stadt Tollán handelte. Als der mexikanische Archäologe I. R. Acosta im Jahre 1940 hier den Spaten ansetzte, schien es fast unmöglich, die vollständig verwüstete Stadt zu restaurieren. Ähnlich wie in Teotihuacán gibt es hier ein Wohn- und ein Zeremonialzentrum, das aber im Vergleich zu Teotihuacán bedeutend kleiner ist. Seine Westachse ist ebenso wie dort mit einer Abweichung von 17 Grad nach dem Punkt orientiert, an dem die Sonne nach Passieren des Zenits zweimal im Jahre untergeht.

Überragt wird Tollán, das im Nahuatl ›Binsenstadt‹ oder einfach ›Hauptstadt‹ bedeutet, von der fünfstöckigen Tempelpyramide, die sich mit ihrer ausgedehnten Plattform wesentlich von den Pyramiden Teotihuacáns unterscheidet. Ihre ganze weiträumige Oberfläche hat früher einmal der Tempel eingenommen. Da aber die Randmauern eine so große Flachdecke nicht allein tragen konnten, erfand man als zusätzliche Unterstützung des Daches freistehende Träger, versah die Pfeiler und Säulen mit Reliefs und die vier mächtigen Stützen der vorderen Reihe mit Kolossalstatuen kriegerischer Gestalten, die 4,60 Meter hoch sind (Farbt. 2, 3).

Das Dach der Vorhalle wurde von zwei runden Säulen in Gestalt gefiederter Schlangen getragen. Die Atlanten – so hat man die Kolossalstatuen der Krieger genannt – sind in Reliefform mit einem Brustschild in Gestalt eines stilisierten Schmetterlings geschmückt. In der rechten Hand trägt eine jede Figur eine Schleuder und in der linken einen Beutel mit Copal, Weihrauch und einen gekrümmten Säbel. Augen- und Mundhöhlen waren ehemals mit kostbaren Steinen ausgelegt und die Gesichter bemalt. Diese Krieger stellen in erweitertem Sinne Quetzalcoatl dar, und zwar in seiner Eigenschaft als Tlahuizalpentecuhtli oder ›Morgenstern‹. Den steinernen Figuren verdankt die Pyramide ihren Namen, man nennt sie Pyramide des Morgensterntempels.

An diesen Bau schließt sich Coatepantli mit einer 40 Meter langen und 2,2 Meter hohen Mauer an. Sie ist mit Relieffiguren geschmückt: Schlangen, die halbentfleischte menschliche Skelette verschlingen, bilden einen Fries, während ein anderer Fries an einem geböschten Sockel ununterbrochene Reihen einherschreitender Jaguare und herzfressender Adler darstellt, die als Symbole des toltekischen Kriegertums identifiziert wurden.

Pilaster, Säulen und Atlanten bestimmen den überwältigenden Eindruck dieser Tempelstadt, die aus einer gewaltigen Schuttmasse wie der Phönix aus der Asche neu erstand. Mühsam hat man die Atlanten aus einzelnen im Schutt verstreuten Teilen wieder zusammengesetzt und sie oben auf der Plattform der großen Pyramide aufgestellt, wo sie einstmals das Dach des Tempels trugen. Wir wissen nicht, ob die wiedergefundenen Bauteile, die monolithischen Trommeln der Säulen und die zahlreichen Reliefs genau so zusammengefügt wurden, wie sie einst waren. Die Wirkung der jetzigen Anordnung ist jedenfalls gewaltig.

Im Königreich der Tolteken war Quetzalcoatl noch eine halbmythische Gestalt. Sein ursprünglicher Name war Ce Acatl Topiltzin. Er war oberster weltlicher und geistlicher Führer und nahm, wie es auch bei anderen Priesterkönigen vorkam, den Namen des Gottes an, dem am meisten gehuldigt wurde: Quetzalcoatl. Er soll 52 Jahre gelebt haben, von 947 bis 999 n. Chr., so berichten die Chroniken. Quetzalcoatl Ce Acatl scheint von Widersachern gestürzt worden zu sein, doch verliert sich seine Gestalt in einem unentwirrbaren Durcheinander von Mythos und Geschichte. Nach einer Version gelangte er mit seinem Gefolge nach Yucatán, wo er bei den Maya Aufnahme und Verehrung fand. Zu dieser Zeit soll sich die Verschmelzung der Maya mit den Tolteken auf künstlerischem und architektonischem Gebiet vollzogen haben. In einer anderen Legende heißt es, daß er ins ›Land der schwarzen und roten Farben‹ ging. Dort soll er sich selbst verbrannt haben. Sein Herz verwandelte sich in den Morgenstern.

Rund 200 Jahre lang regierten in Tollán noch toltekische Herrscher. Als aber im Jahre 1156 neue feindliche Horden, die Chichimeken, das Land überfielen und Tollán restlos zerstörten, war das Schicksal dieses einst so bedeutenden Reiches besiegelt. Mit dem Erscheinen und Verschwinden des irdischen Quetzalcoatl kündigt sich eine Zeit an, die Jahrhunderte später von blutdürstigen Göttern beherrscht wurde und schließlich in grausamen Kriegen enden sollte.

Tenochtitlán (Mexico-City)

Die in alten Sagen verherrlichten Zeiten des Friedens waren vorbei. Eine starke Krieger- und Kaufmannskaste drängte voran. Zwischen der Priesterschaft und dem Kriegertum entstanden Spannungen, die in zahlreichen Mythen ihren Niederschlag fanden. Der friedliche Quetzalcoatl bekam bei den Azteken einen blutdürstigen Widerpart: Tezcatlipoca, den Gott mit dem ›rauchenden Spiegel‹. Immer noch war der Mythos des Gottkönigs Quetzalcoatl im Volk lebendig. Als dann im Jahre 1519 der spanische Eroberer Hernando Cortés über das Ostmeer kam, wurde durch dieses Ereignis der Untergang der Azteken zwar nicht verursacht, doch gewiß beschleunigt. Die Azteken hielten Cortés für den wiedererstandenen Gott und ließen zunächst alle Vorsicht außer acht. Sie sollten bitter enttäuscht werden, denn nicht nur das große

Reich der Azteken zerfiel in Trümmern, sondern auch fast alle ihre prächtigen Bauten. Von dem alten Tenochtitlán, ihrer Hauptstadt, ist so gut wie nichts mehr erhalten. Obwohl die Spanier von den Palästen, Tempeln und Pyramiden dieser Stadt voller Bewunderung berichteten, vernichteten sie sie doch vollständig und errichteten über den Trümmern die neue Hauptstadt Mexiko.

Den Mittelpunkt der Stadt bildete damals und bildet auch heute noch der große Platz, der wahrscheinlich die gleichen Ausmaße gehabt hat wie der Zócalo der heuti-

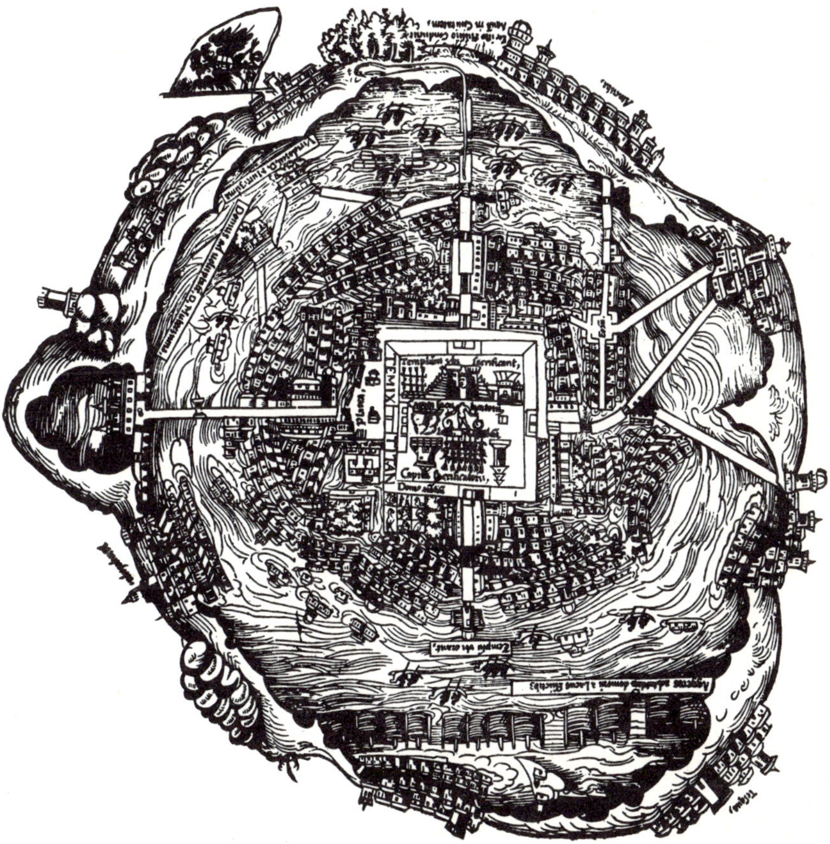

Plan der aztekischen Hauptstadt Tenochtitlán-Mexico aus der Veröffentlichung einer lateinischen Übersetzung des zweiten und dritten Briefberichtes des Hernando Cortés an Kaiser Karl V. über die Ereignisse von 1519–21 durch den Nürnberger Drucker Friedrich Peypus im Jahre 1524. Dieser Holzschnitt (hier ohne einen danebenliegenden See abgebildet) geht auf eine zum dritten Cortés-Brief gehörende Zeichnung zurück

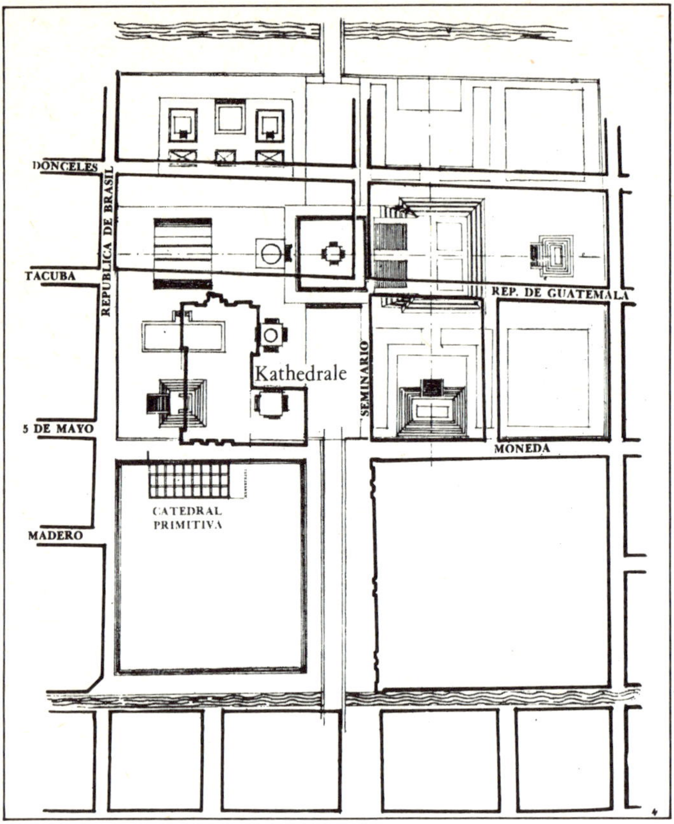

Der ›Große Platz‹ in Mexico-City mit der ursprünglichen aztekischen Bebauung

gen Hauptstadt, nämlich 160 × 180 Meter. Zur Zeit der Azteken standen dort, wo sich heute die Kathedrale erhebt, der Tzompantli, in dem einst die Schädel der auf dem großen Teocalli Geopferten aufbewahrt wurden, denn auf dem von Menschenopfern verunreinigten Boden errichtete man stets eine christliche Kirche, und die Götter der Azteken wurden zu Dämonen erklärt. Den Regierungspalast errichteten die Spanier dort, wo einst der Palast des Moctezuma stand. Die Dimensionen der Fassade und die Raumgliederung des heutigen Regierungspalastes entspricht wahrscheinlich genau denen des Aztekenpalastes. Cortéz schrieb über ihn an seinen König voller Begeisterung: ». . . er war so wunderbar, daß es mir fast unmöglich erscheint, seine Schönheit und Größe zu schildern. Ich beschränke mich auf die Erklärung, daß es in Spanien nichts Vergleichbares gibt.«

Über das Aussehen einiger Bauwerke Tenochtitláns können wir uns eine Vorstellung machen, wenn wir erhaltene Heiligtümer in anderen Gebieten des Landes betrachten. So muß die Pyramide des Quetzalcoatl, die dem Haupttempel gegenüber gestanden hat, dem von Calixtlahuaca ganz ähnlich gewesen sein, und, wie Bernal Diaz schreibt, von dem »Haus der Hölle mit dem schrecklichen Maul, das bereit war, die Seelen der Verdammten zu verschlingen«, nämlich dem Eingang zum Tempel des Quetzalcoatls, können wir uns eine Vorstellung machen, wenn wir dem Tempel von Malinalco gegenüberstehen, während die Tempelanlage von Santa Cecilia ein schönes Beispiel für kleinere Heiligtümer ist.

Die aztekische Hauptstadt, die man das ›Venedig der westlichen Welt‹ genannt hat, lag mitten in einem See auf einem Gewirr von kleinen Inseln. Ein halbes Jahrhundert nach der Eroberung Mexikos erinnert sich Bernal Diaz del Castillo, der große Chronist der damaligen Zeit, an den Anblick der Stadt. Er schreibt: »Als wir diesen Anblick gewahrten, wußten wir nicht, ob das, was wir schauten Wirklichkeit war ... Da war ein breiter Damm, unterbrochen von vielen Brücken, und vor uns lag die prächtige gleichsam verzauberte Stadt Tenochtitlán, die aufstieg aus dem Wasser mit ihren mächtigen Türmen und Steinpalästen ... Von diesen Wundern, die ich damals schaute, ist heute nichts mehr geblieben, alles ist vernichtet und verschwunden.« Gleich nach der Eroberung begann das Schleifen der Bauwerke. Mit dem Schutt der Paläste und Tempel wurden die Kanäle zugeworfen, und die Dämme, die die Azteken durch das riesige Seengebiet gezogen hatten, bilden heute die großen Verkehrsadern der modernen Hauptstadt. So ist eigentlich die ganze Altstadt ein riesiges archäologisches Feld. Da es jedoch überall bebaut ist, konnte man nur hier und dort zwischen den Wohnblocks Ausgrabungen machen. Als vor einigen Jahren unmittelbar am Zócalo gegenüber der Kathedrale ein ganzer Häuserblock abgerissen wurde, wurden einige Teile des großen Teocalli freigelegt. Ignacio Marquina, der bedeutende Archäologe und Architekt, meinte, daß in einer Zone von zehn Häuserblöcken, einer Fläche von 250 000 m^2, noch Reste von 72 Palästen und Pyramiden lägen. Als dann später in Mexiko die Untergrundbahn gebaut wurde, stieß man immer wieder auf Reste der alten Hauptstadt, ja, an einer Stelle baute man eine Station der Bahn um ein freigelegtes Heiligtum der Azteken herum.

Die Namen der um die aztekische Hauptstadt herumliegenden Orte im Seengebiet sind heute Namen der verschiedenen Stadtteile wie Tacubaya, Mixcoac oder Coyoacan. Ein 16 km langer Damm führte quer durch den Texcoco-See und verband die Orte Azcualco und Ixtapalapa miteinander. An seinen Mauerresten führt heute die große Ausfallstraße von Mexiko nach Pachuca entlang.

Eine große Entdeckung machte man, als im Herzen der Hauptstadt in Nonoalco-Tlatelolco innerhalb von drei Jahren ein vollständig neuer Wohnkomplex entstand, der 72 000 Menschen Obdach bieten sollte. Um für den neuen Stadtteil Platz zu schaffen, mußten zunächst eine große Anzahl von Häusern und Baracken eines Armutsviertels abgerissen werden. Bei den Ausschachtungen für die Fundamente der neu zu errichtenden Bauwerke stieß man auf Ruinen von Tempeln und Pyramiden und auf ein Tempotzantli, eine Schädelstätte. In Ehrfurcht vor der indianischen Ver-

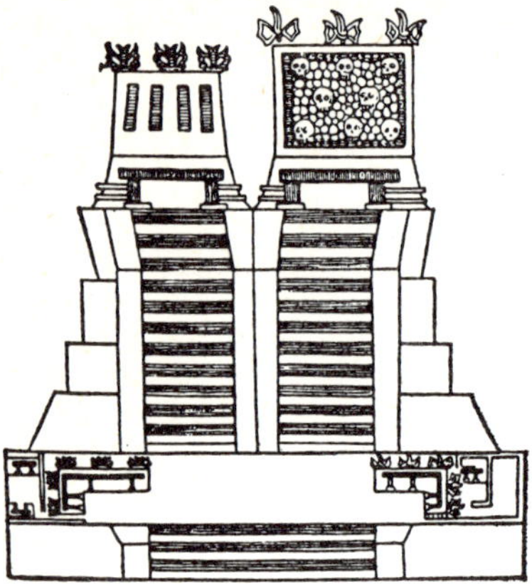

Haupttempelpyramide in Tenochtitlán mit den Heiligtümern Tlalocs und Huitzilopochtlis

gangenheit änderten die Architekten mitten in der Arbeit den gesamten Stadtplan, restaurierten die Reste aus der Aztekenzeit und machten diesen Platz zum Zentrum des ganzen Stadtteils. Sie nannten ihn den ›Platz der drei Kulturen‹, denn hier begegnet man den drei großen Kulturkreisen, die das Bild Mexikos formen (Abb. 102): der Welt der Azteken, dem Barock der Kolonialzeit mit einer Kirche aus dem 17. Jahrhundert und den majestätisch sich erhebenden Gebäuden eines avantgardistischen Urbanismus, dessen Größe und Kühnheit symbolische Bedeutung für das heutige Mexiko hat. Das Großartige bei diesem neuen Stadtteil ist, daß Mexiko hier die Wurzeln seiner Geschichte fand. An einer Tafel auf dem ›Platz der drei Kulturen‹ prangen in großen Lettern folgende Worte:

No fué triunfo ni derota
fué el doloroso nacimiento del pueblo mestizo
que es el Mexico de hoy

Es war weder Triumph noch Vernichtung
es war die schmerzliche Geburt des mestizischen
Volkes, das das Mexiko von heute ist.

Von dem alten Tenochtitlán sind ansonsten nur einige Fundamente stehengeblieben. Aus Zeichnungen und Beschreibungen, die recht ungenau sind, entnehmen wir, daß das wichtigste Bauwerk der Stadt, in der einmal 75 000 bis 300 000 Menschen gelebt haben sollen, eine mächtige Doppelpyramide mit den Tempeln Tlalocs, des Regengottes, und Huitzilopochtlis, des Kriegsgottes, des ›mexikanischen Mars‹ gewesen ist. Eine gute Vorstellung von diesem Heiligtum, das gerade in der letzten Zeit vor der spanischen Eroberung der Schauplatz entsetzlicher Menschenopfer gewesen ist, können wir uns nach der gut erhaltenen und restaurierten, wenn auch viel kleineren Pyramide von Tenayuca machen.

Tezcatlipoca in Truthahntracht. Seine Funktionen waren vielseitig. Er verkörperte den Nachthimmel, den Winter und den Norden

Tenayuca und Santa Cecilia

Wenn der Bau der Pyramide von Tenayuca, eines Provinzheiligtums in der Nähe der Hauptstadt, auch schon lange vor der Zeit der Azteken begonnen wurde und mindestens sechs Bauphasen erlebte, so zeigt er in seiner letzten Gestalt doch deutlich aztekische Stilelemente. Drei Jahre lang dauerten die Ausgrabungsarbeiten, die im Jahre 1925 begannen. Dabei stellte sich heraus, daß der ursprüngliche Kern mehrmals übermantelt worden ist. Dieser Kern, ein vierstufiger Bau, hat eine Höhe von 8 Metern mit einer Grundfläche von 12 zu 31 Metern Seitenlänge. Die letzte Übermantelung fand im Jahre 1507 unter der Herrschaft der Azteken statt, also kurz vor der spanischen Eroberung. Da auch andere altmexikanische Völker alle 52 Jahre, also nach einem ›mexikanischen Jahrhundert‹, ihre Tempelpyramiden unter großen Feierlichkeiten erneuerten, hat man vom Jahre 1507 immer 52 Jahre zurückgerechnet und kam dabei auf das Jahr 1299 als das Jahr der ersten Übermantelung. Der Kern der Pyramide muß demnach zwischen 1200 und 1300 n. Chr. entstanden sein. Sein Bau wird den Chichimeken zugeschrieben.

Durch die wiederholten Aufschüttungen und Übermantelungen wuchs das Volumen der Pyramide gewaltig. Heute beträgt ihre Grundfläche 62 mal 50 Meter und ihre Höhe 19 Meter. Ihre Hauptachse ist ebenso wie die der Tempelstadt Teotihua-

Hieroglyphe der Stadt Tenayuca. Der Name ist aus den aztekischen Wörtern tenamitl = *Wall und der Termination* yancoc = *Platz entstanden. Er bedeutet also ›befestigter Platz‹*

Aztekisches Symbol für den blühenden Krieg. Am Mund des Schädels die Hieroglyphe für ›Brennendes Wasser‹ und oben auf dem Kopf die Hieroglyphe für ›Rauchender Spiegel‹, ein Beiname Tezcatlipocas

cán in einer leichten Abweichung von 17 Grad nach dem Untergangspunkt der Sonne zur Zeit ihres Zenitstandes gerichtet.

An zwei Seiten der Pyramide befinden sich neben Steinaltären zwei aufgerollte Schlangen. Ihre Köpfe blicken dorthin, wo die Sonne bei der Sommer- und Wintersonnenwende abends hinter dem Horizont verschwindet. Wahrscheinlich war das Heiligtum der untergehenden Sonne geweiht, denn auch die Köpfe der beiden ›Türkisschlangen‹, Xiuhcoatl, die mit Türkisaugen verziert waren, weisen in die Richtung der untergehenden Sonne. Die Sonne wurde, wenn sie am Horizont untertauchte, von der Erde verschlungen, so glaubten die Azteken. Während der Nacht mußte sie mit ›unzähligen Kriegern‹, die in Sterne verwandelt waren, kämpfen. Als Sieger erschien sie dann neugeboren am anderen Morgen am östlichen Horizont.

Die Basis der Pyramide umgibt an drei Seiten eine steinerne Bank mit 138 steinernen Schlangen. Eine ähnliche ›Schlangenmauer‹, ein *coatepantli,* soll auch am Hauptplatz von Tenochtitlán gestanden haben. Wir wissen auch, daß Cortés den hölzernen Tempel, der sich oben auf der Pyramide von Tenayuca befand, verbrennen ließ.

3 Kilometer von Tenayuca entfernt steht mitten in dem kleinen Dorf Santa Cecilia eine Pyramide, die ebenso wie die von Tenayuca in den letzten Jahren freigelegt und restauriert wurde. Sie ist wesentlich kleiner als diese, aber sie ist die einzige Pyramide auf der Hochebene von Anahuác, bei der sich der Tempel, den sie trägt, restaurieren ließ, denn hier war er aus Stein. Der Zusammenklang von Pyramide und Tempel ist es, der auch in Teotihuacán einen viel stärkeren Eindruck auf den früheren Betrachter ausgeübt haben muß als der, den wir empfinden, wenn wir den nüchternen Pyramidenstümpfen gegenüberstehen.

Cholula

Die archäologische Stätte von Cholula ist eine der bedeutendsten Mexikos, die jedoch erst sehr spät das Interesse der Archäologen weckte. Allerdings sind Forschungen und Grabungen hier besonders erschwert worden, da zahlreiche Bauwerke durch Konstruktionen der Kolonialzeit überbaut wurden und sich heute unter den Behausungen der heutigen Bevölkerung befinden, Bauwerke, die vom Anfang des christlichen Zeitalters bis zum 16. Jahrhundert errichtet wurden. Unter ihnen ragt als bedeutendstes Bauwerk die mächtige Tempelpyramide heraus, über der sich heute die Wallfahrtskirche Sta. Maria de los Remedios erhebt (siehe S. 180). Die Pyramide hatte eine Höhe von 65 m und bedeckte ein Areal von 17 Hektar. Sie gilt für viele als das mächtigste und größte von Menschenhand geschaffene Bauwerk.

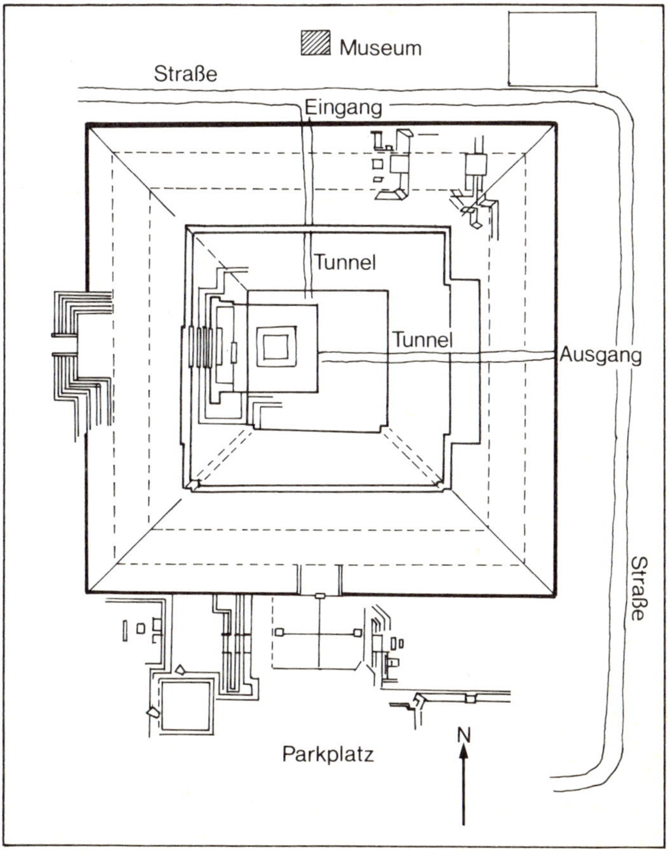

Plan der Pyramide von Cholula nach dem jüngsten Ausgrabungsstand

Cholula: Westlicher Vorbau der großen Pyramide

Die ersten Forschungsarbeiten der Pyramide begannen im Jahre 1930 durch das mexikanische ›Departamento de Monumentos Prehispánicos‹ unter der Leitung des Architekten und Archäologen Ignacio Marquina, dem wir so viel auf dem Gebiet der Altertumsforschung in Mexiko zu verdanken haben. Da man ja das christliche Heiligtum auf dem völlig überwachsenen Hügel, der die Pyramide bedeckt, nicht entfernen konnte, begann man zunächst einmal mit Durchtunnelungen der Pyramide, und zwar von Norden nach Süden und von Osten nach Westen. Diese zeigten, daß der ganze Komplex aus einer Reihe von übereinandergelagerten Pyramiden besteht, die zu verschiedenen Zeitperioden errichtet worden waren. Andere Tunnel folgten ihren verschiedenen Umrissen. Hieraus und aus den Neigungen ihrer Treppen ließ sich die Form einer jeden Pyramide feststellen. Das Ergebnis dieser Forschungen wurde auf dem 27. Amerikanisten-Kongreß in Mexiko 1939 bekanntgegeben.

Erst 1966 wurden die Forschungen unter der Obhut von Eusebio Dávalos Hurtado, damals Direktor des ›Instituto Nacional de Antropología e Historia‹, unter dem Titel ›Proyecto Cholula‹ fortgesetzt. Nachdem die Leitung des Projektes für kurze Zeit in der Hand des Architekten Miguel Messmacher lag, übernahm sie wieder Ignacio Marquina. Die Arbeiten, die sich über die Zeit von 1966 bis 1970 erstreckten, ermöglichten es, die Formen der einzelnen Pyramiden genauer zu bestimmen und

1 Sitzender mit Jaguarkind, genannt ›El Señor de las Zimas‹. Museo de la Universidad Veracruz, Jalapa ▷

2 Mondpyramide von Teotihuacán

4 Steinplastik der aztekischen Erdgöttin Coatlicue von 2,57 Meter Größe ▷

3 Die 65 Meter hohe Sonnenpyramide Teotihuacáns, die in ihrer Masse größer als die Cheopspyramide ist

5 Atlanten, Pilaster und Säulen auf der großen Pyramide von Tula (Tollan), die das Dach des Tempels Quetzalcoatl trugen

6 Teotihuacán, Quetzalcoatl-Tempel ▷

7 Säulen der Vorhalle und der fünfstöckige Haupttempel von Tula: Tempel B, ›Tlahuizcalpantecúhtli‹

8 Fries mit Schlangen, die halbentfleischte Skelette verzehren. Detail von Tempel B

9 Herzverschlingender Adler an einer Seite des Tempels B

10 Chac-Mool, der Götterbote, heute auch vielfach als ›dios reclinado‹ bezeichnet, mit auf der Brust im Stein eingeschnittener Opferschale. Tula

11 Die Schlangenpyramide von Tenayuca

12 Eine der beiden aufgerollten steinernen ›Türkisschlangen‹

13 Steinschlangen am Fuß der Pyramide von Tenayuca

14 Die Quetzalcoatl als Windgott geweihte Rundpyramide von Calixtlahuaca

15 Schädelstätte in Calixtlahuaca

16 Hockender Priester im Sockelfries der Tempelpyramide von Xochicalco

17 Der Maya-Kopf aus Uxmal zeigt verblüffende Ähnlichkeit mit der aztekischen Steinplastik (vgl. Abb. 16)

18 Quetzalcoatl als gefiederte Schlange im Sockelfries der Tempelpyramide von Xochicalco

20 Der steinerne Olmekenkopf aus La Venta steht jetzt im Freilichtmuseum von Villahermosa

21 Torso einer olmekischen Monumentalfigur in Jalapa

◁ 19 Vorratshaus in altaztekischer Bauart

23 Nischenpyramide, El Tajín ▷

24 Terrakottafigur einer Frau, die im Kindbett gestorben ist. Remojadas-Stil, aus dem Staate Veracruz. Golfküstenkultur ▷ ▷

22 Die große Nischenpyramide von El Tajín

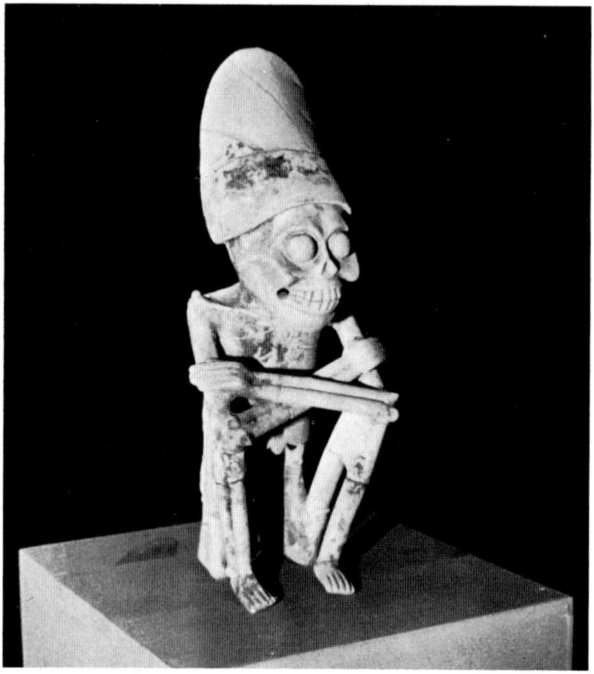

25 Terrakottafigur eines lächelnden Skeletts. Remojadas-Stil, aus dem Staate Veracruz. Remojadas ist der Name eines bei Veracruz entdeckten Fundortes. Nach ihm wurde ein bestimmter Stil in der Töpferei benannt

26 Huaxtekische Figur eines Jünglings von Tamnin, heute im Museo Nacional de Antropología in Mexico-City

Bilderbericht über den Tempelkult im alten Cholula: Das heilige Bündel wird aus seinem Tempel geholt und am Ballspielplatz sowie an zwei eingezäunten Plätzen vorbei ins Freie getragen. Nach der Öffnung entströmen dem Bündel zahlreiche mystische Rauchströme

◁ 27 Die Pyramide von Cholula, an der sowohl neue Grabungen als auch Restaurationsarbeiten vorgenommen werden

ein großes Gebäude an der Westseite der Pyramide zu restaurieren. Ferner konnten eine Reihe bedeutender Konstruktionen an der Westseite restauriert werden, die um Innenhöfe gruppiert sind und auf denen man Altäre und Stelen freilegte. Einige von ihnen zeigen Bemalungen. Die Forschungen haben gezeigt, daß die Konstruktion dieses gewaltigen Monuments zu Anfang des christlichen Zeitalters begann. Ende des 8. oder Anfang des 9. Jahrhunderts muß das Gebiet von neuen Völkerschaften besiedelt worden sein, die dann in ihrer Art Bauwerke errichteten und die früheren überbauten.

Nachdem man an der Südseite der großen Pyramide enorme Mengen von Schutt entfernt hatte, konnte man einen großen rechteckigen Patio freilegen, eingeschlossen von großen stufenförmigen Sockeln bestimmter Konstruktionen. Eine von ihnen, die letzte über sechs ähnlichen, ist restauriert. Einige dieser Bauwerke zeigen Reste von Bemalungen in Rot, Grün, Gelb und Blau. Die Fresken zeigen eine Zeremonie, die vielleicht bei der Aussaat oder Ernte stattfand, so wie sie Sahagún und andere Chronisten beschrieben haben und wie sie heute noch bei einigen Indiostämmen üblich ist. Die Szene ist von einem vigorosen Realismus, ähnlich wie wir sie vom Tlalocan in Teotihuacán und aus den Codices kennen. Auf jeden Fall zeigt die Malerei eine Zusammenkunft von Pulque-Trinkern, man hat sie deshalb ›Los Bebedores‹, ›die Trinker‹, genannt. Bei diesen Malereien kann man einen großen Kontrast feststellen zwischen ritualen und symbolischen Darstellungen und den realistischen Szenen aus dem täglichen Leben, bei denen die Figuren mit außerordentlicher Sicherheit in einem Wurf ohne Verbesserungen ausgeführt sind. Die meisten Figuren zeigen sich zutrinkende Männer in verschiedenen Posituren, aber auch Frauen fehlen nicht. Auch ein Hund ist unter ihnen und ein anderer kleiner Vierfüßler, sowie eine Biene im Fluge. Gerade diese Malereien geben uns eine Vorstellung von den Lebensgewohnheiten der Bewohner dieser wichtigen Kultstätte zur praehispanischen Zeit.

Calixtlahuaca

Zu den wenigen Bauten, die aus der Aztekenzeit erhalten geblieben sind, rechnen auch die sakralen Bauten von Calixtlahuaca, vor allem eine runde Tempelpyramide. Rundbauten gab es in der aztekischen Zeit auch an anderen Plätzen; sie alle waren Quetzalcoatl in seiner Eigenschaft als Windgott geweiht. Spiralenförmig wirbelt der Wind in Gestalt der Windhose über die Ebene, wie man es im Hochland von Mexiko oft beobachten kann. Der Querschnitt eines Schneckengehäuses, nämlich eine Spirale, ist deshalb ein symbolischer Schmuck des Windgottes.

Die Gründung von Calixtlahuaca liegt weit vor der aztekischen Zeit. Die Anlage umfaßt drei große Komplexe: Wohnbauten, eine rechteckige Pyramide mit Nebengebäuden und die große Rundpyramide mit einem Zeremonial-Schädelgerüst. Man schreibt diese Anlage den Matlatzincas zu, einem Stamm, der zur großen Familie der

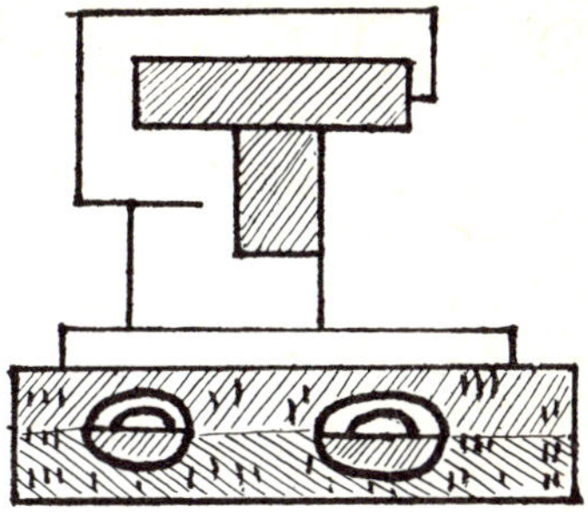

Hieroglyphe der Stadt Calixtlahuaca. Der Name bedeutet ›Häuser in der Ebene‹, abgeleitet aus den beiden Wörtern calli = *Haus und* ixtlahuaca = *Ebene*

Otomí gehörte, obwohl Funde auf die Zeit des Archaikums hindeuten. Auf jeden Fall ist die Stadt in verschiedenen Bauperioden entstanden. Die dritte läßt toltekischen Einfluß erkennen. Nachdem die Stadt im Jahre 1476 von Axayacatl erobert worden war, wurde sie in aztekischem Stil von Grund auf erneuert.

Das wichtigste Gebäude ist die 12 Meter hohe vierstöckige Rundpyramide, die einen Basisdurchmesser von 22 Metern hat. Der Treppe, die nach Osten, der Heimat des Windgottes gerichtet ist, wurde eine große Plattform vorgebaut. Hier fand man eine in mehrere Stücke zerbrochene, aber sonst gut erhaltene steinerne Figur des Windgottes in menschlicher Gestalt. Er trägt eine eigenartige Maske, die einem Entenschnabel ähnelt. Das steinerne Schädelgerüst, das in der Nähe der Pyramide liegt, ist eine im Grundriß kreuzförmige Anlage, deren Wände mit steinernen Totenköpfen versehen sind, während sich in der Mitte ein Hohlraum zur Aufnahme der Asche befindet. Dieses Schädelgerüst ist ein steinernes Symbol für jene riesigen Schädelgerüste der Azteken, auf denen unzählige Köpfe geopferter Menschen gestapelt wurden.

Querschnitt der mehrmals überbauten Rundpyramide mit dem Tempel Quetzalcoatls als Windgott in Calixtlahuaca

Quetzalcoatl als Windgott (Codex Magliabecchi) Quetzalcoatl tritt in äußerst vielseitiger Gestalt auf

Malinalco

Ein Sakralbau aus aztekischer Zeit ist der Felsentempel von Malinalco. Dieser Platz liegt ebenso wie Calixtlahuaca im Hochland von Toluca. In einer aztekischen Chronik heißt es, daß an dem Bau kurz vor der spanischen Eroberung 15 Jahre lang gearbeitet wurde. Dieser Tempel ist ein einzigartiges Beispiel aztekischer Bau- und Steinmetzkunst, denn seine Gemächer, seine Treppen und Plattformen und vor allem auch die dazugehörigen Skulpturen von Jaguaren und Adlern sind aus dem gewachsenen Fels herausgemeißelt, ähnlich wie die ägyptischen oder asiatischen Felsentempel. Neben einem anderen weniger bedeutenden aztekischen Heiligtum, der Götterburg von Tetzcocínco, ist dies das einzige Beispiel eines Felsentempels in Mesoamerika, eine überwältigende Leistung, wenn man bedenkt, daß die Azteken im Grunde genommen Steinzeitmenschen waren, denn Metallwerkzeuge waren ihnen unbekannt. Wem dieses Heiligtum geweiht war, konnte bisher nicht einwandfrei festgestellt werden.

125 Meter hoch über dem kleinen Ort Malinalco erhebt sich eine steile Felswand, aus der der Tempel herausgeschlagen wurde. Zu beiden Seiten der Treppe, die zum Tempel führt, hocken steinerne Jaguare, die aus dem gleichen Fels geschlagen sind; die in der fast kreisrunden Cella auf einer niedrigen Steinbank liegenden ebenfalls aus dem Fels modellierten Adlerbälge und das realistisch geformte Jaguarfell lassen vermuten, daß es sich hier um eine Kultstätte eines aztekischen Kriegerordens handelt, nämlich des Ordens der Adler- und Jaguarkrieger. »Zur Belohnung für kriegerische Verdienste und zur Ansporung hatten die Mexikaner drei Orden, den Fürstenorden, den Adlerorden und den Tigerorden«, heißt es bei Clavigero; »die Ritter des Tigerordens waren daran erkenntlich, daß ihr Waffenkleid tigerfellartig (oder jaguarfellartig) aussah. Aber dieses Abzeichen trug man nur im Kriege«.

Ritter des ›Adlerordens‹ in seinem adlerartigen Waffenkleid

Ein Ritter des ›Tigerordens‹ im Waffenkleid, das aus einem Jaguarfell besteht

In Tenochtitlán standen die ›Kriegerhäuser‹ unter der Obhut des Gottes Tezcatlipoca, des ›rauchenden Spiegels‹, der wiederum als Verbündeten den Höhlengott Tepeyolotl oder ›Herz der Berge‹ hatte. Es ist möglich, jedoch nicht erwiesen, daß in der ›künstlichen Höhle‹ von Malinalco dem Höhlengott gehuldigt wurde. Der Eingang zur Cella, ein ebenfalls aus dem Fels gehauenes Drachenmaul, ist reliefartig so dargestellt, wie in den aztekischen Bilderhandschriften Höhleneingänge wiedergegeben werden.

Im Monolith-Tempel von Malinalco haben wir eine Kultstätte vor uns, die in hohem Maße Elemente der Baukunst und der Großplastik verbindet.

Xochicalco

Zwischen der Zerstörung Teotihuacáns und den Anfängen Tolláns, also etwa im 9. und 10. Jahrhundert n. Chr., entstand die älteste bekannte Festungsanlage in Mesoamerika, die aber gleichzeitig eine Kultstätte höchsten Ranges war: Xochicalco. Schon zu Beginn des 9. Jahrhunderts muß Xochicalco ein bedeutendes Handelszentrum gewesen sein, ein Kreuzungspunkt der Handelsstraßen, die die Kulturzentren des Südens mit dem Norden verbanden. Zur Festung wurde Xochicalco erst in der Zeit ausgebaut, die nicht mehr der theokratischen Epoche angehörte. Über das Volk, das diese Kultstätte und Festung geschaffen hat, wissen wir nichts. Wahrscheinlich waren die Menschen, die hier gelebt haben, schon in der aztekischen Zeit von anderen Völkern assimiliert worden, so daß wir, da wir ihren Namen und ihre Sprache nicht kennen, wohl niemals etwas über die geschichtlichen Ereignisse erfahren werden. Xochicalco bedeutet in der Nahua-Sprache ›Ort des Blumenhauses‹. So nannten die Azteken diesen Platz. Obwohl Xochicalco mit den theokratischen Reichen des mexikanischen Hochlandes in Beziehung gestanden haben muß, unterscheidet sich doch diese Metropole wesentlich von Teotihuacán. In erster Linie war Xochicalco wohl das am weitesten nach Norden vorgeschobene Bollwerk südlicher Hochkulturen. Die ganze Anlage erinnert an den Monte Albán bei den Zapoteken, und die Reliefs mit den kunstvoll geschwungenen Linien zeigen deutlich die Formgebung der Maya.

Xochicalco liegt 130 Meter hoch über einer weiten Ebene auf einem Bergkegel, der zu den Ausläufern des Vulkan Ajusco gehört, im Staate Morelos, 32 Kilometer von Cuernavaca entfernt. Die natürliche Beschaffenheit dieses Bergkegels haben sich die Erbauer der mächtigen weitläufigen Bergfeste zunutze gemacht und ebenso wie in Monto Albán durch Abtragungen und Aufschüttungen ein neues Landschaftsbild geschaffen. Deutlich können wir zwei große Baukomplexe unterscheiden. Auf einer künstlich geebneten Fläche steht die Haupttempelpyramide, ›La Malinche‹ genannt, von der aus eine breite Straße am Abhang entlang zu einem großen Ballspielplatz

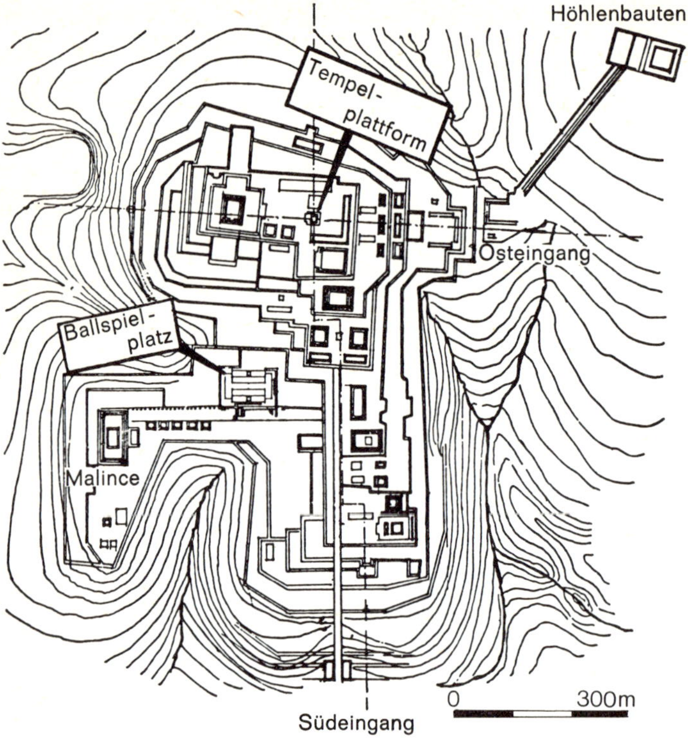

Plan der Ruinen von Xochicalco

führt, an den sich mehrere Gebäude mit Höfen und kleinen Plattformen anschließen. 20 mächtige Steinsockel erheben sich zu beiden Seiten der Straße, die ›La Malinche‹ mit dem Ballspielplatz verbindet.

Die erste Beschreibung von Xochicalco stammt aus dem Jahre 1791 von Pater José Antonio Alzate y Ramirez. Durch sie ist Alexander von Humboldt auf den Platz aufmerksam gemacht worden; er besuchte und beschrieb ihn auch. Seitdem wurden in Xochicalco von mexikanischen Archäologen gewissenhafte Ausgrabungen gemacht, und viele Bauwerke sind restauriert worden. Besondere Mühe hat man sich mit der Wiederherstellung der Haupttempelpyramide gegeben, deren Nord- und Südseiten im Fundament 21 Meter, die Ost- und Westseiten 18,6 Meter messen. Der ganze Bau ist in seiner jetzigen Gestalt 16,6 Meter hoch. Wir müssen aber berücksichtigen, daß von der Tempelhalle, die auf der oberen Plattform gestanden hat, nur der untere Teil der Wände erhalten ist. Die Treppe, die auf die Tempelhalle zuführt, ist nach Sonnenuntergang gerichtet. Der Sockel der Pyramide ist zweiteilig, der untere Teil ist geböscht, der obere senkrecht mit einem schräg geschnittenen Obergesims.

Der 2,7 Meter hohe geböschte Teil des Sockels ist mit außerordentlich harten in den Farben oft variierenden Andesitplatten belegt, die ohne Mörtel fast fugenlos aneinandergereiht wurden und aus denen, erst als der Bau vollendet war, friesartig 7 bis 9 Zentimeter tiefe Reliefs eingeschnitten wurden. In erster Linie sind es gefiederte Schlangen, die mit ihren Leibern den Sockel umrahmen und deren Köpfe sich an den Ecken der Pyramide befinden. Zwischen den Windungen der Schlangenleiber sitzen Priester mit untergeschlagenen Beinen und mit hochgetürmtem Kopfschmuck, die besonders stark an die Kunst der Maya erinnern. Auch an dem oberen Gesims zieht sich ein Reliefband entlang, hockende Krieger mit Schilden und Speeren wechseln mit Hieroglyphen und symbolischen Zeichen.

Unter den Hieroglyphen erscheint mehrmals die Glyphe für ›9 Regen‹. Das Tageszeichen ›Regen‹ mit der Ziffer 9 tritt auch wiederholt in Teotihuacán auf. Mit der Kombination von 9 und Regen wurde dort der Name des Regengottes wiedergegeben. Aber auch bei den Maya enthält der Name eines Regengottes das Wort 9.

Die letzten Grabungen in Xochicalco haben ergeben, daß die Kultur jenes unbekannten Volkes, das hier gelebt hat, in enger Beziehung zur Kultur der Maya gestanden haben muß. So zeigt der Ballspielplatz mit seinen schräg von innen nach außen sich erhebenden Spielflächen eine auffallende Ähnlichkeit mit dem Ballspielplatz von Copán in Honduras. Aus den letzten Forschungen geht auch hervor, daß Xochicalco als Kultstätte schon in sehr frühen Zeiten existiert haben muß. Zur Festung wurde der Platz aber erst kurz vor der spanischen Eroberung erhoben. Als Treffpunkt südlicher und nördlicher Hochkulturen ist Xochicalco eine ganz besonders interessante Fundgrube.

Der ›Sonnenstein‹, auch ›aztekischer Kalenderstein‹ genannt, hat einen Durchmesser von 3,60 Meter. Er ist ein der Sonne geweihtes Monument. In der Mitte der Sonnengott umgeben von dem Symbol ›4 Bewegung‹. ›Kalenderstein‹ wird er nach der Darstellung der zwanzig Tageszeichen genannt, die in einem Kreis die Sonne umgeben. Symbole für Blut, Blumen und kostbare Steine, die in Beziehung zum Sonnenkult stehen, vervollständigen die Darstellung auf dem Sonnenstein

Kultstätten der Golfküste

La Venta-Kultur 800–100 v. Chr.
Tajín-Kultur 200 v. Chr.–1200 n. Chr.

La Venta, Tres Zapotes, Cerro de las Mesas

Von der Mitte des heutigen Staates Tamaulipas erstreckt sich die ganze Küste des Golfes von Mexiko bis in die Staaten Veracruz und Tabasco, ein Tiefland mit gleichmäßig heißem tropischem Klima. In diesem sehr fruchtbaren Gebiet haben sich schon in frühen Zeiten bedeutende Hochkulturen entwickelt. Einige von ihnen standen noch in voller Blüte, als die Spanier die mexikanische Küste erreichten. Diese Kulturen kontrastieren stark mit der theokratischen Manifestation Teotihuacáns und mit den kriegerischen Gepflogenheiten der Tolteken und Azteken.

Drei Kulturen treten an der Golfküste deutlich hervor: die Kultur der Huaxteken, die Tajín-Kultur und die Kultur der Olmeken. Sie unterscheiden sich durch bestimmte Stilarten in der Keramik, der Bildhauerkunst, der Malerei und in der Architektur. Die meiste Beachtung verdienen die Olmeken mit der sogenannten La Venta-Kultur und die Tajín-Kultur, denn aus ihrem Bereich sind uns Denkmäler erhalten geblieben, die nicht nur in archäologischer, sondern vor allem auch in künstlerischer Hinsicht an erster Stelle stehen.

Die Kultur der Olmeken oder die nach ihrem Hauptfundort La Venta benannte Kultur ist immer noch rätselhaft. Mit Sicherheit konnte nicht festgestellt werden, wer eigentlich die Olmeken waren. Es wird angenommen, daß die olmekische Kultur, die ja zeitlich bis in das Archaikum reicht, eine Art Mutterkultur gewesen ist, aus der sich nach und nach andere präkolumbische Kulturen entwickelten. »Es besteht nicht der leiseste Zweifel, daß sämtliche späteren Zivilisationen Mesoamerikas, ob es die Mexikaner oder die Maya waren, letztlich auf olmekischen Fundamenten ruhen« (Coe, Mexico, 1962). Olmeken, ›Leute aus dem Gummiland‹, nannten die Azteken jene Menschen, die in dem paradiesischen Land an der Golfküste lebten. Wie sie sich selbst genannt haben, wissen wir nicht. Erstaunlich früh hat sich hier in dem wohl fruchtbaren, aber sehr heißen Land eine Kultur entwickelt, deren Höhepunkt zur Zeit der Azteken bereits überschritten war.

Mit dem Auftreten jüngerer Hochkulturen in Mexiko war die La Venta-Kultur bereits ihrem Untergang geweiht, sie war damals nur eine lokale Stammeskultur.

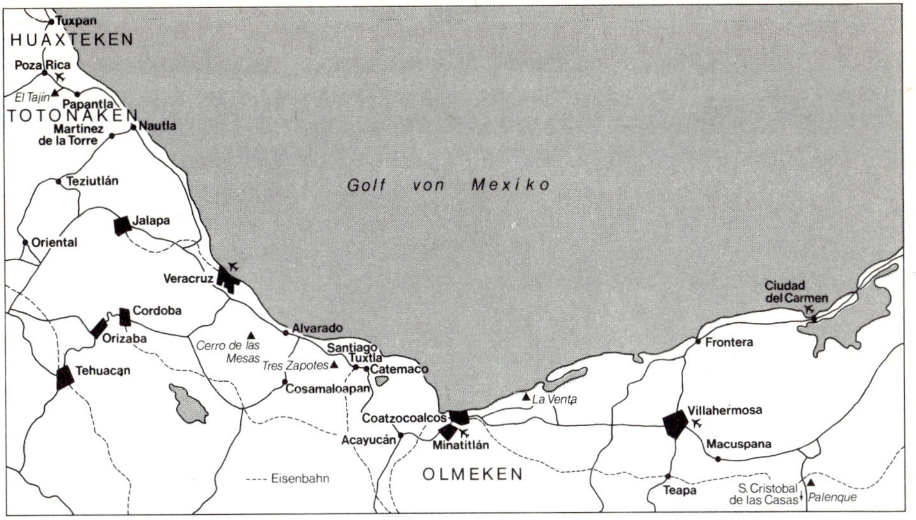

Die Golfküste. Gebiet der Olmeken und Totonaken

Jahrhunderte früher als alle anderen Indianervölker in Mesoamerika traten die Olmeken als Schöpfer einzigartiger Kunstwerke auf und gaben auch späteren Kulturen den Impuls zu großen künstlerischen Leistungen. Diese vollbrachten sie hauptsächlich im Bereich der Monumentalplastik. Merkwürdig unterentwickelt erscheint dagegen die Architektur der Olmeken, so daß wir diese Menschen keineswegs als große Baumeister betrachten können. Dennoch dürfen wir sie und ihre Kultur nicht übergehen, obwohl wir hier doch in erster Linie die großen architektonischen Leistungen Altmexikos behandeln wollen.

Mit der Radiokarbon-Methode (C 14) konnte nachgewiesen werden, daß sich die La Venta-Kultur bereits zwischen 1200 und 400 v. Chr. entwickelt hat. Zum Glück wurden nämlich auch organische Objekte gefunden, die allein eine Radiokarbon-Untersuchung erlauben. Es handelt sich dabei um die Funde, die bei den drei Expeditionen des Smithonian Instituts in Washington unter der Leitung von M. W. Stirling gemacht wurden: 1938 bei Tres Zapotes am Ufer des San Juan-Flusses im Staate Veracruz und 1939 und 1940 an weiteren Plätzen 100 Kilometer nordwestlich von Tres Zapotes am Cerro de las Mesas. Der bedeutendste Fundort, La Venta, der in denselben Jahren freigelegt wurde, befindet sich auf einer Insel von etwa 6 Kilometer Durchmesser im sumpfigen Strombett des Tonalá-Flusses im Staate Tabasco.

Wenig ansprechend sind die architektonischen Reste der La Venta-Kultur. Es sind quadratische Erdpyramiden und auch runde Erdhügel. In La Venta sind sie unverkleidet, in Tres Zapotes sind sie mit Steinen verkleidet und haben auch schon

Stufen, während ähnliche Aufschüttungen in Cerro de las Mesas mit einer Art Stuck aus Muschelkalk und Sand übermantelt waren.

Da diese Fundorte, besonders La Venta, so außerordentlich schwer zugänglich sind, entschloß man sich, die monumentalen Steinplastiken, die in La Venta gefunden wurden, in einem großartig angelegten Freilichtmuseum in unmittelbarer Nähe von Villahermosa aufzustellen. Dort sind sie inmitten tropischer Vegetation genau so aufgebaut, wie sie in La Venta gefunden wurden, riesige Basaltblöcke, die zu Monumentalköpfen, Altären und figürlichen Stelen verarbeitet wurden. Monolithplastiken, die 20 bis 50 Tonnen wiegen, wurden von den Olmeken ohne irgendwelche uns bekannten Hilfsmittel aus den 130 Kilometer entfernt liegenden Tuxtla-Bergen durch den Urwald bis zu ihrem Bestimmungsort herbeigeschafft. Auch der seltsame Mosaikboden, der einen stilisierten Jaguarkopf darstellt, wurde in Villahermosa wieder aufgebaut. Unübertrefflich im Ausdruck sind jedoch die steinernen Monumentalköpfe. In Jalapa gibt es ein ähnliches Freilichtmuseum. Dort sind die Funde von Tres Zapatos und Cerro de las Mesas aufgestellt.

Alle Monumentalköpfe, die bis zu 2,70 Meter hoch sind, zeigen einen einmaligen unverwechselbaren Stil: flache Nasen über dicken wulstigen Lippen, tiefliegende Augen und scharf abgesetzte Nasenwurzeln. Noch ausgeprägter erscheinen diese mongoloiden Züge in der Kleinplastik der Olmeken. Ihres infantilen Ausdrucks wegen hat man die Gesichter, die an Prunkäxten, Masken und kleinen Jadefiguren erscheinen, ›Baby Faces‹ genannt. Es ist erstaunlich, daß die Olmeken in der Kleinkunst zur Bearbeitung der Objekte meist das härteste Gestein, nämlich Jade benutzt haben. In Cerro de las Mesas wurde der größte aller mexikanischen Jadeschätze gefunden. Unter den 782 Figuren befinden sich die größten dieser Art. Einige Figuren zeigen sowohl kindliche wie jaguarähnliche Züge, so daß manche Archäologen vermuten, ihre Gesichter sollten tatsächlich Jaguare darstellen, vielleicht sogar eine Jaguargottheit oder einen Ahnherrn in Gestalt eines Jaguarjungen, das sein noch zahnloses Maul zeigt. Auch auf einigen Steinaltären von La Venta finden wir im Flachrelief Jaguarmäuler nachgebildet. Vielleicht ist dieser Ahnherr der uralte Höhlengott, den die Azteken Tepeyolotl, ›Herz der Berge‹, nannten, der Jaguargestalt hatte und aus dem mexikanischen Süden kam. Es ist nicht ausgeschlossen, daß dies derselbe Höhlengott war, dem in Malinalco geopfert wurde. Dort führt der Eingang zur Cella durch einen im Relief nachgebildeten weit geöffneten Jaguarrachen.

Aus der Dämmerung des Archaikums taucht dieses rätselhafte Volk der Olmeken auf und überrascht uns schon in seinen Anfängen mit Kunstwerken von unübertroffener Ausdruckskraft. Wenn man von der Kunst der Maya behauptet, sie verliere sich im Ornamentalen mit einer fast barocken Leichtigkeit, so strahlt die Kunst der Olmeken Kraft und Männlichkeit aus.

El Tajín

Mitten im heutigen Staate Veracruz entfaltete sich einst eine Zivilisation, die nach ihrer Hauptpyramide und dem ausgedehnten Ruinenfeld die Tajín-Kultur genannt wird. Man nennt sie auch die Kultur der Totonaken; jüngere Forschungen haben jedoch ergeben, daß die Totonaken, in deren Bereich El Tajín liegt, nicht die eigentlichen Träger dieser Kultur gewesen sind, sondern ein unbekanntes Volk. Die Totonaken treten nur in der letzten Entwicklungsphase der Tajín-Kultur in Erscheinung. Parallelen mit der Teotihuacán-Kultur lassen sich feststellen, aber manche Züge weisen auch auf die Olmeken hin. Das will bei der unmittelbaren Nachbarschaft beider Kulturkreise wenig bedeuten, olmekische Stilelemente lassen sich auch bei anderen Nachbarn feststellen, bei den Maya und bei den Zapoteken.

El Tajín, ›der Blitz‹, nannten die Totonaken, die heute noch die Gegend bevölkern, jene große Tempelpyramide, die 8 Kilometer südlich von Papantla liegt und ungefähr gleich weit von Poza Rica, einem wichtigen Öl- oder Petroleum-Zentrum, entfernt ist. Von dichter tropischer Vegetation ist diese ganze Region bedeckt, sie ist die Heimat der Vanille, die hier auch in Plantagen gezogen wird. El Tajín wird heute die ganze archäologische Zone genannt, in der sich die Pyramide befindet und die eine Fläche von 55 Hektar umfaßt. Sie gehört zu den wichtigsten und ausgedehntesten archäologischen Plätzen in Mexiko. Hier entwickelte sich ein ganz spezieller architektonischer Stil, der offensichtlich keine sehr große Verbreitung fand. Charakteristisch für diesen Stil ist die Nische, sie schmückt nicht nur den sogenannten ›Großen Tajín‹, die Nischenpyramide, sondern erscheint auch an anderen Gebäuden dieser ausgedehnten Ruinenstadt.

Das Hauptzentrum bedeckt eine Fläche von 33 600 Quadratmetern. Diese Anlage liegt in einem nach Süden zu offenen Tal. In nördlicher, östlicher und westlicher Richtung schließt sich eine Reihe von Hügeln an, die alle topographisch ausgewertet und mit Gebäuden bedeckt waren, die aber heute immer noch unter dem dichten Grün der tropischen Vegetation begraben liegen und ihrer Freilegung harren.

Das Herzopfer. Dem Geopferten wird vom Priester mit einem Obsidianmesser das Herz aus der Brust geschnitten

Der ›Große Tajín‹ ist eine siebenstufige Pyramide über einem Fundament mit 36 Meter langen Seiten und mit einer Höhe von 18 Metern, einschließlich des Heiligtums, das erhalten geblieben ist. Die senkrecht sich erhebenden Wände eines jeden Absatzes sind mit Platten eines Sedimentgesteins verkleidet und mit quadratischen Nischen verziert. Die steil aufsteigende Treppe, die erst später hinzugefügt wurde, ist den Terrassen derart überlagert, daß sie ohne Absätze über eine Anzahl von Nischen hinweg direkt zum Heiligtum führt. Die Vermutung, daß in den Nischen Figuren gestanden hätten, erwies sich als unglaubwürdig. Die Nische ist hier ein rein ornamentales Bauelement, das den Baustil der Totonaken charakterisiert. Ohne diejenigen des Treppenbaues beträgt die Anzahl der Nischen 364. Man hat diese Zahl mit dem mexikanischen Kalender in Einklang gebracht, den die Totonaken wahrscheinlich von den Olmeken übernommen haben. Auch die Maya und Zapoteken haben Nischen als Zierat verwandt, die Erbauer des ›Großen Tajín‹ erhoben die Nische jedoch zum architektonischen Leitmotiv, das in allen sieben Stufen der großen Pyramide zu finden ist.

Neben der Nischenpyramide ist der sogenannte ›Säulenbau‹ mit all seinen Nebengebäuden die bedeutendste und großartigste Konstruktion der versunkenen Stadt im Urwald. Dieser Komplex ist in drei Sektoren geteilt. Der Säulenbau selbst, der aus

Opferung durch Speerwurf. Der Opferpriester trägt eine Maske, die den Totengott darstellt, sowie einen Schild und zwei Speere

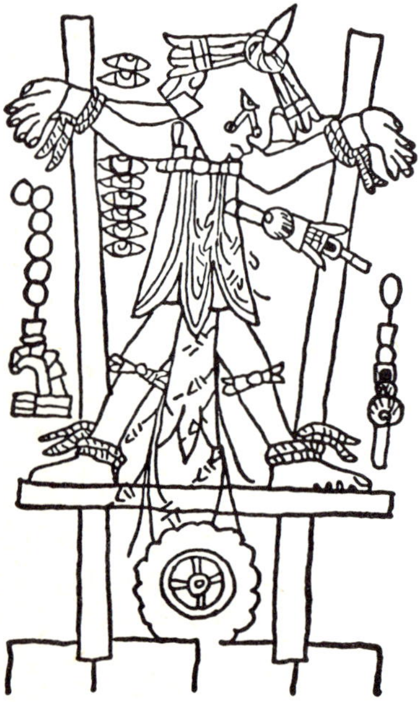

einer Säulenhalle und einigen Nebengebäuden besteht, bedeckt die ganze Plattform eines Mound (künstlicher Erdhügel). Der Westhof, ein Areal von 11 100 Quadratmetern, ist im Norden, Westen und Süden von breiten Plattformen und Gebäuden flankiert, die noch nicht ausgegraben sind. Im dritten Komplex befindet sich das ›Haus der Tunnel‹, ein tempelartiges Gebäude, an dessen Westseite zwei Tunnel zum Heiligtum führen. Alle Gebäude waren mit steinernen Platten und Blöcken aus Basalt und Sandstein verkleidet. Eines dieser Gebäude hat eine Länge von 11 Metern. Das Material hierzu mußte über eine Entfernung von 35 Kilometern Luftlinie vom Ufer des Rio Cazones herbeigeschafft werden.

Viele Gebäude der Stadt sind mit Mäanderornamenten verziert. Auch die Nischen und Balustraden zu beiden Seiten der Treppe des ›Großen Tajín‹ tragen diesen Schmuck. Alle Bauten waren ehemals mit gelbem, rotem, schwarzem und blauem Stuck verkleidet; auch die Flachreliefs, die von außerordentlichem Können zeugen, waren bunt. Sie schmücken sowohl die Ballspielplätze wie die Nischenpyramide, aber an Großartigkeit in der Komposition werden sie noch von den Reliefs an den Säulenschäften im Säulenbau übertroffen. Götter mit Masken, Skelette und realistische Szenen aus dem täglichen Leben sind dargestellt; dazu gehören prunkvoll gekleidete Menschen, Opferszenen und die Prozedur der Schädelabplattung bei einem Kinde, eine Sitte, die auch bei den Maya herrschte.

Charakteristisch für die Bauart der Tajín-Kultur ist die Art der Dächer, die hier nicht aus vergänglichem Material wie bei den meisten Tempeln anderer Hochkulturen gebildet wurden, sondern aus einer Masse, die aus gestampftem Seemuschelkalk, feingemahlenem Bimsstein, Sand, Stroh und kleinen Holzstücken bestand. Die in hölzernen Rahmen geformten Platten waren 5 bis 10 Zentimeter dick. Drei bis vier aufeinandergelegte Platten bildeten ein Dach. Die Räume, die mit solchen Platten gedeckt wurden, durften nicht mehr als 75 Quadratmeter groß sein. Ihre größte Spannweite betrug 5 Meter.

Da das Klima hier außerordentlich regenreich ist, können Ausgrabungen nur in der Trockenzeit stattfinden, so daß die Arbeiten nur langsam vorankommen und sehr kostspielig sind. Merkwürdigerweise wurden bisher nirgends menschliche Knochen gefunden oder irgendwelche Grabfunde gemacht. Sehr zahlreich sind dagegen Funde kunstvoll verzierter Votiväxte aus härtestem Stein. Zu diesen Funden gehören auch reich verzierte Steinjoche, deren Bedeutung und Zweck immer noch rätselhaft sind, und die außerordentlich fein gearbeiteten ›Palmas‹, die nach ihrer einem Palmzweig gleichenden Form so genannt werden. Eduard Seler deutet sie als »Schützer des Grabes und Geleiter der Seelen«. Aber die Gräber, denen sie als Beigaben dienen sollten, wurden nicht gefunden.

Im 13. Jahrhundert n. Chr. wurde diese bedeutende Kultstätte von den Totonaken verlassen, nachdem sie sich in einer Zeit von sechshundert Jahren zu voller Blüte entwickelt hatte. Zur Zeit der Azteken war El Tajín bereits eine im Urwald versunkene Stadt.

Kultstätten des Südens

Zapotekische Kultur 400 v. Chr.–800 n. Chr.
Mixtekische Kultur 800–1521 n. Chr.
Maya-Kultur 300–1200 n. Chr.

Monte Albán

Zu den theokratischen Hochkulturen Mexikos gehört auch jene Kultur, die sich im Süden Mexikos auf dem Isthmus von Tehuantepec im Staate Oaxaca entwickelte, die Kultur der Zapoteken.

Das riesige archäologische Feld, das dieser Volksstamm hinterlassen hat, erstreckt sich über alle Gebiete des Staates Oaxaca, hauptsächlich aber über die weite Hochebene mit einer durchschnittlichen Höhe von 1500 Metern, auf der auch die Stadt Oaxaca liegt. Von den 200 Ruinenplätzen, die den Archäologen bekannt sind, konnten bisher nur wenige erforscht werden. Zu ihnen gehören Etla, Xoxo, Yagúl und vor allem Monte Albán und Mitla. Das Zentrum des ganzen archäologischen Gebietes und die bedeutendste Kultstätte der Zapoteken ist der Monte Albán.

Die stetig fortschreitenden Ausgrabungen auf dem Monte Albán haben bewiesen, daß Beziehungen zwischen den Zapoteken sowohl zu den Olmeken wie zu den Maya der frühen Epochen bestanden haben. Aber alles, was uns bisher auch an Funden aus der frühesten Zeit überkommen ist, die Geschichte der Zapoteken bleibt im Dunkel. Wir können nur annehmen, daß hier nicht nur *ein* Volk am Werk war, sondern daß die Zapoteken die Schöpfer der ersten und zweiten Kulturepoche, deren Namen wir nicht kennen, abgelöst haben oder daß diese Völker später von den Zapoteken aufgesogen wurden. Da die Stilelemente bei den Funden je nach dem Alter stark variieren, hat man diese Kultur, die allgemein die ›zapotekische Kultur‹ genannt wird, ähnlich wie die Teotihuacán-Kultur in Perioden eingeteilt. Einwandfrei erwiesen ist jedoch, daß den Zapoteken nur die dritte und vierte Periode zufällt, die in der Zeit zwischen dem 2. und 8. Jahrhundert n. Chr. liegt. Die erste und zweite Periode reicht vom 7. Jahrhundert v. Chr. bis ins 1. Jahrhundert n. Chr. Die fünfte und letzte Epoche wird schon nicht mehr von den Zapoteken, sondern von den Mixteken bestritten.

Wenn diese Einteilung nicht von allen Wissenschaftlern bedingungslos anerkannt wird, so sind sich doch alle einig, daß die Zapoteken ein Volk von großartigen Baumeistern waren. Ihr Hauptverdienst lag nicht in der Anlage einzelner eigenartiger

Konstruktionen, sondern in der großzügigen Planung des Monte Albán, die durch ein gut abgestimmtes Raumverhältnis bestimmt wird. Die Anlage dieser ebenso mächtigen wie architektonisch gewagten Kultstätte muß von der ersten Steinlegung bis zur Vollendung nach einer einzigen Idee erfolgt sein, der sich die Vielzahl der fast gleichgeformten Gebäude einfügt (Farbt. 5).

Noch heute leben im Staate Oaxaca rund 120 000 Indios, die die zapotekische Sprache sprechen, Nachkommen der Erbauer des größten Heiligtums der Zapoteken. Sie gehören zu den intelligentesten Menschen Mexikos. Die charakterlichen und geistigen Vorzüge dieses Volkes fielen schon den Spaniern auf, als sie bald nach der Eroberung Mexikos in Oaxaca einen Stützpunkt errichteten. Und immer noch sind in ganz Mexiko die buntgemusterten zapotekischen Webereien, die schwarzen Tonfiguren und Gefäße geschätzt, die mit altindianischer Raffinesse hergestellt werden wie vor Hunderten von Jahren.

Die zentrale Tempelanlage des Monte Albán liegt auf einem künstlich abgeflachten Berg etwa 400 Meter über dem Hochtal von Oaxaca. Die übrigen Anlagen erstrecken sich über ein Gelände von 40 Quadratkilometern und umfassen eine Anzahl anderer künstlicher Plattformen, Paläste, Grabkammern und zahlreiche Befestigungen. In einem Zeitraum von mehr als 25 Jahren haben sich die Archäologen unter der Leitung des Mexikaners Alfonso Caso um die Freilegung und Wiederherstellung der zentralen Stadtanlage bemüht. Alfonso Caso, der sich die Erforschung des Monte Albán zur Lebensaufgabe gemacht hat, gelang im Jahre 1932 eine Entdeckung, die für die mexikanische Altertumskunde eine ähnliche Sensation bedeu-

Staat Oaxaca. Gebiet der Zapoteken und Mixteken

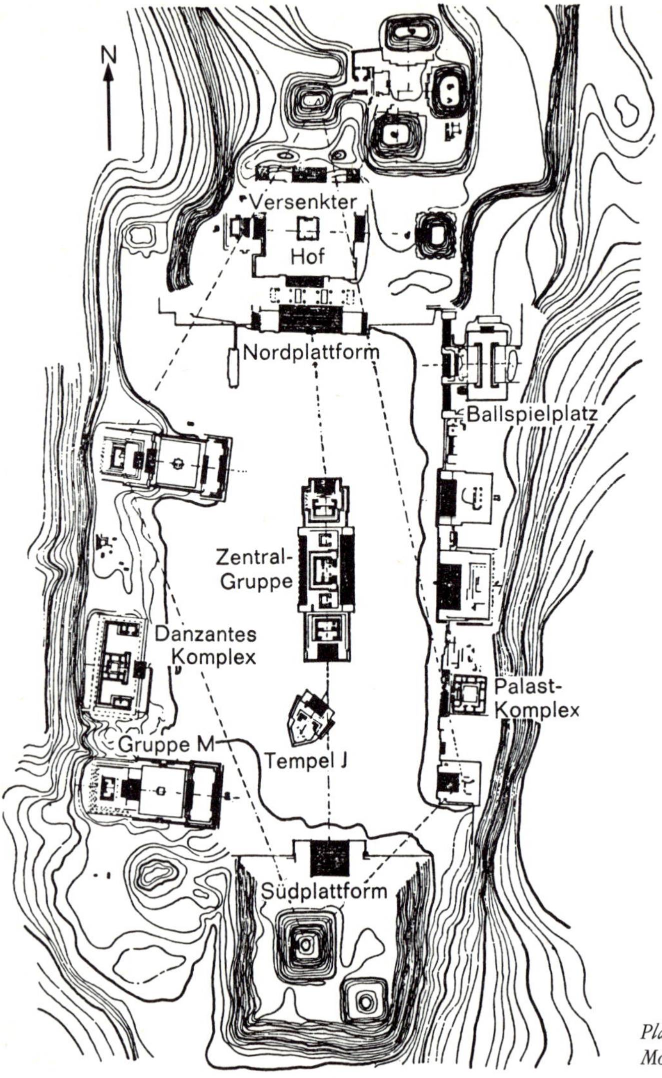

Plan der Ruinen von Monte Albán

tete wie die Freilegung des Grabes Tutanchamuns in Ägypten: die Auffindung des Grabes Nr. 7, einer Konstruktion, die von den Zapoteken angelegt, aber später von den Mixteken als Mausoleum für hochgestellte Persönlichkeiten benutzt wurde. Unter den über 500 Beigaben, die hier gefunden wurden, befindet sich der größte Goldschatz, der je in Mexiko entdeckt wurde (Farbt. 15).

28 Monte Albán: Blick von der Südplattform über den Großen Platz nach Norden

29 Monte Albán: Blick von der Nordplattform

30 Tempelpyramide mit den Steinplatten der sogenannten ›Danzantes‹ im Vordergrund. Periode I des Monte Albán

31 Der künstlich abgeflachte Hügel mit den Tempelanlagen, Monte Albán

32 Die ›Danzantes‹ von Monte Albán

33 Steinerne Oberschwelle mit symbolischen Zeichen über dem Eingang zu einer Grabkammer. Monte Albán

34 Eingang zu einer Grabkammer. Mit der Steinplatte links war das Grab verschlossen. Monte Albán

35 Nachbildung des Grabes Nr. 7 von Monte Albán im Nationalmuseum in Mexico-City

36 Ein restaurierter kleiner Tempel, dahinter eine noch nicht freigelegte Pyramide. Monte Albán

37 Mitla: Unterirdische Begräbnisstätte in Kreuzform

39 Steinmosaiken im Palast von Mitla. Im Säulenpalast allein wurden mehr als 100 000 Einzelsteinchen verwendet

◁ 38 Kammer mit Steinmosaiken im Palast des ›Großen Sehers‹ in Mitla

40 Die Säulengruppe im Palast von Mitla trägt keinen Mosaikschmuck

41 In dem südlichen Hof von Mitla haben die Spanier eine christliche Kirche errichtet

43 Der Blattkreuztempel von Palenque direkt am Rande des Urwaldes ▷

42 Auch die Außenwände des Palastes und einiger anderer Gebäude in Mitla tragen Mosaikschmuck

45 Turm der Palastgruppe von Palenque

◁ 44 Rechts die Pyramide mit dem Tempel der Inschriften, links der Sonnentempel mit durchbrochener Cresteria auf dem ›Mansardendach‹. Palenque

46 Palenque: Die große Pyramide, Tempel der Inschriften genannt

48/49 Priester mit knieenden Sklaven nach einer Zeichnung Catherwoods und dasselbe Stuckrelief heute

◁ 47 Detail aus dem steinernen Flachrelief am Treppenaufgang des Palastinnenhofes

50 Zeichnung Catherwoods vom Aufgang mit den Steinreliefs (unten) und Stuckreliefs (oben). Palenque

Im Mittelpunkt der sakralen Anlage des Monte Albán steht die sogenannte ›Akropolis‹, eine zentrale Gebäudegruppe. Der Haupttempel befindet sich aber nicht hier, sondern auf der 50 000 Quadratmeter umfassenden Nordplattform, an die sich weiter nach Norden hin ein versenkter Hof anschließt. Etwas abseits von der Längsachse, nach der alle anderen Gebäude ausgerichtet sind, befindet sich um 45 Grad versetzt ein eigenartiges Gebäude, das Observatorium. Der Ballspielplatz, der im Osten auf dem riesigen abgeplatteten Berg liegt, hat schräg ansteigende Rampen ohne steinerne Ringe. Er erinnert stark an die Ballspielplätze der Maya aus der klassischen Epoche, etwa an den von Copán in Honduras.

Eine besondere Note verleiht der grandiosen Architektur des Monte Albán ein System von ungewöhnlich breiten Treppen. Die Treppe, die zum großen Haupttempel hinaufführt, hat eine Breite von 40 Metern; sie ist die breiteste antike Treppe Mesoamerikas. Dieser großangelegte Treppenvorbau bildet das Gegengewicht zu den zyklopischen runden Säulen des Haupttempels. Diese haben einen Durchmesser von 2 Metern; es sind aber nur ihre Stümpfe erhalten geblieben.

Bei allen Gebäuden des Monte Albán laufen die Achsen parallel. In den Höhenlagen der verschiedenen Gruppen ist ein Gefüge zu erkennen, das der Gesamtanlage entspricht und das ihr einen bestimmten Akzent verleiht. Die Gebäude in der Mitte der Stadtanlage sind niedriger als die an den Rändern.

Zu den architektonischen und künstlerischen Besonderheiten des Monte Albán gehört die ehemalige Verkleidung einer Erdpyramide, die am Westrand des großen freien Platzes steht. Dieser Bau war mit steinernen Reliefplatten verkleidet. Einige fand man noch an Ort und Stelle, andere wurden in Schutthalden überall verstreut gefunden. Auf diesen Steinplatten sind Flachreliefs eingeritzt, lebensgroße Figuren mit Gesichtern, die deutlich olmekischen Einfluß zeigen. Sie nehmen ungewöhnlich groteske Stellungen ein, deshalb nannte man sie ›Danzantes‹, Tänzer. Einige Platten und Stelen sind außerdem noch mit Hieroglyphen geschmückt, die verschieden von denen der Azteken und Maya sind und die man nicht deuten kann. Nur die Zahlen sind lesbar, sie werden wie bei den Azteken in Punkten und Strichen ausgedrückt: jeder Punkt bedeutet eine eins, jeder Strich eine fünf, und die Null wird durch eine Muschel dargestellt. Die Hieroglyphen an den Monumenten des Monte Albán hält Alfonso Caso für wesentlich älter als die frühesten erhaltenen Maya-Hieroglyphen. So kann man wohl mit Gewißheit sagen, daß auch die ›Danzantes‹ aus der Frühzeit des Monte Albán stammen.

Einen anderen olmekischen Zug, der auf die frühen Epochen des Monte Albán weist, kann man an dem zapotekischen Haupt- und Regengott Cocijo erkennen, einem mythischen Wesen, einem Jaguargott, einer ›menschenfressenden Bestie‹, die an den menschenähnlichen Jaguargott von La Venta erinnert. Auf Verbindungen

◁ 51 Stuck-Kopf, der wahrscheinlich als Opfergabe diente. Früher im Berliner Museum

Hieroglyphen an dem alleinstehenden in Form und Ausrichtung von den anderen verschiedenen Gebäude des Monte Albán. Der Stil ist der der Periode II. Das Mittelstück der Glyphe bedeutet einen Berg. Darüber eine Glyphe, die wahrscheinlich den Ort bezeichnet. Darunter ein umgedrehter Kopf

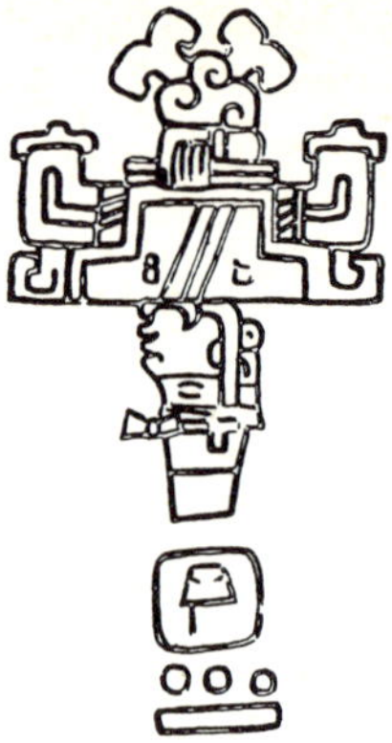

mit der Maya-Kultur weisen isoliert dastehende Stelen, in deren nicht zu deutenden Hieroglyphen vielleicht kalendarische Angaben historischer Ereignisse festgehalten sind.

Neben den außerordentlich zahlreichen und imposanten überirdischen Bauwerken fand man auf dem Monte Albán eine große Anzahl unterirdischer Kultbauten in T- oder Kreuzform und zahlreiche Grabkammern, so daß der Monte Albán auch eine ›Höhlensiedlung‹ genannt wurde. Diese Anlagen gehen auf eine spätere Entstehungszeit zurück. Sie gehören der vierten Epoche an, und das ist die Zeit, zu der der Monte Albán schon im Zeichen des Verfalls stand. Am Ende dieser Epoche wurden die Zapoteken von den Mixteken verdrängt. Die Mixteken entwickelten dann in der Folgezeit als erstes und einziges Kulturvolk in Mesoamerika unterirdische Grabbauten zu einer Kunstform.

Mitla

Über die Geschichte der Mixteken wissen wir ebensowenig wie über die der Zapoteken. Sicherlich reicht sie in sehr frühe Zeiten zurück. Die mythische Heimat der Mixteken soll das ›Wolkenland‹ oder Mictlan, der ›Ort der Toten‹, gewesen sein. Aus dem Wolkenland drangen sie langsam in das bergige Nachbarland vor und vermischten sich schließlich mit den Zapoteken.

Schon zur toltekischen Zeit gab es mixtekische Verbände im zentralen Hochland Mexikos, die besonders im Staate Puebla und vor allem in Cholula eine handwerkliche Tradition besaßen. Von der mixtekischen Goldschmiedekunst, der Mosaiklegerei und der Keramik sind so großartige Funde erhalten geblieben, daß man heute von einer Mixteca-Puebla-Kultur spricht. Auch auf dem Gebiete der Bilderhandschrif-

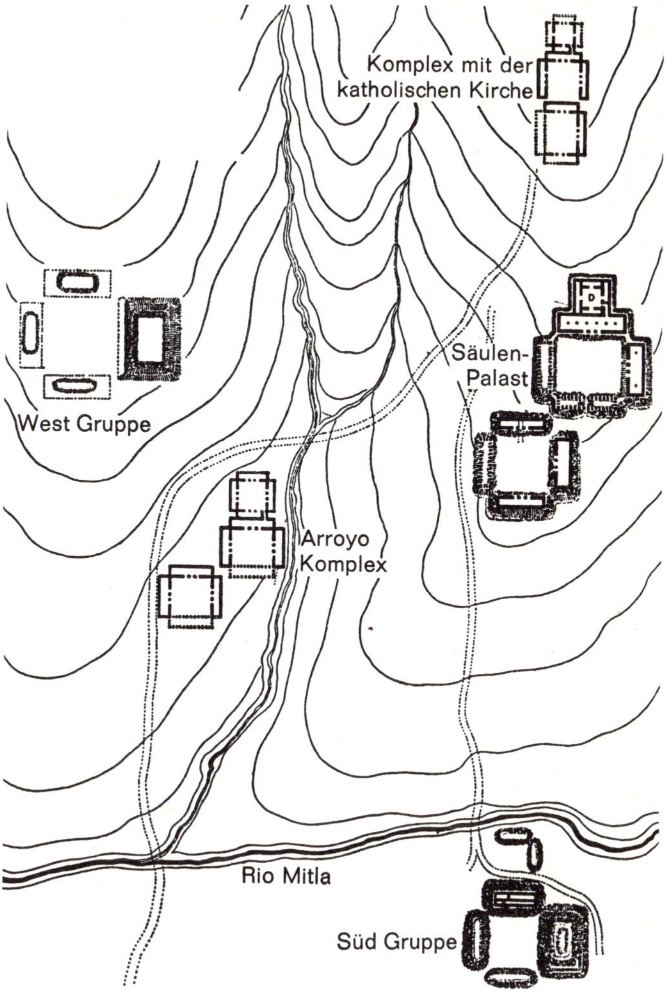

Plan der Ruinen von Mitla

ten, die sich wesentlich von denen der Maya unterscheiden, haben die Mixteken ein großes Können gezeigt. Zwei besonders farbenprächtige mixtekische Handschriften, der ›Codex Vindobonensis‹ und der ›Codex Becker I‹, befinden sich in Wien. Sie behandeln mythologische und frühgeschichtliche Themen und sind in den Darstellungen außerordentlich kompliziert. Die Leuchtkraft der Farben wurde dadurch hervorgerufen, daß dem aus dem Bast des Maulbeerbaumes gewonnenen Material vor der Bemalung ein dünner weißer Stuckgrund aufgelegt wurde.

Die früheste mixtekische Besetzung des Monte Albán wird von manchen Gelehrten auf das Jahr 1000 n. Chr. angesetzt; andere glauben, daß sie erst im 14. Jahrhundert begann. Um diese Zeit war die Entwicklung der tausendjährigen Kunst der Zapoteken bereits an ihrem Ende angelangt. An den überirdischen Bauten, den Gräbern und unterirdischen Kultstätten, die schon von den Zapoteken angelegt waren, zeigen sich neue Formen, die auf eine mixtekische Besetzung schließen lassen. Auch das schon erwähnte berühmte Grab Nr. 7 gehört dazu. Es war von den Zapoteken erbaut, aber die kostbaren Beigaben, die man dort fand, waren mixtekischer Herkunft. Man nimmt an, daß die Mixteken die alten Zapotekenstätten, wie Monte Albán, als eine »Art geweihter Erde für ihre Gräber« verwendet haben, »vielleicht in dem Bestreben die Kontinuität mit den einheimischen Dynastien herzustellen, die hier mehr als tausend Jahre lang geherrscht hatten« (Coe, Mexico, 1962).

Als die Mixteken in das weite Hochtal von Oaxaca eindrangen, fanden sie überall Tempel und Paläste vor; auch die 40 km von Oaxaca entfernt liegende Stadt Mitla, die die Zapoteken Lyobaa nannten, existierte schon. Die Mixteken nannten sie fortan, wohl in Erinnerung an Mictlan, den ›Ort der Toten‹, Mitla.

Mitla ist wirklich eine Totenstadt mit unzähligen Gräbern. Aus den zahlreichen Resten von Häusern ragen fünf Gebäudegruppen heraus. Je zwei und zwei Gruppen liegen dicht nebeneinander. Die fünfte ist von den übrigen durch den kleinen Río de Mitla getrennt, und mitten hinein in einen Tempel bauten die Spanier in der Kolonialzeit eine Kirche, während rund herum die Lehmhütten der indianischen Dorfbewohner stehen. Das wichtigste Gebäude in Mitla ist der ›Palast der Säulen‹, den man das ›Erechtheion Amerikas‹ genannt hat. Dieser Palast und auch die übrigen Gebäude der zentralen Gruppen sind schon lange bekannt. Die erste Beschreibung liegt aus dem Jahre 1644 von Burgoa vor. Ihr folgten weitere Beschreibungen von Alexander von Humboldt, von Charnay, Seler und Holmes.

Schon zur zapotekischen Zeit war Mitla eine Totenstadt, in der Könige und Priester beigesetzt wurden. Der Säulenpalast war das Allerheiligste dieser Stadt, ein geheimnisvoller Bau, nur für den Hohen Priester, den ›großen Seher‹, *uijatão,* bestimmt, der, wie Seler meint, »das lebende Ebenbild der Gottheit oder ihr Statthalter war«. Hier lebte er in größter Abgeschlossenheit. Nie zeigte er sich dem Volke.

Über einem Unterbau, der fast die gleiche Höhe hat wie die Palasträume, etwa 1,5 Meter, führt eine breite Treppe direkt zu der großen Säulenhalle. Die Mauern sind ebenso wie bei den anderen Gemächern aus hellgrauem Trachytgestein. Sie haben keine Fenster, dafür aber einen überreichen Mosaikschmuck, eine abstrakte Fassadenornamentik ähnlich der der Mayastädte in Yucatán, doch sind hier in erster Linie die Innenwände verziert. Drei vertiefte mosaikartig geschmückte Flächen, mit Bändern in Form von Stufenmäandern eingefaßt, laufen jeweils an der oberen Hälfte der Wände entlang. Die Muster sind außerordentlich vielseitig; man hat vierzehn verschiedene Motive festgestellt. Nun sind aber diese Mosaikmuster in Wirklichkeit keine Vielzahl von Einzelsteinchen, die man aneinandergesetzt hat, sondern aus genau aneinandergefügten Steinplatten wurden die Ornamente so haargenau herausgemeißelt, daß es den Anschein hat, als wären unzählige Mosaiksteinchen an der Grundfläche befestigt. Der Grundton dieser ›Mosaikbänder‹ war dunkelrot, die erhabenen Muster dagegen waren gelb, braun und weiß gefärbt.

Alle diese Mosaikfelder sind nicht allein reiner Schmuck, sondern sie sind ein wesentliches Element einer sehr sachlichen Architektur. Die Wände wirken jedoch keineswegs monoton, im Gegenteil, die reichen Verzierungen sind voller Leben, sie geben den Wänden ein Gepräge ähnlich wie bei einem persischen Teppich. Diese eigenartige Technik ist einmalig. Sie wurde in Mitla bis zur höchsten Präzision entwickelt, nicht nur im Säulenpalast, sondern auch bei anderen Gebäuden, die für die Priester und den König bestimmt waren, wenn er sich vorübergehend in Mitla aufhielt. Seine Residenz blieb jedoch, auch in der mixtekischen Zeit, in Monte Albán.

Seltsamerweise sind die Wände in der Säulenhalle des ›Säulenpalastes‹ schmucklos. Sicherlich liegt der Anlage dieses Raumes mit den runden, nach oben zu leicht konisch verlaufenden Säulen eine bestimmte Idee zugrunde. Diese Säulen zwingen unwillkürlich den Blick nach oben. Eine Betonung der Waagerechten durch Ornamentbänder hätte hier den Gesamteindruck nur gestört. So ist dieser schlichte Raum eine Gegengewicht, ein ruhender Pol zu den anderen überreich geschmückten Gemächern.

Wir wundern uns vielleicht, daß die Zapoteken und die Mixteken eine so unglaubliche Sorgfalt für den Bau einer Totenstadt verwendet haben. Aber schon Diodorus Siculus hat gesagt: »Es gibt Völker, die ihren Toten prächtige Paläste errichten. Da das Leben auf Erden kurz und vergänglich ist, meinen sie, es lohne nicht der Mühe, dergleichen für die Lebenden zu bauen.«

Yagúl und Zaachila

Zwischen Monte Albán und Mitla liegt dicht an der panamerikanischen Straße etwa 15 km von Mitla entfernt eine andere bedeutende Stadt, die erst vor einigen Jahren von mexikanischen Archäologen ausgegrabene Stadt Yagúl. Yagúl zerfällt in zwei Sektoren. In der Unterstadt stehen die Tempel und Paläste, darüber erhebt sich auf einem Hügel eine Festung, deren großartige Anlage noch deutlich zu erkennen ist.

Yagúl stammt aus jener Übergangszeit, in der die Macht der Zapoteken allmählich auf die Mixteken überging. Aus der Anlage der Stadt, der dominierenden Rolle von Palästen und Wohnvierteln hoher Würdenträger, geht hervor, daß die politisch-religiöse Hierarchie immer mehr an Bedeutung gewann. Architektonisch repräsentiert Yagúl ein Zwischenstadium zwischen Monte Albán und Mitla. Die Heiligtümer sind nicht mehr so wichtig und bedeutend wie in Monte Albán; im Mittelpunkt der architektonischen Gestaltung stehen die Wohntrakte, die um quadratische Innenhöfe angeordnet sind. In einem einzigen Viertel befinden sich auf einer Fläche von

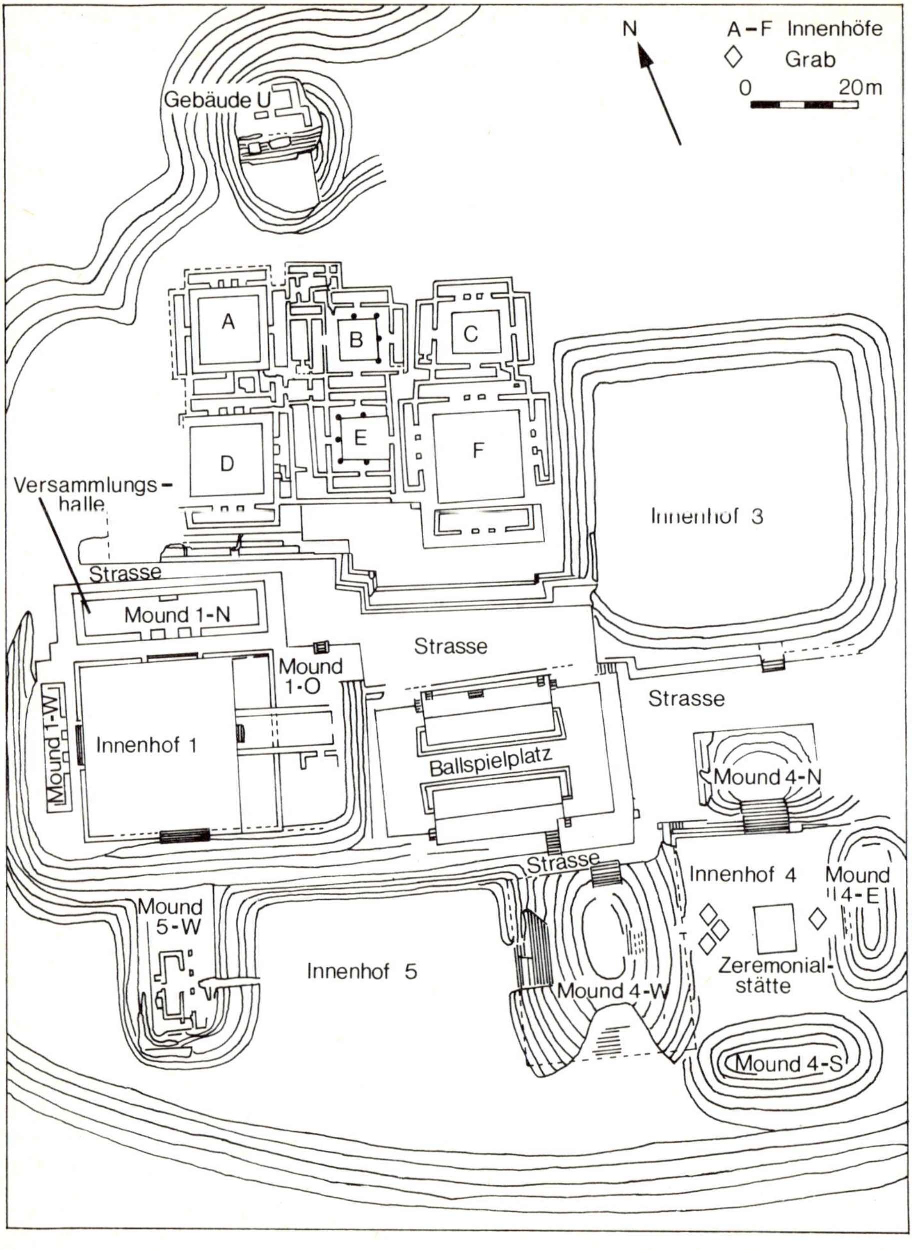

Übersichtsplan von Yagúl

60 × 80 m allein sechs solcher Innenhöfe. Die Anordnung der langgestreckten Gebäude mit ihren Nebenhäusern ist labyrinthartig. Bei den Grundrissen kann man zwei Typen unterscheiden. Beim ersten befinden sich auf drei Seiten zum Hof hin Säulengänge, die als schattenspendende Wandelgänge dienen, ähnlich wie man sie auch im Palast des Quetzalpapalotl in Teotihuacán findet, doch sind sie hier wesentlich einfacher. Die Gebäude dieses Baustils haben nur eine einzige Tür, während die des zweiten Typs drei nebeneinanderliegende Eingänge aufweisen, die durch starke rechteckige Pfeiler voneinander getrennt sind. Dafür besitzen sie keine Säulengänge. Als Baumaterial wurden große Steinblöcke verwendet, die mit einem wenig haltbaren Mörtel zusammengefügt sind.

Die Stadtanlage wurde hier nicht nach strengen Gesetzen wie die Anlage von Monte Albán konzipiert; schon die Bodenformation zwang die Baumeister von Yagúl zu einem stufenförmigen Aufbau der Stadtanlage, so daß der Gesamteindruck durch die Stützmauern und vielen Treppenaufgänge viel lockerer wirkt als der von Monte Albán.

Eine der letzten Hauptstädte der Zapoteken war Zaachila. Auch hier wurden in der letzten Zeit Ausgrabungen und Restaurationen vorgenommen, die zu den bedeutendsten zählen, die in den letzten Jahrzehnten vorgenommen wurden. Die Ausgrabungen begannen schon Anfang der sechziger Jahre; sie konnten nur unter militärischem Schutz vorgenommen werden, nachdem schon frühere Versuche der Wissenschaftler, hier zu arbeiten, an dem Widerstand der Bevölkerung gescheitert waren. Unter Verwünschungen wurden damals die Archäologen mit Steinen beworfen und zum Rückzug gezwungen.

Nun haben also mexikanische Wissenschaftler dort eine Grabstätte freigelegt, deren Studium weiteres Licht auf das Leben und die Gepflogenheiten der indianischen Vorfahren der heutigen Bewohner dieser Gegend – der Zapoteken – werfen wird. Es handelt sich dabei um eine Grabkammer, deren mit Stuck belegten Wände mit überaus farbenprächtigen Fresken bemalt wurden. Unter den reichen Funden sind zahlreiche gravierte Goldplättchen, mit Türkisen besetzte Gesichtsmasken, aus wertvollen Steinen zusammengesetzte Ketten und polychrom bemalte Gefäße mit Gesichtern von Raubkatzen und Vögeln und, was in Mexiko außerordentlich selten gefunden worden ist, bearbeitete Leder- und Stoffstücke. Diese archäologische Stätte, deren Alter auf etwa 1000 Jahre geschätzt wird, gilt in der Wissenschaft als einmalig. Sie ist ebenfalls von der Hauptstraße Oaxaca – Mitla aus leicht zu erreichen.

Die Maya

Klassische Periode 300–900 n. Chr.
Periode der mexikanischen Verschmelzung 900–1200 n. Chr.

Um uns die Unterschiede und Entwicklungsstufen der altmexikanischen Kulturen näher zu bringen, hat man Vergleiche zwischen den Hochkulturen der Alten und der Neuen Welt angestellt. So könnte man sagen, daß die künstlerisch begabten Tolteken mit den Etruskern zu vergleichen wären, die kriegerischen Azteken, die auf dem Erbe der Tolteken ihre politische Macht entwickelten, den Römern ähnelten und die Maya, die durch ihre hohe Geisteshaltung für das ganze Wesen der mesoamerikanischen Kultur bestimmend waren, mit Recht den Beinamen ›die Griechen Amerikas‹ verdienen. Natürlich sind das Vergleiche, die nur in groben Zügen annehmbar sind. Dagegen steht absolut fest, daß die beiden Kulturkreise, der amerikanische und der mittelmeerländische, in keinerlei Weise Berührungspunkte haben, weder zeitlich noch gegenständlich. Auch Menschen und Umwelt sind zu beiden Seiten des Ozeans grundverschieden. Aber im Werdegang der Kulturen gibt es gewisse unabänderliche Naturgesetze, denn überall auf der Welt sind Völker, die auf der gleichen Stufe ihrer Entwicklung stehen, durch unsichtbare Bande zwangsläufig zu Schicksalsgemeinschaften verknüpft.

Ähnlich dem griechischen Stadtstaat, der Polis, müssen wir uns auch das ›Reich‹ der Maya vorstellen. Früher sprach man von einem ›Alten Reich‹ und einem ›Neuen Reich‹. Von diesen Bezeichnungen ist man jedoch längst abgekommen. Ein Reich der Maya in unserem Sinne hat es überhaupt niemals gegeben. Die einzelnen Stadtstaaten der Maya bildeten keine echte politische Einheit, es bestand vielmehr eine ›föderative staatliche Ordnung‹, die sich auf kulturelle Verwandtschaften gründete und in den verschiedenen Provinzen autonom war.

Den Kern der Stadtstaaten bildeten die Tempelpyramiden und Bauten, die in engem Zusammenhang mit dem Kult standen, wie Paläste für Priester und Könige und Behausungen für Künstler und Wissenschaftler. Das Volk, die Bauern, lebte in bescheidenen Siedlungen, die verstreut in weitem Umkreis ihrer Felder lagen. Hier besaßen die Bauern keine Bürgerrechte wie in Griechenland und folglich auch keine Stimme in Regierungsangelegenheiten.

Doch wer waren die Maya? Wo kamen sie her? Gewiß stammten ihre Vorfahren wie die Vorfahren aller Indios Amerikas aus Asien. Zu Beginn der christlichen Zeitrechnung lebten im Hochland von Guatemala, in Honduras, Salvador und im Süden Mexikos Indianerstämme, deren Sprache auf gemeinsame Wurzeln hinweisen, nämlich auf die Maya-Sprache, die dort in zahlreichen Dialekten gesprochen wurde und

Halbinsel Yucatán. Gebiet der Maya ▷

Golf von Mexiko
Rio Lagartos
Puerto Juárez
Insel Mujeres
Cancún
Progreso
Tizimin
Espita
MERIDA
Dzibilchaltun
Puerto Morelos
Umán
Izamal
Cobá
Mayapán
Valladolid
Xelha
Chichén-Itzá
Muna
Ticul
Insel Cozumel
Uxmal
Mani
Tulúm
Kabáh
Tekax
Labna
Peto
Sayil
Jaina
PUUC
CAMPECHE
Felipe Carrillo Puerto
Chakanputun
Edzná
Hochob
Champotón
CHENES
Ciudad del Carmen
CHETUMAL
Xpujil
Francisco Escárcega
Rio Bec
USUMACINTA
Uaxactun
PETEN
BELICE CITY
Palenque
Tikal
Karibisches Meer
Piedras Negras
Flores
Belice
Yaxchilàn
Tayasal
Bonampak
Comitán
Puerto Barrios
Guatemala
Puerto Cortes
Ciudad Cuauhtémoc
Quirigua
Honduras
Copán
Tapachula
Quetzaltenango
Kaminaljuyu
--- Eisenbahn
GUATEMALA CITY

heute noch gesprochen wird. In diesem Raum sprechen rund zwanzig Indianerstämme Dialekte, die der großen Mayasprachgruppe angehören. Auch die Huaxteken, die von der Halbinsel Yucatán, dem Kernland der Maya, weit entfernt wohnen, sprechen einen Maya-Dialekt. Diese Dialekte zeigen oft große Unterschiede, so daß sich die verschiedenen Stämme untereinander nur schwer verständigen können. Es scheint aber, daß die Schriftsprache der Gebildeten bei den alten Maya, also bei den Priestern und Wissenschaftlern, wie die Hieroglyphen an den Baudenkmälern und Stelen beweisen, in den verschiedenen Mayastädten die gleiche gewesen ist.

Unbeantwortet bleibt immer noch eine Frage: Kamen die Maya, die jene gewaltigen Monumente im Urwald von Chiapas und Tabasco, im Petén in Guatemala, in den Urwäldern von Honduras und später in dem hügeligen Buschland von Yucatán ausgeführt haben, aus dem Hochland Guatemalas, oder haben sich die Stämme in frühen Zeiten von den rätselhaften Olmeken getrennt und jene Ländereien von der Golfküste aus besiedelt? Auf jeden Fall muß dann die Trennung schon sehr früh erfolgt sein, denn eine Hochkultur wie die der Maya, die sich zwischen 300 und 900 n. Chr. zu voller Blüte entwickelte, kann nicht plötzlich mitten im Urwald aus dem Nichts enstanden sein.

Ebenso wie Hellas Befruchtung und Auftrieb von den Phöniziern, Kretern und Ägyptern empfing, wurden die Maya besonders in der späteren Zeit von anderen Völkern zu immer größeren Leistungen angespornt. Toltekisches Kunsthandwerk gelangte zu den Maya, wurde aber nicht sklavisch übernommen, sondern die Tolteken gaben den Antrieb zu durchaus neuen und originellen Formen. Und alles, was die Maya in der Kunst, in der Schrift und in der Architektur leisteten, stand viel mehr noch als bei den Kulturvölkern des mexikanischen Hochlandes im engsten Zusammenhang mit dem Kalender.

Die Maya gelten allgemein als die Erfinder des mexikanischen Kalenders, doch nimmt man heute vielfach an, daß schon die Olmeken einen Kalender kannten, daß die Maya diesen Kalender übernahmen und ihn dann später zu höchster Präzision entwickelten. Bei allen Agrar-Kulturen wird außerordentlicher Wert auf die Bestimmung der Jahreszeiten gelegt. In den tropischen Ländern muß man wissen, wann die Regenzeit beginnt, danach richten sich Aussaat und Ernte. Dieses Wissen kann nur durch astronomische Beobachtungen vertieft werden. Daß solche Beobachtungen von den Maya vorgenommen wurden, beweisen Observatorien, turmartige Bauten in Palenque, Uaxactún, Mayapán und Chichén-Itzá. Die Maya waren als Bewohner des tropischen Urwaldes so sehr den Naturgewalten ausgesetzt, daß ihr Drang nach dem Erforschen kosmischer Zusammenhänge nur zu verständlich ist. Kosmische Mächte bestimmten das Geschick des Menschen, so glaubten sie. Deshalb wurde der Kalender auch ein wesentlicher Teil ihrer Religion, er war ›göttlich‹ und wurde zum Symbol des Weltalls. Die Tage wurden im Kalender der Maya durch Symbole ausgedrückt, und jedes Symbol, also jeder Tag, war einer Gottheit geweiht. Die göttlichen Symbole waren mit einer Zahl verbunden, die zusammen erst den Begriff Zeit aus-

Die Götter tragen die Last der Jahre. Das kommt in den Maya-Hieroglyphen zum Ausdruck. Hier der Maya-Gott der Zahl Neun

machten. Die Zeit war eine Last, die die Götter zu tragen hatten. So unterlagen in der Vorstellung der Maya die Götter selbst den Gesetzen des Kosmos.

Der Kalender war ein heiliges Buch, in dem die guten und bösen Tage zu lesen waren. Er hieß *tonalamatl,* ›Wahrsagekalender‹; aus ihm deuteten Priester und Astrologen die Schicksale der Menschen. Keine Handlung wurde bei den Maya vorgenommen, ohne daß man vorher den Wahrsagekalender befragt hätte. Schließlich war doch alles vom göttlichen Kalender abhängig. Die Konstruktion von Tempeln und anderen Gebäuden wurde erst begonnen, wenn man sich laut Kalender vor einer Intervention kosmischer Mächte sicher fühlte, und der Kunst fiel die Aufgabe zu, feindliche Mächte zu bannen.

Einige wesentliche Züge des Maya-Kalenders mögen hervorgehoben werden. Der Maya-Kalender beruht auf drei Systemen oder Berechnungen: dem *haab* oder ›Sonnenjahr‹ mit 365 Tagen, dem *tzolkin* oder ›Zählung der Tage‹ mit 260 Tagen und dem ›Venus-Jahr‹, das von den Maya auf 584 Tage errechnet wurde und in das die beiden anderen Systeme eingebaut sind. Nach unseren heutigen Berechnungen beträgt das Venus-Jahr eine Umlaufzeit von 583 und 92 hundertstel Tagen. Wir sehen also, wie unglaublich genau schon die Berechnungen der Maya waren.

Die Maya rechneten nach einem Vigesimalsystem. Für *haab,* das Sonnenjahr, setzten sie 18 Monate zu 20 Tagen fest, zu denen noch 5 Unglückstage oder ›Tage ohne Namen‹ traten. Der *tzolkin* wurde in 13 Monate zu 20 Tagen geteilt. Die Kombination des *tzolkin* mit dem *haab* ergab das genaue unverwechselbare Datum. Erst nach 52 Jahren oder 18 980 Tagen ist dieselbe Stellung der Zyklen wieder erreicht, so daß ein Tag wieder mit der gleichen Zahl und dem gleichen Namen in *tzolkin* und *haab* benannt wird. Die Zahl 20 war die Recheneinheit. So ergaben 20 Jahre zu 360 Tagen ein *katún.* Setzt man die Multiplikation mit 20 fort, so entstehen Zyklen, die unseren Jahrhunderten und Jahrtausenden entsprechen. Diese Rechnung geht bis *1 alautún,* einem Zyklus, der 23 Milliarden und 40 Millionen Tage umfaßt. S. G. Morley nannte den Maya-Kalender und das Zahlensystem, das schon tausend Jahre vor den Arabern mit der Null operierte, »eine der bis zum heutigen Tag brillantesten Geistesschöpfungen der Menschheit«.

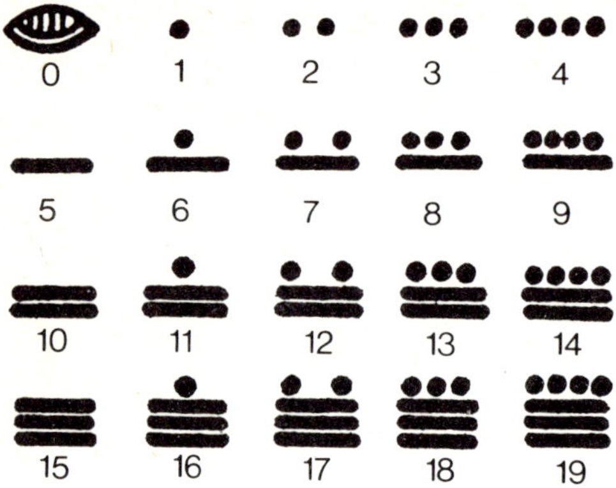

Zahlenschreibung der Maya von 0–19. Die Maya schrieben die Ziffern mit Hilfe von Punkten und Strichen, genauso wie die Azteken. Sie waren für den allgemeinen praktischen Gebrauch. Die Priester und Schriftgelehrten zeichneten menschliche Köpfe. Bei den Punkt- und Strichzeichen brauchte man 20, bei den Kopfzeichen nur 14 Zeichen, die zur Wiedergabe von 0 bis 13 nötig waren. Wollte man weiter zählen, so fügte man den Köpfen von 3 bis 9 einen fleischlosen Unterkiefer hinzu. So erhielt man die Kopfzahlen von 14 bis 19

Die neuesten Grabungen von Dzibilchaltun, einer unermeßlichen Fundgrube von Altertümern in Yucatán, haben gezeigt, daß die einst von Morley aufgestellte These vom Neuen und vom Alten Reich der Maya immer mehr an Glaubwürdigkeit verliert. Jetzt weiß man, daß die Anfänge der Kultur der südlichen Provinzen, die um 300 n. Chr. begann, zeitlich mit dem Beginn der Kultur der Nordprovinzen übereinstimmt. Eine erst kürzlich entdeckte Stele in Yucatán trägt das Datum 415 n. Chr., während in den südlichen Provinzen eine ununterbrochene Folge von Kalenderdaten an Tempeln, Treppen und Stelen erhalten geblieben ist. Jede dieser großen Provinzen erlebte ihre eigene Kulturentwicklung, die eine befruchtete die andere, aber ihre Höhepunkte fanden zu verschiedenen Zeiten statt. Erst als die glanzvollen Städte im Petén und im Usumacinta-Flußtal schon untergegangen waren, entfalteten sich die Städte in Yucatán zu höchster architektonischer Vollendung.

In den südlichen Gebieten zeigt der Architekturstil von Stadt zu Stadt wesentliche Unterschiede. Henri Stierlin weist darauf hin, daß gerade in diesen Gebieten auch die Maya-Sprache in mehrere Dialekte zerfällt und daß die Sprachgrenzen der chontalischen, mopanischen, tschortischen und tzeltalischen Dialekte fast mit den Abgrenzungen der verschiedenen Architekturstile übereinstimmen. Im Norden, in Yucatán, wird dagegen ein einheitlicher Dialekt gesprochen. So herrscht auch in der Architektur des Nordens eine relative Einheit, obwohl sich auch hier Unterschiede im Stil feststellen lassen, die man mit Puuc-Stil, Rio Bec-Stil und Chenes-Stil bezeichnet.

Zwischen dem 10. und 12. Jahrhundert erlebte Yucatán eine wirkliche Renaissance, als sich nach dem Einfall toltekischer Krieger toltekische Stilelemente mit der Maya-Tradition verbanden. Mit ihnen zog auch ein neuer Gott in das Pantheon der Maya ein: Quetzalcoatl, der in Yucatán Kukulcán genannt wurde. Sein Ritual verlangte Menschenopfer, und es scheint, als wenn erst von diesem Zeitpunkt an das Herzopfer bei den Maya in größerem Ausmaß stattfand, während früher nur zu bestimmten Zeiten Menschen als Opfer für den Regengott in dem heiligen Teich von Chichén-Itzá ertränkt wurden.

Die Maya-Kultur ist die herrlichste aller prähispanischen Kulturen in Mesoamerika gewesen. Wir müssen immer wieder staunen, wie ein verhältnismäßig kleines Volk, das noch dazu in einzelne Stämme aufgesplittert war, innerhalb weniger Jahrhunderte eine so hohe Entwicklungsstufe erreichen konnte, wobei es unabhängig von der übrigen Welt alle wesentlichen Erfindungen selbst machte.

Die Maya-Forschung schreitet unablässig voran, doch ist sie noch längst nicht zu einem Endergebnis gekommen. Widersprechende Thesen, die die berühmtesten Mayaforscher aufgestellt haben, stehen sich gegenüber. Viele Rätsel sind noch nicht gelöst. Eins ist jedoch nicht zu leugnen: die Baukunst der Maya hat uns Zeugnisse hinterlassen, die über jede Kritik erhaben sind, Bauwerke, die ihre reine künstlerische Ausstrahlung bis auf den heutigen Tag bewahrt haben.

Schematische Darstellung der beiden Kalendersysteme nach Morley. Das kleinere Rad zeigt die Jahreseinteilung nach 260 Tagen. Die 20 Tagesglyphen außen, die 13 Tagesnummern innen. Das rechte Rad, von dem ein Segment gezeigt wird, veranschaulicht das Jahr mit 365 Tagen, das zu 18 Monaten mit je 20 Tagen plus den fünf Unglückstagen gerechnet wird. In der Mitte die Monatsglyphen

Palenque

frühestes Datum 536
letztes Datum 783

Mitten im Herzen Mittelamerikas befindet sich das Mayaland, das ungefähr 325 000 Quadratkilometer umfaßt und innerhalb der Grenzen von Guatemala mit Ausnahme seiner Westküste, von Belice, von einem Teil von Honduras und der mexikanischen Staaten Campeche, Tabasco, Yucatán, Quintana Roo und einem Teil von Chiapas liegt. In Chiapas liegt auch Palenque.

Verloren im dichten tropischen Urwald, wurde Palenque vor kaum 150 Jahren von Fremden wiederentdeckt. Heute liegt die Ruinenstadt nur 8 km von der erst vor einigen Jahren eröffneten Bahnlinie entfernt, die Coatzacoalcos mit Campeche verbindet, aber dichter Tropenwald mit seinen 30 Meter hohen Bäumen bildet immer noch die gewaltige Kulisse zu diesem überwältigenden Bühnenbild. Der erste Eindruck, der sich uns aufzwingt, wenn wir den Ruinen der Tempelstadt gegenüberstehen, ist kaum geringer als der, den John L. Stephens, der amerikanische Amateurarchäologe und Diplomat, erlebte.

»Mitten zwischen Zerstörung und Zerfall schauten wir rückwärts in die Vergangenheit«, schreibt Stephens, »sahen den düsteren Wald sich lichten und stellten uns jedes Gebäude in seiner Vollkommenheit vor, mit seinen Terrassen und Pyramiden, seinen in Stein gemeißelten und gemalten Ornamenten, großartig, erhaben und eindrucksvoll, eine unendlich weite Ebene überblickend. Wir riefen uns die seltsamen, fremden Menschen wieder ins Leben zurück, die traurig von den Mauern auf uns niederschauten. Wir malten sie uns aus, wie sie, in phantastische Kleider gehüllt, mit Federschmuck angetan, die Terrassen des Palastes emporstiegen ... Nichts hat mich im Roman der Weltgeschichte je zwingender beeindruckt als der Anblick dieser einst großen und lieblichen Stadt, nun durcheinandergeworfen und vergessen, durch Zufall entdeckt, viele Meilen im Umkreis mit Bäumen überwuchert. Nicht einmal einen Namen hat sie, mit dem man sie nennen könnte.«

Der wirkliche Name dieser Stadt ist, wie auch bei den meisten anderen Maya-Städten, verlorengegangen. Palenque ist eine spanische Bezeichnung und heißt ›Palisadendorf‹.

Als Stephens zusammen mit dem Maler Catherwood im Jahre 1840 Palenque besuchte und später sein von Catherwood glänzend illustriertes Buch ›Incidents of Travel in Central America, Chiapas & Yucatán‹ veröffentlichte, bedeutete das eine Sensation. Ein anderer amerikanischer Schriftsteller behauptete damals noch in seiner viel gelesenen ›Geschichte Amerikas‹, die Neue Welt besäße kein einziges Denkmal oder auch nur die Überreste eines Gebäudes, das aus einer früheren Periode als der der Conquista stamme, trotz der Berichte Alexander von Humboldts, der Mexiko 1803 und 1804 bereist und bereits die Aufmerksamkeit der gebildeten Kreise auf die

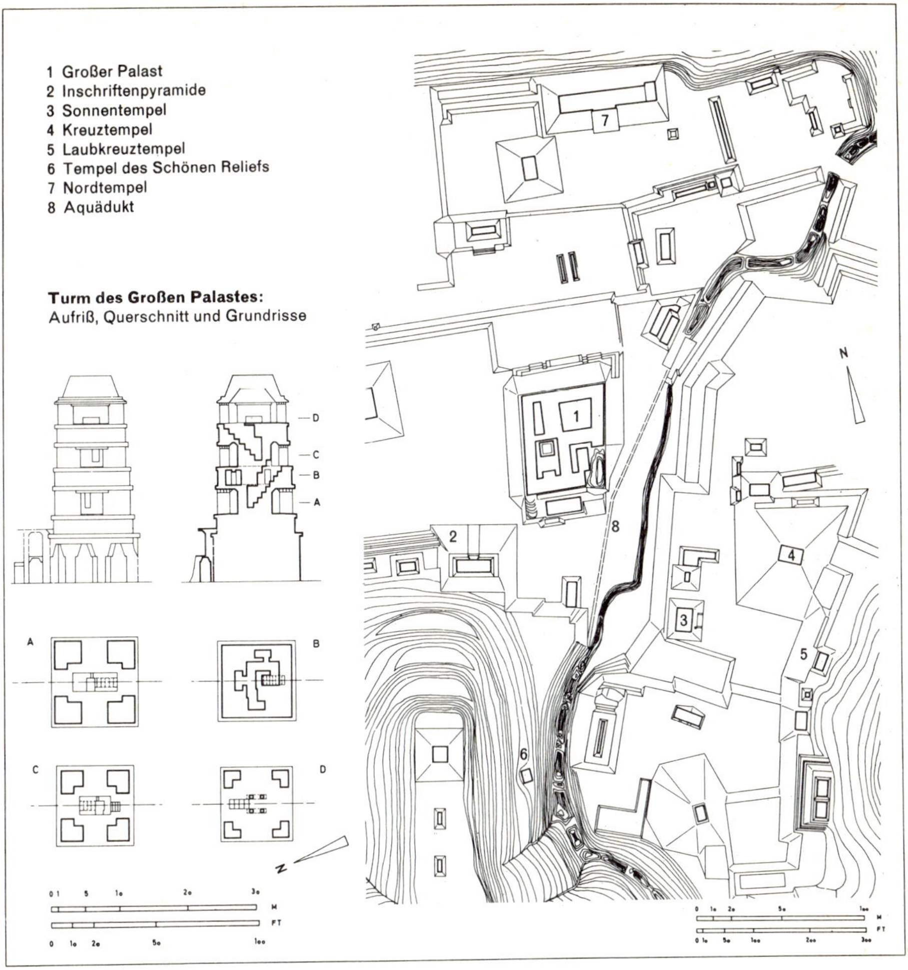

Plan der Ruinen von Palenque

versunkenen Kulturen Altamerikas gelenkt hatte. Aber von den Maya-Städten hatte auch Humboldt noch keine Ahnung.

Als der dänische Archäologe Frans Blom 1923 Palenque besuchte, bot sich ihm fast noch dasselbe überraschende Bild wie Stephens: »Ich wanderte von Gebäude zu Gebäude, die jetzt verlassen dastehen und einst von großen Herrschern, heiligen Priestern und geschäftigen Arbeitsleuten bewohnt wurden. Wasser tropft von den Dächern, und Wolken von Fledermäusen huschen vorüber, wie mein hallender Tritt

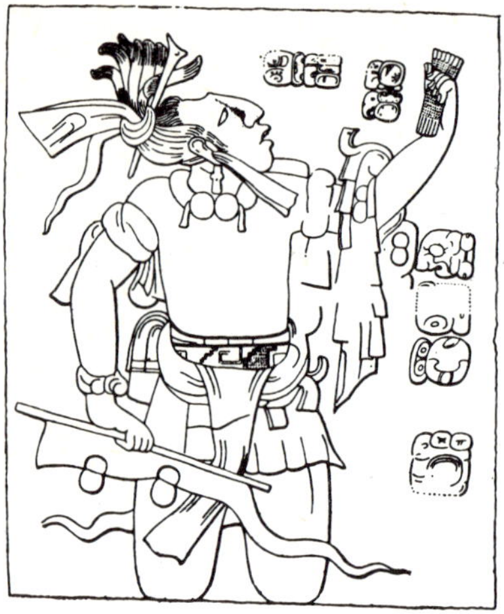

Darstellung eines knieenden Maya auf einer Steinplatte in Palenque. In der rechten Hand hält er eine Stange, an der ein Stück Stoff befestigt ist, in der linken einen unbestimmbaren Gegenstand

sie verscheucht. Treppen und dunkle Gänge führen zu unterirdischen Galerien ... Der erste Besuch in Palenque ist unermeßlich eindrucksvoll. Wenn man eine Zeitlang hier gelebt hat, wird die Ruinenstadt zu einer Art Besessenheit.«

Inzwischen ist in Palenque viel gegraben und freigelegt worden, aber ringsum liegen noch dicht überwachsene Hügel, zerfallene Pyramiden mit den Trümmern zahlreicher Bauwerke. Bäche fließen durch das hügelige Gelände. An manchen Stellen ist das Wasser über gemauerte Aquädukte und durch Kanäle geleitet. Viel von dem Gemäuer ist zusammengestürzt, aber immer noch fließt Wasser durch diese alten Maya-Kanäle. Leider hat man die Ruinen in der ersten Zeit ihrer Entdeckung unsachgemäß behandelt. Um an die zusammengefallenen Bauwerke leichter heranzukommen, legte man Feuer an den Wald. Dadurch wurden die Ruinen oft noch mehr zerstört, denn das Feuer trocknete den feuchten Stuck aus und ließ den Mörtel zwischen den Steinen ausglühen, so daß kostbare Stuckreliefs abbröckelten und zu Staub zerfielen.

Das Maya-Gewölbe, der sogenannte ›falsche Bogen‹, der sich zur Deckenkonstruktion langgestreckter Räume eignete, nicht aber für breite Räume

52 Die Westseite des großen Palastes von Sayil im Puuc-Stil

53 Detail einer Vorhalle mit Balusterfries. Sayil

54 Die Wände dieser Mayabauten sind teilweise Erdaufschüttungen, die innen und außen mit steinernen Platten und Säulen verkleidet sind. Die Verzierung an der Ecke stellt einen geöffneten Schlangenrachen dar, aus dem ein menschlicher Kopf herausschaut

56 Labná, Detailansicht des Palastes ▷

55 Detailansicht des Palastes von Sayil. Die dreifachen Ausbuchtungen an den Blendsäulen ahmen die Seilverbindungen früherer Holzarchitektur nach (s. a. Abb. 56)

57 Im Puuc-Stil ist der Triumphbogen von Labná erbaut

59 Die Pyramide von Labná ist erst gesäubert, aber noch nicht restauriert. Der Tempel ›El mirador‹ trägt eine Cresteria, die aber nicht in der Mitte, sondern über der Hauptfassade steht ▷

58 Links die Pyramide mit dem ›Tempel der Figuren‹, rechts der Triumphbogen von Labná

60 Der ›Triumphbogen‹ von Kabáh steht dort, wo die alte Mayastraße von Uxmal endet

61 Der Codz-Poop oder Maskenpalast in Kabáh mit den rüsselartigen steinernen Nasen der Masken des Regengottes Chac ▷

63 Rückseite vom Gouverneurspalast in Uxmal mit dem Mosaikband aus 20 000 Steinen

◁ 62 Stilisierte Masken des Regengottes bedecken die ganze Vorderwand des Maskenpalastes in der Art des Chenes-Stils

65 Das Nonnenviereck und die Wahrsagerpyramide nach ihrer Restaurierung ▷

64 Wahrsagerpyramide in Uxmal

67 Das sogenannte Nonnenviereck

◁ 66 Die Wahrsagerpyramide in Uxmal. Die Öffnung zu dem überbauten Tempel hat man in unserer Zeit geschlagen

68 Die untere Galerie vom Nordbau des Nonnenvierecks

70 Rundplastik eines Wächters am Westbau des Nonnenvierecks. Ein seltenes Beispiel der Bildhauerkunst im Puuc-Stil der Maya

◁ 69 Nonnenviereck: Chac-Masken als Schmuckmotive zieren die Gebäudeecken

71/72 Ornament mit Schlangenköpfen über einem Netzgrund, der ein durchsichtiges Gitter vortäuschen soll. Nonnenviereck, Uxmal

In dem feuchten Klima des Mayalandes ist mit den Ausgrabungen und Rekonstruktionen allein noch nicht alles gewonnen, man muß die Gebäude auch konservieren, um sie vor weiterem Verfall zu schützen. Der tropische Wald nimmt binnen kurzer Zeit wieder Besitz von ihnen, wenn nicht dafür gesorgt wird, daß die Bauwerke gepflegt werden. Wenn nicht genügend Mittel und Leute vorhanden sind, die ständig damit beschäftigt sind, die Ruinen von der unaufhörlich und unglaublich schnell wachsenden Vegetation zu befreien, ist alle Mühe umsonst gewesen.

Freigelegt und zum größten Teil restauriert wurden bis jetzt die beiden Hauptgebäudegruppen, die der kleine Bach Otolum voneinander trennt. Teilweise ist der Bach unterirdisch in einem gemauerten Kanal weitergeführt, wobei die Decken wie bei den Kammern der Tempel und Paläste in der Art ›falscher‹ Gewölbe gebildet sind, denn der Druckbogen, das ›echte‹ Gewölbe, war den Maya unbekannt.

Im Gegensatz zum Hochland Mexikos, wo die meist aus Holz errichteten Tempel mächtige Pyramiden krönten, entwickelten die Maya eine gemauerte Tempelkonstruktion und machten im 4. Jahrhundert n. Chr. die große Erfindung des gemauerten Gewölbes. Wir haben gesehen, daß die Totonaken am Tajín flache Dächer konstruierten, die aus einer Konkretmasse bestanden. Die Maya entwickelten auf andere Weise ihre Dachkonstruktionen: sie gingen vom Innenraum der strohgedeckten Hütte aus, wie wir sie heute noch bei den Indios im Mayagebiet sehen. Sie versuchten, das durch Balken gestützte Spitzdach der Hütte so gut wie möglich in Stein nachzubilden. Von innen gesehen sind also die Maya-Gewölbe eine direkte Nachbildung des Daches einer *choza,* einer Indianerhütte. Das Verkragen der Steine zweier gegenüberliegender Mauern nach oben zu, bis ein einziger Stein genügt, beide Mauern zusammenzuhalten, erinnert an die megalithischen Bauten des frühen Griechenland; aber auch das täuscht, denn die verkragten Steine allein würden noch nicht genügen, um das Gewölbe zu halten. Erst die Wände, die nach oben zu mächtiger werden, geben durch die Kohäsion der betonartigen Füllung dem Gewölbe seinen Halt. Mit dieser Technik lassen sich zwar keine großen, weiten Räume decken, aber man kann solche Decken in beliebiger Länge errichten.

Für diese Art des Gewölbebaus finden wir gerade in Palenque sehr schöne Beispiele. Trotz der verhältnismäßig großen Baumasse, die auf den kleinen eingeschlossenen Räumen lastet, wirkt ein solcher Bau, wie zum Beispiel der Sonnentempel, äußerst leicht, wozu auch die mansardenartige Flächenbrechung des Oberbaus beiträgt.

Die Kammern der Tempel und Paläste haben, wie fast alle Bauten der Maya, keine Fenster; die einzigen Öffnungen sind wie bei den *chozas* die Türen. Oft liegen auch zwei Kammern mit parallel laufenden Gewölben unter einem mächtigen Dach wie bei dem ›Tempel des Kreuzes‹. Eine durchbrochene *cresteria* überragt sein ›Mansardendach‹ und verleiht dem Bau eine ganz besondere Eleganz.

Sechs Tempel sind in Palenque bis jetzt freigelegt. Von ihnen sind der ›Tempel des Kreuzes‹, der ›Sonnentempel‹, der des ›Blattkreuzes‹ und der ›Tempel der In-

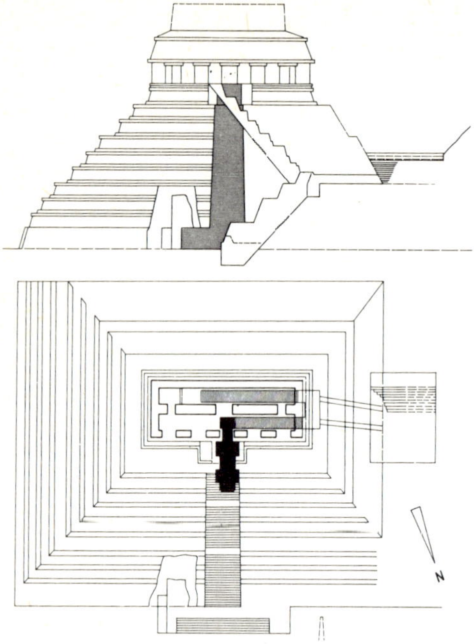

Inschriftenpyramide in Palenque: Aufriß und Grundriß

schriften‹ die bedeutendsten. Diese Tempel sind nicht nach bestimmten Himmelsrichtungen angelegt, sie liegen auch nicht an einer großen Verkehrsader wie die Tempelpyramiden am ›Totenweg‹ in Teotihuacán, sondern die ganze Anlage ist viel lockerer. Da die Maya keine Zugtiere und keine Fahrzeuge kannten, brauchten sie auch keine Fahrstraßen. So entstand in der hügeligen Landschaft zwischen Gärten und Bächen eine regelrechte Gartenstadt, in der Paläste und Tempel in gemessenen Abständen voneinander wirkungsvoll verstreut liegen (Farbt. 8, 9).

Der Hauptpalast hat eine bevorzugte Lage. Ziemlich in der Mitte der Stadt auf einer künstlichen Plattform gelegen, beherrscht er das ganze Landschaftsbild. Um ihn herum gruppieren sich Pyramiden und Tempel, und im Hintergrund erhebt sich die grüne Mauer des mächtigen Urwaldes. Der Palast wird von einem rechteckigen vierstöckigen Turm, dem Observatorium, beherrscht. In einem der Innenhöfe flankieren die Haupttreppe zwei Sandsteinstelen mit meisterhaften Reliefs von Mayapriestern. Die Vollkommenheit der Baukunst, die uns besonders in Palenque so beeindruckt, bekommt noch eine besondere Note durch die überaus reichen Stuckreliefs, die nicht nur die Wände, Gesimse und Pilaster des Palastes zieren, sondern die einst auch die Mansardendächer schmückten. Diese Arbeiten gehören nicht nur zu den schönsten in der Kunst der Maya, sondern sie sind die menschlich ausdrucksvollsten und beseeltesten Plastiken in ganz Altamerika. Zu ihnen gehören auch die porträtartigen Stuckköpfe aus der Grabkammer des Tempels der Inschriften; sie sind ohne Zweifel manchen altägyptischen Kopfplastiken ebenbürtig. Leider sind von den reichen Stuckverzierungen an den Pilastern des großen Palastes, die hohe Würdenträger darstellen, nur wenige erhalten geblieben. Gerade hier hat das Feuer, das unbedachterweise die frühen Entdecker angelegt hatten, um überhaupt an die völlig überwucherten Ruinen heranzukommen, sehr viel vernichtet.

Von ganz besonderem Erfolg gekrönt waren die Ausgrabungen, die der mexikanische Archäologe Alberto Ruz Lhuillier in den 50er Jahren während vier Forschungsexpeditionen in Palenque leitete. Im Jahre 1952 fand er in der oberen Plattform der ›Tempelpyramide der Inschriften‹ den verborgenen Zugang zu einer Krypta. Eine steinerne Platte verdeckte einen Tunnel mit einer Treppe, die steil nach unten führte. Aber erst als mit großer Mühe der Schutt, mit dem der ganze Schacht zugeschüttet war, entfernt wurde, konnte man die Treppe hinabsteigen. Am Ende sah sich Alberto Ruz vor einer schweren dreieckigen Steintür, die sich um eine Achse drehen ließ und den Zugang zur Krypta versperrte. Als auch dieses Hindernis überwunden war, gelangten die Forscher in einen Raum, in dessen Mitte ein steinerner Sarkophag stand. Und als man die 8 Tonnen schwere mit einem Relief versehene Kalkplatte, die den Sarkophag bedeckte, hochhob, fand man die Gebeine des Priesterkönigs, den die Maya hier zusammen mit vielen kostbaren Beigaben aus Jade und anderem Gestein beigesetzt hatten, noch unberührt. An einer Seite der Grabkammer erhebt sich ein Altar, auf dem sich zur Zeit der Entdeckung jene einzigartigen lebensgroßen Köpfe aus Stuck befanden. Diese Köpfe sind heute ebenso wie der Inhalt des Sarges

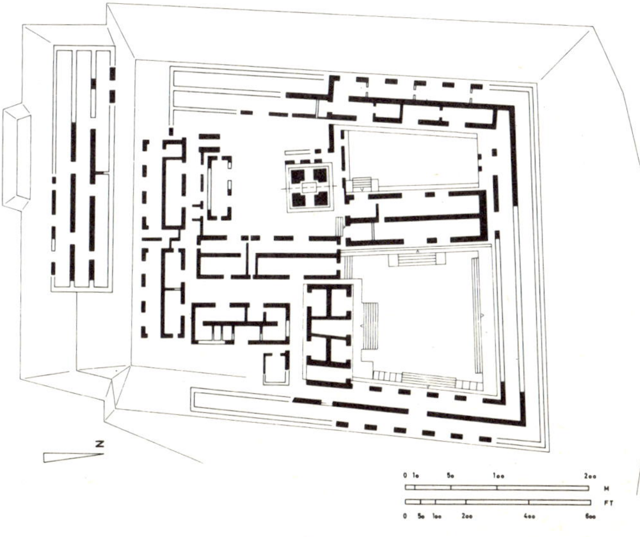

Grundriß des Großen Palastes von Palenque: riesige Säulengänge umgeben die Innenhöfe

Reliefdarstellung auf dem steinernen Sargdeckel in der Grabkammer des Grabes der Inschriften in Palenque. In der Mitte das Bild des jungen Königs

Tempel der Inschriften in Palenque mit der 1952 von Alberto Ruz entdeckten Grabkammer

mit der prachtvollen Jademaske des Königs in dem neuen ›Museo Nacional de Antropología‹ in Mexico-City zu sehen.

Die Auffindung dieses Grabes war eine der großen Entdeckungen unseres Jahrhunderts. Alberto Ruz sagt hierzu: »Abgesehen von dem künstlerischen und archäologischen Schatz, den die geheime Kammer des Tempels der Inschriften birgt, ist ihre Entdeckung so wertvoll, weil sie uns zeigt, daß die Pyramide einem doppelten Zweck diente: einen Tempel zu tragen und ein dem Volk verborgenes Heiligtum zu bergen, in dem man die geheimsten und wichtigsten Riten der Mayareligion zelebrierte, wahrscheinlich verbunden mit Menschenopfer.«

Sayil-Labná-Kabáh

Zwischen dem 4. und 8. Jahrhundert erreichten die großartigen Stadtstaaten der Zentralzone wie Palenque, Uaxactún, Tikal und Copán ihre höchste Blüte. Aber auch im Norden auf der Halbinsel Yucatán begannen sich zunächst noch unabhängig vom Süden ähnliche Stadtstaaten zu entwickeln, deren Stile sich deutlich von denen des Südens unterschieden. Der bedeutendste war der Puuc-Stil. Da in den nördlichen Gebieten keine Datierungen an Bauwerken und Stelen zu finden sind, fällt es hier außerordentlich schwer, die genauen Entstehungszeiten der einzelnen Bauwerke festzustellen, während in Palenque oder Copán die wichtigsten Bauwerke mit den Daten ihres Entstehungsjahres gekennzeichnet sind. Fest steht jedoch, daß sich der Puuc-Stil und die Stile von Rio Bec und Chenes erst zwischen dem 7. und 9. Jahrhundert entwickelt haben, während ihr Beginn schon in der Mitte des 6. Jahrhunderts liegt.

Kukulcan, die gefiederte Schlange der Maya, die dem mexikanischen Quetzalcoatl entspricht. Verschiedene Symbole sind in der Darstellung der Gottheit verwoben

Puuc ist der Name einer Hügelkette, die sich von Merida aus südwestlich durch die Halbinsel zieht. Puuc bedeutet ›Land der niedrigen Hügel‹. In diesem Höhenzug, der durchweg aus rauhem Kalkstein besteht, sind tonhaltige Mulden eingebettet. Da aber die Bestandteile des weißen Kalkes überwiegen, nennen die Maya diesen Boden *zahcab,* das heißt ›weiße Erde‹. An manchen Stellen sind durch Auslaugung die Kalkbestandteile verschwunden. Durch Beimischung von Eisenoxyd hat der Boden hier eine rotgelbe Farbe angenommen, er wird deshalb *kanchab* oder ›gelbe Erde‹ genannt. Da der Kalkboden Yucatáns außerordentlich porös ist, versickert das Regenwasser wie durch ein Sieb in die Erde, bis es auf unterirdische Tonschichten trifft. Auf dieser 8 bis 10 Meter tiefen Tonschicht haben sich unterirdische Flüsse und Teiche gebildet. An der Oberfläche gibt es in Yucatán dagegen keinen Fluß. Doch die unterirdischen Teiche sind an manchen Stellen durch dolinenartige Einsturzkessel von der Oberfläche aus zugänglich. Sie heißen im Spanischen *cenote,* von dem Mayawort *tzonot* abgeleitet. Dort wo die Maya *cenotes* antrafen, bauten sie Siedlungen und Städte. Zusätzlich wurden dann noch Zisternen angelegt und dort, wo natürliche *cenotes* fehlten, legte man, wie bei Uxmal, künstlich unterirdische Seen an, die mit Regenwasser gespeist wurden.

Die Stile von Rio Bec und Chenes fanden hauptsächlich ihre Verbreitung in den schwer zugänglichen südlichen Landschaften der Halbinsel Yucatán. Außerdem finden wir aber Beispiele des Chenes-Stil außer in Hochob auch in Uxmal und sogar in Chichén-Itzá, also an Plätzen, die gerade für den Puuc-Stil charakteristisch sind. Der Rio Bec-Stil ist der von den yucatekischen Stilen am weitesten nach Süden verbreitete. So ähneln manche Bauwerke im Rio Bec-Stil den turmartigen Aufbauten der Pyramiden von Tikal, während der Chenes-Stil daran zu erkennen ist, daß der Dekor von Masken oft die ganze Fassade eines Bauwerkes überzieht. Beim Rio Bec-Stil beruhen die dekorativen Reliefs auf der Verbindung zweier Techniken, dem Stuckrelief mit dem Steinmosaik.

War der Maya-Dekor in Palenque noch durch Arabesken und Laubwerk bestimmt, so nimmt er in Yucatán allmählich abstrakte Formen an. Das bedingt schon das Material. Im geschmeidigen Stuck lassen sich leichter Figuren und Verästelungen formen, der spröde Kalkstein dagegen verleitet zu mosaikartigen Techniken, die geometrisch geformte Motive wie Kreuze, Bänder, Würfel und Quadrate entstehen lassen. Da alle drei neuen Stile in Yucatán sich gleicher oder ähnlicher Techniken bedienen, lassen sich die einzelnen Stilarten oft nur schwer auseinanderhalten.

Der Puuc-Stil unterscheidet sich am deutlichsten von den beiden anderen Stilen dadurch, daß die Bauwerke im Puuc-Stil glatte Mauern aufweisen, die oben einen verzierten Fries tragen; das vertikale Schmuckband wird außerdem noch durch einen breiten Sims von der schmucklosen Fläche getrennt. Dieses Gesimsband umläuft das ganze Gebäude und wird von den mexikanischen Archäologen ›*moldura de atadura*‹ genannt. Die Art dieser Verzierung ist aus der Nachahmung der Seilverbindungen entstanden, die den hölzernen Bau einer strohgedeckten Hütte zusammenhielt. Noch deutlicher erkennt man eine derartige sogenannte ›Versteinerung‹ an den Balusterreihen, die ebenfalls typisch für den Puuc-Stil sind. Diese dicht nebeneinander gestellten zylindrischen Steinrollen, wie wir sie in Sayil und Labná und an dem Schildkrötenhaus in Uxmal finden, sind eine deutliche Nachbildung von Palisadenwänden in Stein. Der Puuc-Stil bestimmt die Architektur von Sayil, Labná und Kabáh.

Aus dem 8. bis 9. Jahrhundert stammt der große Palast in Sayil, der die ganze Anlage dieser Stadt beherrscht und der zu den schönsten Bauten der Maya gehört. Beim ersten Anblick ist man geneigt, den Palast für ein dreistöckiges Gebäude zu halten. In Wirklichkeit handelt es sich hier aber um einen pyramidenartigen Bau mit drei breiten terrassenartigen Stufen, auf denen die zurückversetzten Räume nicht als Geschosse angesehen werden dürfen, sondern als Randgalerien, die sich um den Kern einer Pyramide herumziehen. Eine breite Freitreppe teilt das Gebäude in zwei Teile. Von dem stark beschädigten Bauwerk wurde die Ostseite des Erdgeschosses mit allem Dekor wiederhergestellt. Auch der untere Teil der Treppe ist wieder in seine ursprüngliche Form gebracht. Am reichsten geschmückt ist das Mittelgeschoß. Breite von Säulen getragene Eingänge unterbrechen seine außerordentlich lange Front in harmonisch gesetzten Abständen. Das Obergeschoß, das weniger Dekor aufweist, wird durch fensterartige Öffnungen, die sich in weiten Abständen wiederholen, unterbrochen. Trotz seiner massiven Fülle und Geschlossenheit wirkt der Bau doch ungewöhnlich leicht.

Reinen Puuc-Stil zeigen die Friese und stilisierten Ornamente, die etwas vorspringend über glatten Mauern angebracht sind. Diese Technik, die beim Erdgeschoß und beim Obergeschoß des Palastes von Sayil besonders schön zur Wirkung kommt, finden wir auch in Uxmal und Chichén-Itzá. In Sayil und auch in Labná bestehen einige Gesimse aus Reihen von eingebundenen Säulen. Im Mittelteil des Palastes

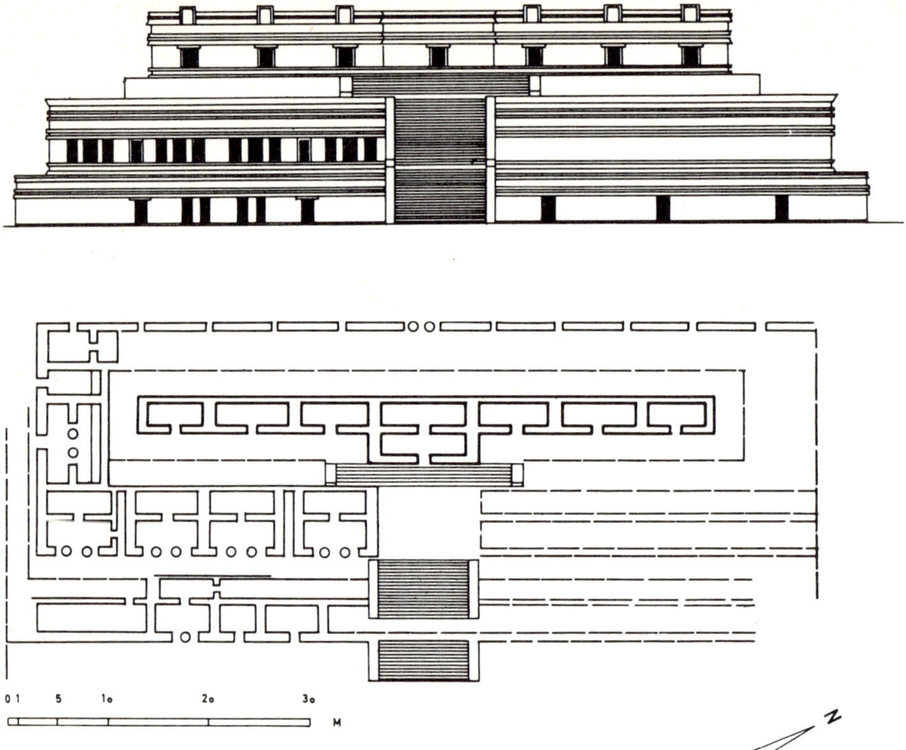

Der große Palast von Sayil: Aufriß und Grundriß

von Sayil sind sogar die türtrennenden Fassaden mit reich profilierten Säulen geschmückt. Gerade diese Anordnung der Säulen läßt besonders deutlich erkennen, daß hier als Vorbilder gedrechselte Holzstämme gedient hatten. Selbst die dreifachen Ausbuchtungen für die Seilverbindungen wurden in Stein nachgebildet. Eine Seilverbindung war bei den strohgedeckten Hütten nötig, um dem Druck des Daches auf die Palisadenwände Widerstand zu leisten. Nicht selten verwendeten die Maya beim Bau ihrer Steinpaläste und -tempel auch noch hölzerne Oberschwellen. Das Holz vermoderte natürlich verhältnismäßig schnell, ein Grund dafür, daß so viele Bauwerke der Maya in sich zusammengefallen sind. Solche Balken waren oft mit kunstvollen Schnitzereien verziert; einige noch recht gut erhaltene Tafeln hat man in Tikal und in Piedras Negras gefunden.

In Labná schmücken ähnliche Säulenornamente wie in Sayil die Ostseite des sogenannten ›Triumphbogens‹, ein Prachtwerk der Maya-Architektur. Hier sind im Dekor eingebundene Baluster und große Schneckenmäander miteinander verbunden.

Dieser ›Triumphbogen‹ ist eine Seltenheit in der Maya-Architektur. Da die Maya-Städte keine Burgen waren und auch keine Einfriedungen besaßen, brauchten sie auch keine Stadttore. Wenn die Maya Monumentaltore errichteten, so gehörten sie gewöhnlich zu einem Gebäudekomplex wie beim ›Haus der Nonnen‹ und beim sogenannten ›Taubenhaus‹ in Uxmal. Aber als Triumphbogen bezeichnen die Archäologen tatsächlich das große Tor von Labná, das einst zwei Stadtteile miteinander verbunden hat (Farbt. 10).

Im Jahre 1927 wurde mit der Renovierung dieses prachtvollen Bauwerkes begonnen. Sie ist inzwischen beendet und als ganz besonders gelungen zu betrachten. Am reichsten ausgestattet ist die westliche Fassade. An jeder Seite des Torbogens befindet sich eine Kammer mit einem Eingang in der Mitte. Wie beim Puuc-Stil üblich, ist der untere Teil des Mauerwerkes schmucklos, erst über einem vorspringenden Gesims beginnt der Dekor, und hier haben wir wieder ein Beispiel dafür, wie eng die Maya in der Motivgestaltung noch der alten Holzarchitektur verbunden waren; genau über den Eingängen finden wir eine *choza,* ein strohgedecktes Wohnhaus, naturgetreu in Stein nachgebildet. An beiden Seiten sind diese *choza* von steinernen Paneelen in Durchbruchstechnik gerahmt.

Daß es sich hier bei dem Tor von Labná und auch bei den wenigen anderen freistehenden Toren im Maya-Gebiet tatsächlich um Triumphbögen handelt, denn eine andere Erklärung können uns die Archäologen nicht geben, macht ein anderer Bau noch mehr plausibel: der Triumphbogen von Kabáh. Dieses Monument steht genau dort am Stadtrand von Kabáh, wo eine 15 Kilometer lange, gepflasterte Maya-Straße beginnt, die zum Teil noch recht gut erhalten ist. Wie bei den Triumphbögen im alten römischen Reich führt die Maya-Straße geradlinig aus beträchtlicher Entfernung auf das Tor zu. Alles scheint auf diesen grandiosen und feierlichen Anblick berechnet gewesen zu sein. Und wenn es bei den Maya auch keine Pferde und Wagen gegeben hat, so haben doch häufig feierliche Prozessionen stattgefunden, die mit großem Pomp durchgeführt wurden.

So großartig wie der Ornamentreichtum der Bauten waren auch der Schmuck und die Gewänder hoher Würdenträger bei den Maya. Die zahlreichen Reliefdarstellungen und vor allem die herrlichen Wandmalereien in Bonampak vermitteln uns ein anschauliches Bild von allen Einzelheiten des Festschmuckes und von den prunkhaften Prozessionen selbst. Wir können uns gut vorstellen, wie ein Maya-Herrscher mit seinem geradezu monumentalen Kopfschmuck, der aus einer Maske des Regengottes und einem Flechtwerk als Unterbau für unzählige buntschillernde Quetzalfedern bestand und der oft das eigene Körpermaß des Herrschers übertraf, durch das große erhöht über der Stadt liegende Tor seinen Einzug hielt.

Kabáh war eine der ausgedehntesten Maya-Siedlungen des nördlichen Yucatán, eine Fundgrube für die Archäologen. Aber auch hier hat man sich bisher wie bei den meisten Trümmerfeldern nur mit den wichtigsten Gebäuden beschäftigen können,

Yum Kaax, der junge Gott des Korns

Itzamnâ der ›lernende Gott‹ oder der ›weise Gott‹ wird stets als alter Mann dargestellt. Als ›Himmelsgott‹ ist er einer der Hauptgötter der Maya

vor allem mit dem Codz-Poop oder ›Palast der Masken‹. Dieses Gebäude ist 46 Meter lang und 6 Meter hoch. Es hat seinen Namen nicht etwa von den Erbauern, sondern erst in späterer Zeit nach der Unmenge von steinernen Masken des Regengottes erhalten, mit denen die ganze Vorderfront des Palastes verkleidet ist. Etwa 250 steinerne Masken mögen es gewesen sein, von denen jede wiederum aus 30 selbständigen Teilen besteht. Zum Teil ist die Fassade wieder in ihren alten Zustand versetzt worden. Hunderte von Einzelteilen liegen jedoch noch herum. Man hat sie zunächst einmal geordnet, und eines Tages wird vielleicht jeder Stein wieder an seinem Platz sein.

Die steinernen Masken des Regengottes Chac, mit ihren großen runden versenkten Augen und dem wie ein *S* aus der Maske herausragendem Rüssel haben wahrscheinlich ihr Vorbild in der Holzschnitzkunst gehabt. In Yucatán, dieser wasserarmen Halbinsel, regnet es lange nicht so viel wie im Petén oder im Usumacinta-Becken. Wasser ist oft knapp, und so ist es verständlich, daß der Regengott in Yucatán eine bevorzugte Stellung einnahm. Wie wichtig er den Maya erschien, zeigt die Nebeneinanderstellung der Masken in ihrer Vielheit an diesem Tempel. Die Maske des Regengottes wird geradezu zum Leitmotiv im Dekor des Puuc-Stils, so daß sie nicht nur an den dem Regengott selbst geweihten Tempeln auftritt, sondern auch an zahlreichen anderen Gebäuden, besonders in Uxmal und in Chichén-Itzá. Beim ›Codz-Poop‹ von Kabáh wird der Puuc-Stil durch die Stilisierung der Maske bestimmt, der Chenes-Stil durch die Vielfalt des Dekors, der bis zum Boden reicht. Der Reichtum der Ausdrucksform liegt bei diesem einzigartigen Bauwerk in der Stilvermischung. Auch dieser Palast ist ein Meisterwerk der Maya-Baukunst.

Uxmal

frühestes Datum 649
letztes Datum 909

Das Aufblühen der Mayakultur in Yucatán fand zwischen dem 9. und 11. Jahrhundert n. Chr. statt. Die toltekische Einwanderung erfolgte zwischen dem Jahre 1000 und 1200. Darüber besteht kein Zweifel mehr. Trotzdem bleiben noch viele Unklarheiten, vor allem die Frage nach dem geheimnisvollen Auftritt Quetzalcoatls. Handelt es sich hier um eine historische Tatsache, oder gehört sein Erscheinen dem Mythos an?

Eins steht zweifellos fest: Mit dem Auftritt der Tolteken begann in der Maya-Architektur noch einmal ein kolossaler Aufschwung, eine wahre Renaissance setzte ein. Natürlich ist eine Stadt wie Uxmal nicht auf einmal entstanden, sie ist vielleicht die älteste der Maya-Städte in Yucatán. Viele Umbauten und Überbauungen fanden im Laufe von Jahrhunderten statt, und toltekischer Einfluß zeigt sich hier nur in einigen Elementen des Dekors, aber eine wirkliche toltekische Besetzung hat Uxmal wahrscheinlich gar nicht erlebt.

Uxmal ist eine der eindruckvollsten Stadtanlagen der nördlichen Region des Maya-Landes. Das zeigten schon die Zeichnungen Catherwoods aus dem Jahre 1841, die als besonders nützliche Vorlagen dienten, als man im Jahre 1928 im Auftrag des mexikanischen Erziehungsministeriums mit dem Wiederaufbau der Stadt begann. In einem Zeitraum von 10 Jahren wurde dann die Rekonstruktion der wichtigsten Gebäude in hervorragender Weise ausgeführt. So stehen diese Bauwerke heute wieder in ihrer alten Pracht vor uns, wenn auch noch viele Gebäude, die es ebenso verdienten, ihres Wiederaufbaus harren. Zu ihnen gehören das seiner taubenschlagähnlichen Verzierungen wegen sogenannte ›Taubenhaus‹, der Südtempel, die ›Pyramide der alten Frau‹ und der Ballspielplatz.

Reliefzeichnungen am Fries des inneren Tempels der Wahrsager-Pyramide in Uxmal

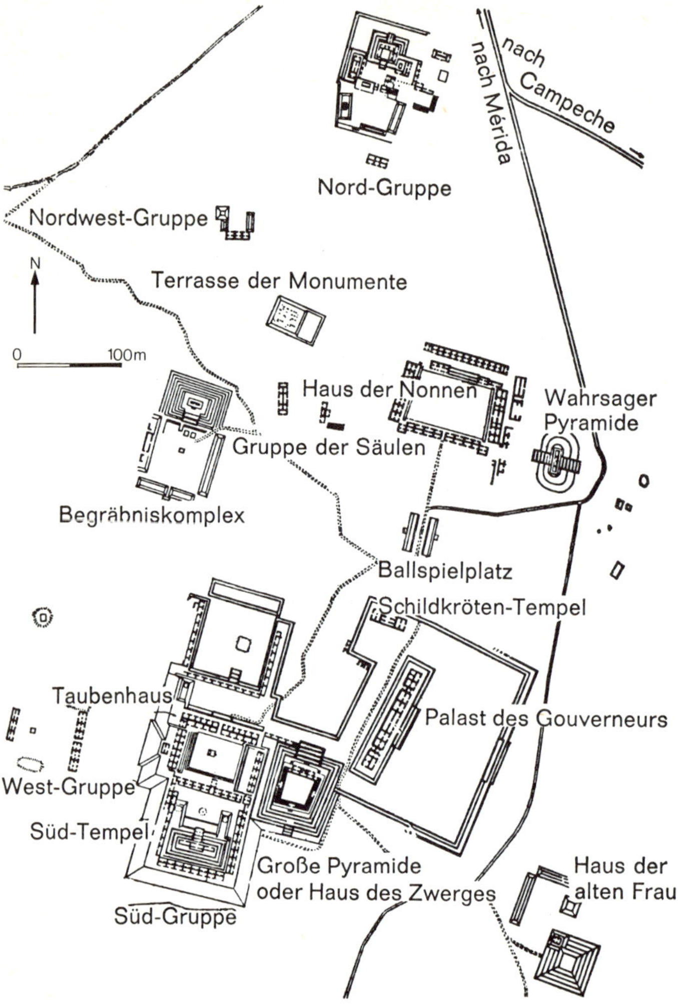

Plan der Ruinen von Uxmal

Die kultische Anlage Uxmals erstreckt sich über ein weites Plateau; sie wird von einem 38 Meter hohen seltsamen Bau, der sogenannten ›Wahrsager-Pyramide‹ überragt. Der klassische Pyramidenbau wird hier wieder verlassen; fast scheint es so, als wenn die Maya-Architekten sich der Berggipfel erinnerten, auf denen in grauer Vorzeit den Göttern gehuldigt wurde (Farbt. 12).

Die ›Wahrsager-Pyramide‹ hat einen ovalen Grundriß. Sie enthält fünf überbaute Tempel, der Bau hat sich bis zur Vollendung wahrscheinlich über drei Jahrhunderte erstreckt. Eine sehr steile Treppe von 150 Stufen führt hinauf zum Gipfel, unter dem der letzte der fünf Tempel steht. Unter ihm liegen die anderen vier Tempel ineinander verschachtelt. Alle fünf Tempel sind erhalten. Den reichsten Schmuck trägt der Tempel 4, dessen Vorhalle im Chenes-Stil mit den Masken des Regengottes geschmückt ist. Auch die anderen Tempel tragen den gleichen Schmuck, und zu beiden Seiten der steilen Treppe zieht sich ein Ornamentband mit der ununterbrochenen Folge der üblichen Masken des Regengottes Chac hinauf. So ist wohl anzunehmen, daß es sich bei diesem Bauwerk um ein Heiligtum des Regengottes handelt.

In reinem Puuc-Stil ist der ›Palast des Gouverneurs‹ gebaut. Wie alle wichtigen Gebäude in Uxmal liegt auch dieses Meisterwerk der Architektur isoliert auf einer Fläche, die etwa 100 Hektar umfaßt. Aus ihr ragt ein 15 Meter hoher, zu einer Plattform abgeflachter Hügel empor, auf dem das Gebäude steht. Der Palast ist 98 Meter lang, 12 Meter breit und 8 Meter hoch. Seine Gliederung erfolgt zunächst durch das zweimalige Zurückweichen seiner Fassade und dann durch den Kontrast, den der vorspringende 3 Meter hohe Mosaikfries zu den glatten, schmucklosen Wänden mit ihren 11 Toren hervorruft. An die 20 000 behauene Steine, deren Einzelgewicht zwischen 25 und 80 Kilogramm beträgt, sind in dem Mosaikfries verwendet worden. Unter den Motiven wurden 150 Masken des Regengottes und 10 000 Andreaskreuze gezählt.

Zu den großartigsten Gebäudekomplexen Uxmals gehört auch das sogenannte ›Haus der Nonnen‹ oder ›Nonnenviereck‹, das wie alle Bauwerke in Yucatán aus weißem Korallenkalkstein erbaut ist. Wie bei dem Gouverneurspalast sind auch hier bei den vier Gebäudegruppen, die einen rechteckigen Innenhof umschließen, die Hauptfassaden, nämlich diejenigen, die dem Innenhof zugekehrt sind, reich mit Steinmosaiken geschmückt. Über geometrischen Mustern lagern hier oft naturalistisch dargestellte Figuren: eine gefiederte Schlange, aus deren geöffnetem Rachen ein menschliches Gesicht hervorsieht, ein Thron mit einem Baldachin und Vollpla-

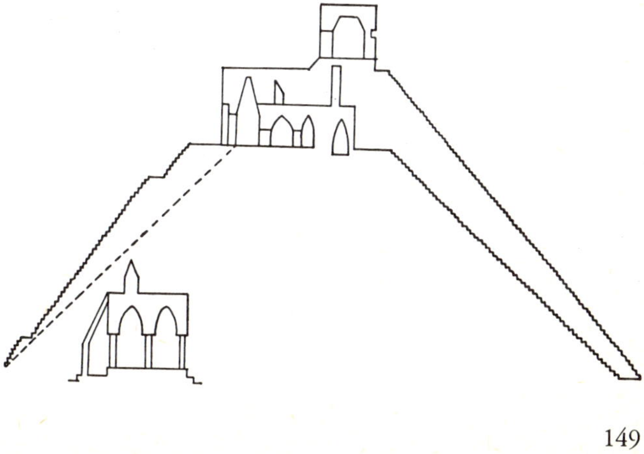

Querschnitt durch die Wahrsager-Pyramide in Uxmal mit den Überbauungen. Tempel 3 im Chenes-Stil

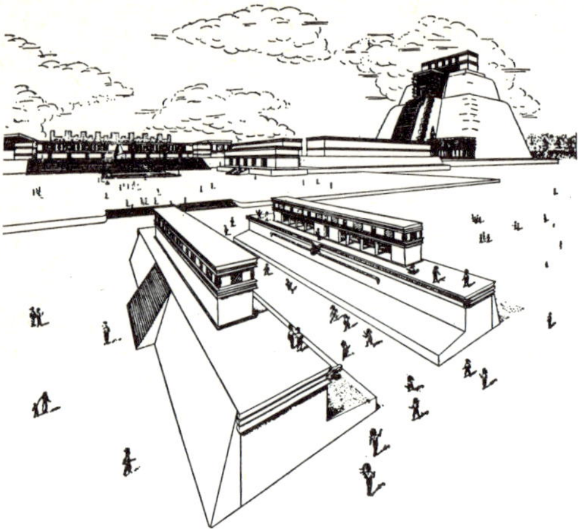

Rekonstruktion der Bauten von Uxmal

stiken menschlicher Gestalten. Am Fries des Westflügels erscheinen wiederum plastische steinerne Nachbildungen strohgedeckter Hütten.

Die Bezeichnung ›Haus der Nonnen‹ stammt von den Spaniern aus der Kolonialzeit, sie ist bestimmt falsch. Den Gottheiten geweihte Jungfrauen oder ›Nonnen‹, wie die Spanier meinten, hat es in den Tempelstädten Yucatáns wohl gegeben. Ihnen oblag es, die heiligen Feuer in den Tempeln zu unterhalten. Wir wissen auch, daß in Chichén-Itzá zu bestimmten Zeiten Jungfrauen dem Regengott geopfert wurden, indem man sie lebend mit all ihrem Schmuck in das heilige *cenote* , die riesige Doline warf, deren Wasserspiegel sich 20 Meter tief unter der Erdoberfläche befindet. Daß aber jener ausgedehnte Gebäudekomplex mit seinen 88 Kammern allein den ›Nonnen‹ zur Verfügung gestanden haben soll, ist kaum anzunehmen. Vielleicht war das Gebäudeviereck ein Regierungspalast oder eine Art Priesterschule mit den dazugehörigen Zeremonialanlagen. Da sich aber nun einmal die Bezeichnung ›Haus der Nonnen‹ einbürgerte, hat man sie beibehalten.

Sehr deutlich und unproblematisch ist die Bezeichnung ›Schildkrötentempel‹. Seinen Namen erhielt das Gebäude nach den Schildkrötenplastiken auf dem oberen Kranzgesims. Der Name Uxmal dagegen ist eine Maya-Bezeichnung. Uxmal heißt in der Maya-Sprache ›dreimal errichtet‹. Der Legende nach soll die ›Wahrsager-Pyramide‹, auch ›Pyramide des Zauberers‹ genannt, von einem buckligen Zwerg, einem Zauberer, in drei Nächten errichtet worden sein. Vielleicht wurde mit dieser Bezeichnung auf die mehrfachen Überbauungen hingewiesen.

Wenn die spanischen Eroberer manche von den riesigen Bauwerken ›*palacios*‹ genannt haben, so trifft das in den meisten Fällen zu, denn diese Gebäude mit ihren zahlreichen Kammern, die oft in zwei und mehr Reihen hintereinander liegen, sind auch in unserem Sinne wahre Paläste und waren sicherlich als solche gedacht.

Chichén-Itzá

Gründung 433 (?)
Toltekische Invasion 967
Zusammenbruch 1185

Wenn Uxmal, abgesehen von einigen wenigen Abweichungen im Chenes-Stil, einen absolut einheitlichen Charakter zeigt, so präsentiert Chichén-Itzá zwei Gesichter. Die Gebäude der Frühzeit sind noch im Puuc-Stil ausgeführt, die aus der Spätzeit dagegen zeigen mayafremde Züge, die auf toltekischen Einfluß zurückzuführen sind.

An der Schwelle eines verfallenen Gebäudes der Südseite von Chichén-Itzá befindet sich in der klassischen bildhaften Zahlenschrift der Maya eine Inschrift, die dem Jahre 618 n. Chr. entspricht. Es ist die älteste überlieferte Jahreszahl aus dieser Stadt. Noch blühen zu dieser Zeit die großen Maya-Städte des Südens: Tikal, Copán und Palenque. Aber schon beginnt im Norden, in Yucatán, eine rege Bautätigkeit. Obwohl die Zahl 618 das älteste schriftliche belegte Datum ist, besagt das nicht etwa, daß jetzt erst mit dem Bau der Stadt begonnen wurde. In späteren Chroniken heißt es, daß etwa fünfzig Jahre nach dieser Zeit Chichén-Itzá von seinen Bewohnern aus unbekannten Gründen verlassen wurde. In der Nähe von Campeche gründeten sie ihre neue Hauptstadt, die sie Chakanputun nannten.

Manche Wissenschaftler, wie Walter Lehmann, meinen, daß sich toltekischer Einfluß auf der Halbinsel Yucatán bis weit vor Christi Geburt zurückverfolgen lasse. Über die Maya-Straßen, die die Maya frühzeitig unterhielten, gelangte Kunstfertigkeit und Wissen aus dem Norden ins Maya-Gebiet, nicht nur nach Petén und ins Usumacinta-Becken, sondern auch nach Yucatán, wo damals auch schon Maya-Stämme lebten.

Nach dreihundertjähriger Abwesenheit kehrten die Itzá – so nannte sich der ausgewanderte Stamm – wieder in ihre Stadt Chichén zurück. Von nun an nannten sie ihre Stadt Chichén-Itzá. Chichén bedeutete ›Brunnen‹ oder ›Teich‹. Chichén-Itzá ist also ›die Stadt am Rande des Teiches‹, womit das heilige *cenote* gemeint ist. Hier entwickelte sich nun die Stadt zu einem neuen geistigen und kulturellen Mittelpunkt, nachdem die Maya-Städte außerhalb Yucatáns auf rätselhafte Weise in Verfall geraten waren. Als dann die Tolteken um das Jahr 1000 in Yucatán eindrangen,

Kukulcan, der Federschlangengott, an einem Relief in Chichén-Itzá

jetzt aber nicht als friedliche Handwerker wie in früheren Zeiten, sondern als kriegerische Stämme, und die Maya überwanden, nahmen sie auch ihre Sprache an. Sie führten neue Götter ein und ließen Chichén-Itzá architektonisch neu erstehen, ganz im Stil von Tollán, ihrer alten Heimat.

Die Tolteken, die sich in Yucatán auch Itzá nannten, gründeten eine neue Stadt. Diese Stadt hieß Mayapán, und sie gründeten zusammen mit Chichén-Itzá und Uxmal einen Städtebund. Das System der Stadtstaaten hatte sich in Yucatán auch weiter durchgesetzt, aber an die Stelle der Priesterkönige waren weltliche Herrscher getreten. Es kam zu Streitereien, und der Konflikt, der durch einen Frauenraub ausgelöst wurde, führte um 1200 n. Chr. schließlich das Ende der ›Liga von Mayapán‹ herbei.

Im Jahre 1450 wurde Mayapán von einem anderen Stamm, den Cocom, zerstört, die von nun an ganz Yucatán beherrschten. Da jetzt keine religiösen Bindungen mehr bestanden, die früher der Ansporn zu allen kultischen Bauten gewesen waren, ließ die Bautätigkeit in den Städten nach, und die Kunst verkümmerte.

In der zweiten Hälfte des 15. Jahrhunderts erhob sich der Stamm der Xiu, vernichtete die inzwischen wieder aufgebaute und befestigte Stadt Mayapán und versuchte, das ganze Land unter seine Herrschaft zu bekommen. Das gelang jedoch nicht. Immer mehr Stämme erhoben sich, die alle untereinander uneinig waren. Schließlich verließen die Xiu ihre herrliche Stadt Uxmal. Sie zogen sich ins Innere des Landes zurück und gründeten dort ihre letzte Stadt, die sie resigniert Maní nannten, das bedeutet: ›es ist alles vorbei‹. Mit dem Namen ihrer letzten Zufluchtsstätte war ihr Schicksal besiegelt. Als die Spanier ins Land kamen, gab es dort nur noch kümmerliche Reste jener Völker, die einst so Hervorragendes in Kunst und Wissenschaft geleistet hatten.

Mit der Ankunft der kriegerischen Tolteken in Yucatán begann die Epoche der Verschmelzung. Zwei Rassen trafen sich hier, zwei verschiedene Kunstrichtungen prallten aufeinander, doch das toltekische Erbgut gewann allmählich immer mehr an Boden. Es erreichte seine höchste Ausdruckskraft in der Säule, und die Säule gehört jetzt zum Hauptbauelement in Chichén-Itzá, sie ist die größte Bereicherung der Maya-Architektur. Das beste Beispiel hierfür ist der ›Kriegertempel‹ oder ›Tempel der 1000 Säulen‹. Sein Grundriß ist fast quadratisch, und die Ähnlichkeit dieser Konstruktion mit dem ›Morgensterntempel‹ in Tula ist so groß, daß man fast an eine Kopie des Tempels im Hochland denken könnte (Farbt. 7).

An beiden Orten breitet sich vor der Stufenpyramide mit ihrer breiten Freitreppe eine Vorhalle aus, die im Land der Maya eine völlig neue Lösung der Überdachung von Räumen brachte. Bisher konnte man nur schmale Korridore mit Hilfe des falschen Gewölbes überdachen. Jetzt war es möglich, mit Hilfe der Säule Überdachungen von Räumen auszuführen, die ebenso in die Breite wie in die Länge gingen.

73 Die Pyramide des Kukulcan, ›El Castillo‹ genannt, vom Kriegertempel aus gesehen. Chichén-Itzá ▷

◁ 74 Aufstieg zum Tempel der Krieger, Chichén-Itzá

75 Standartenträger über dem Kopf einer gefiederten Schlange auf der Treppe zum Kriegertempel

77 Kriegertempel mit Vorhalle ▷

76 Kriegertempel mit Vorhalle. Die Anlage hat große Ähnlichkeit mit dem Tempelbau der Tolteken in Tula

79 Der abgestumpfte Pyramidenbau des Tigertempels in Chichén-Itzá

◁ 78 Eingang zum Kriegertempel

80 Vorn die Plattform der Tiger und Adler, im Hintergrund der Tigertempel

81 Reliefdarstellung des Ballspiels an einer Begrenzungsmauer des Ballspielplatzes von Chichén-Itzá

82 Der große Ballspielplatz in Chichén-Itzá mit steinernem Ring und kleinem Tempel an der Schmalseite

83 Uxmal: Relief eines Altars aus der ›El cemiterio‹ genannten Gruppe

84 Steinerne Totenköpfe am Tzompantli, auf den die Schädel der Geopferten gesteckt wurden

85 Der heilige Teich Cenote von Chichén-Itzá, ein dolinenartiger Einsturzkessel in der Kalkoberfläche des Bodens. Hier fanden Menschenopfer statt

86 Chichén-Itzá: ›Za Aglena‹, ›die Kirche‹ genannter Tempel ▷

◁ 87 Das Observatorium ›El Caracol‹ in Chichén-Itzá

88/89 Das Observatorium ist ein zylindrischer Bau, der auf einer Reihe von Terrassen steht. Oben ist eine Kammer mit ›Visierscharten‹ aufgesetzt, die nach astronomischen Punkten ausgerichtet sind

90 Torweg mit falschem Gewölbe, der zum Observatorium führt

91 Kleiner Tempel in der Nähe des Observatoriums

92 Bauten, die zum Nonnenkloster gehören

Die zylindrischen Säulen des Säulentempels, die jeweils aus mehreren aufeinandergesetzten Teilen bestehen, trugen quadratische über hölzerne Träger gelagerte Deckplatten. Das Holz vermoderte im Laufe der Jahrhunderte und brach zusammen. Beim Zusammenbruch der Balken stürzte dann auch die ganze Konstruktion ein. Mit großer Mühe hat man später aus den Trümmern die Säulen herausgesucht und sie wieder aufgerichtet, aber die steinerne Überdachung hat man nicht rekonstruiert.

Ebenso wie in Tula wird der Eingang dieses Tempels von zwei Schlangensäulen flankiert. Ihre Köpfe liegen mit aufgerissenem Rachen am Boden, die Leiber sind senkrecht nach oben gerichtet, während die Schwanzenden abgewinkelt sind, so daß sie ebenso Träger wie Verzierungen des Architravs bildeten.

Glücklicherweise wurde die von ihren Bewohnern verlassene Stadt Chichén-Itzá von den Spaniern nicht zerstört. Man benutzte sie auch nicht als Steinbruch, wie das bei anderen Ruinenplätzen oft geschah. Nur die Natur hat hier das Menschenwerk zerstört. Erst nach einem halben Jahrtausend interessierten sich wieder Archäologen für die Stadt, die in den achtziger Jahren des 19. Jahrhunderts Besitztum des nordamerikanischen Konsuls von Merida, Eduard H. Thompson, gewesen war. Da Thompson sich mit ähnlicher Begeisterung wie John Stephens für alte Maya-Städte interessierte, hatte er die ganzen Ländereien, in deren Bereich Chichén-Itzá liegt, gekauft – so etwas war damals noch möglich – und konnte sich nun nach Herzenslust seinem Hobby widmen; dazu gehörte vor allem die Erforschung des heiligen *cenote*.

In Chichén-Itzá war alles noch an Ort und Stelle geblieben, nur waren die meisten Gebäude zusammengesunken und die durcheinandergerüttelten Steinmassen vom Buschwerk verschlungen. Aber so viel war immerhin noch stehengeblieben, daß sich die meisten Bauten mit nicht allzu großer Mühe rekonstruieren ließen. Nur war dazu Zeit, viel Geld und unermüdliche Arbeit notwendig. An ein so großes Unterfangen wagte sich die Carnegie-Institution gemeinsam mit dem mexikanischen Erziehungsinstitut heran. So gelang es den Gelehrten unter der Leitung von Sylvanus G. Morley, dem Altvater der Maya-Kunde, während einer Arbeitsdauer von 20 Jahren die großartige Ruinenstadt in eins der schönsten Freilichtmuseen zu verwandeln.

Im Mittelpunkt der Stadt erhebt sich die 30 Meter hohe Hauptpyramide, die im Volksmund ›El Castillo‹ genannt wird. Über einer Basisbreite von 60 Metern ragt sie neunstufig empor, als symbolische Gestalt des Himmels im mythischen Weltbild der alten Mexikaner. An jeder Seite der Pyramide führt eine Treppe von 91 Stufen bis zur obersten Plattform, so daß die Stufen aller vier Treppen zusammen 364 ergeben. Mit der obersten Plattform als Stufe gerechnet sind es 365, gleich der Anzahl der Tage eines Jahres. Jede Fassade der Pyramide ist außerdem mit 52 steinernen Platten verkleidet. Die gleiche Anzahl an Jahren ergibt einen Kalenderzyklus des Sonnenjahres.

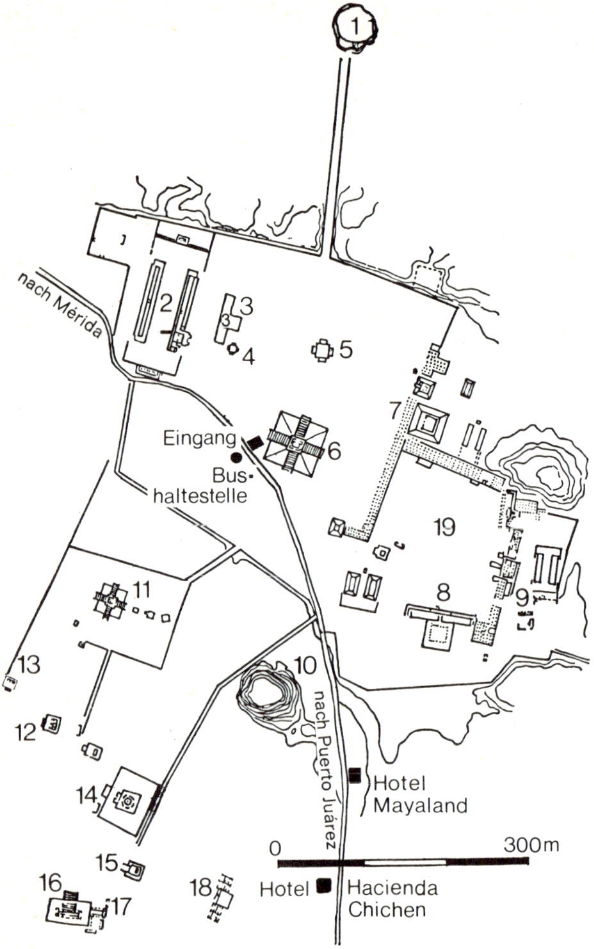

Plan der Ruinen von Chichén-Itzá
1 *Heiliger Cenote*
2 *Ballspielplatz*
3 *Tzompantli*
4 *Plattform der Tiger und Adler*
5 *Plattform der Venus*
6 *El Castillo (Pyramide des Kukulcan)*
7 *Tempel der Krieger*
8 *Marktplatz*
9 *Dampfbad*
10 *Cenote und Tempel des Xtoloc*
11 *Grab des Großen Priesters*
12 *La Casa Colorada (Das bunte Haus)*
13 *La Casa del Venado (Haus des Hirsches)*
14 *Observatorium El Caracol*
15 *Tempel der verzierten Tafeln*
16 *Nonnenhaus und Nebengebäude*
17 *La Iglesia (Die Kirche)*
18 *El Akab – Dzib*
19 *Gruppe der ›Tausend Säulen‹*

Auf der Plattform der Pyramide steht der ›Tempel des Kukulcan‹. Sein breites Portal wird durch zwei Schlangensäulen geteilt. Als die Archäologen mit der Rekonstruktion dieser Pyramide begannen, entdeckten sie im Innern des Pyramidenkerns einen vollständig erhaltenen Tempel, der auf einer kleineren, später gänzlich überbauten Pyramide steht. Durch einen langen Gang kann man heute in die Cella dieses Tempels gelangen. Mit seinem steinernen Chac-Mool und dem rotbemalten steinernen Jaguar, dessen Flecke durch 73 eingelegte Jadesplitter verdeutlicht sind, befindet sich das Heiligtum noch im gleichen Zustand wie vor rund 1000 Jahren, als die Priester diesen Tempel aufgaben und vollständig überbauten.

Wandernde Kaufleute und Bootsverkehr der Maya an der Küste Yucatāns. Eine Wandmalerei im Innern des Tempels der Krieger in Chichén-Itzá, die heute nicht mehr existiert

Der Chac-Mool ist eine halb auf dem Rücken liegende und halb sich aufrichtende Figur. Auf dem Bauch hat er eine Einbuchtung oder eine aus dem Stein gemeißelte Schale, in die wahrscheinlich Opfergaben gelegt wurden. Seine Bestimmung ist nicht ganz klar. Die einen halten ihn für die Darstellung eines Pulque-Gottes, andere meinen, er wäre der Bote, der den Göttern die Opfergaben der Menschen überbringen sollte. Die Bezeichnung Chac-Mool ist eine Kombination von Chac, dem Regengott, und Mool, dem Jaguar. Sie stammt von Le Plongeon, der in den achtziger Jahren in Chichén-Itzá Grabungen vornahm und eine dieser eigenartigen Skulpturen fand.

Ein besonders interessantes Bauwerk Chichén-Itzás ist der ›Caracol‹, das einzige runde Gebäude dieser Stadt. Der Name hat nichts mit seinem Bestimmungszweck

Die Überbauung in der großen Pyramide des Kukulcan, ›El Castillo‹ genannt, in Chichén-Itzá

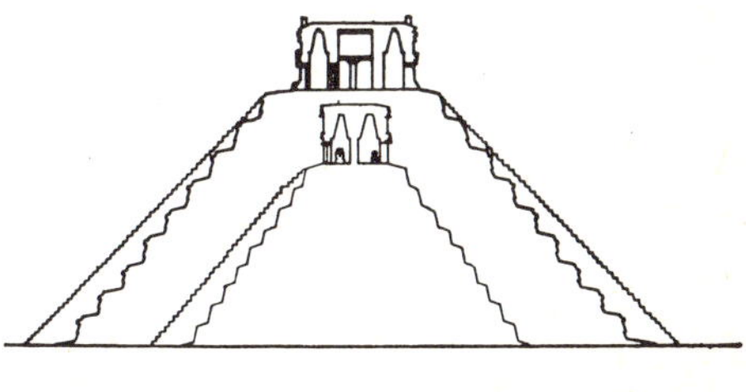

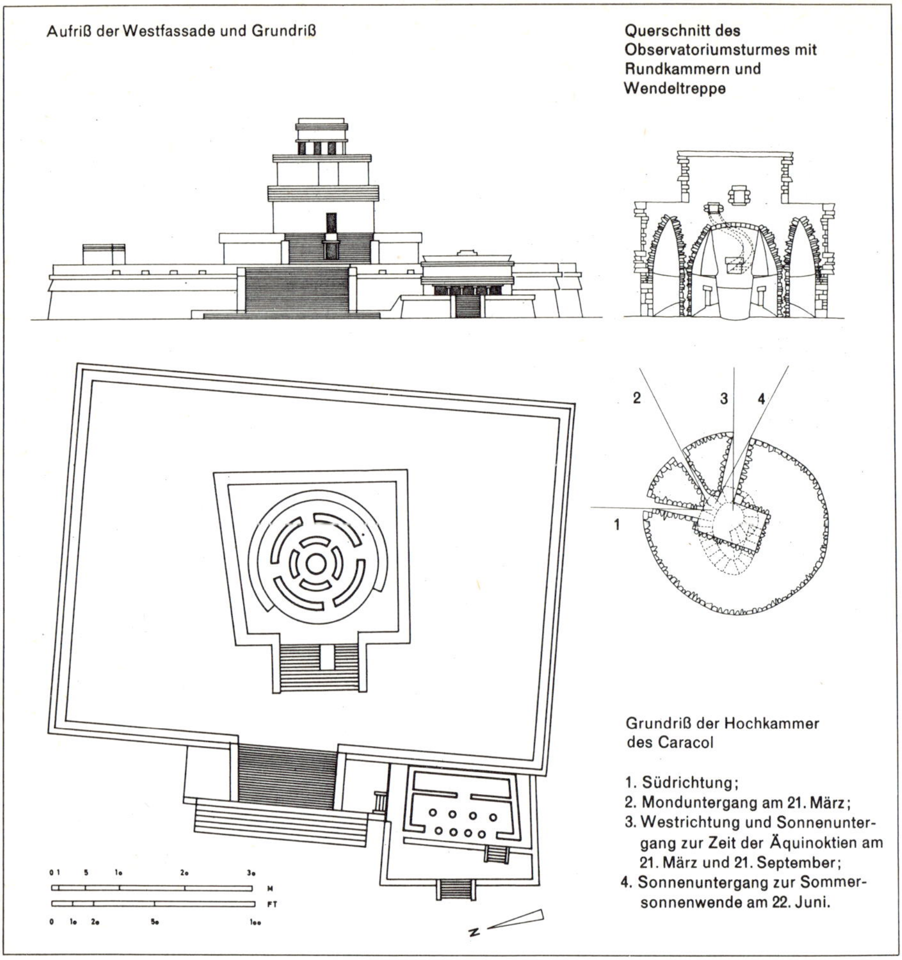

Caracol oder Observatorium in Chichén-Itzá

zu tun. Er bedeutet ›Schneckenhaus‹, denn das Innere des turmartigen Gebäudes ist schneckenhausartig mit einer Wendeltreppe versehen. Dieser zylindrische Turm war das Observatorium der Stadt; der Caracol gilt als das älteste Gebäude im toltekischen Stil. Der Turm ist auf einer Reihe von Terrassen errichet. Bei seinem letzten Umbau wurde der obersten Terrasse wieder eine Plattform aufgesetzt, so daß jetzt der Turm in diesem neuen Aufbau einige Meter versunken zu sein scheint. Seine Spitze trägt eine kleine mit Visierscharten versehene Kammer, die nach astronomischen Punkten ausgerichtet sind.

Aus der mexikanischen Epoche stammt ein Monumentalbau, der an dem großen freien Platz dem ›Castillo‹ gegenübersteht, der ›Tempel der Jaguare‹, ein turmartiges Bauwerk, das zwei Heiligtümer birgt. Das untere ist nach außen zum großen freien Platz hin geöffnet, das obere ist ein Hochtempel, der durch eine steile Freitreppe zu erreichen ist. Am Eingang des unteren Heiligtums steht die Rundplastik eines Jaguars als Altar, während die nach der entgegengesetzten Seite zum Ballspielplatz gerichtete Öffnung ähnlich wie beim Tempel der Krieger von zwei Schlangensäulen flankiert wird.

Der Ballspielplatz lehnt sich direkt an den Jaguartempel an, das heißt eine der Mauern, zwischen denen das Ballspiel stattfand, ist gleichzeitig die Längswand des Tempels. Da das Ballspiel bei allen alten Mexikanern eine kultische Handlung war, ist es nicht verwunderlich, daß oft in unmittelbarer Nähe der Ballspielplätze Tempel stehen. Die Größe der Ballspielplätze und die Anlage der Mauern ist in den einzelnen Städten verschieden. Allen Plätzen gemeinsam ist die Anlage in Form eines doppelten T oder eines in die Breite gezogenen H. Die meisten Ballspielplätze der Maya hatten gemauerte und geböschte Seitenbegrenzungen mit gewöhnlich weniger als 40° Gefälle. Der Ballspielplatz in Chichén-Itzá, der ja nach toltekischem Vorbild gebaut wurde, hat hohe senkrechte Mauern, die 75 Meter lang sind. Sie sind aus massiven Quadern bis zu einer Höhe von 8,5 Metern aufgeführt. Dazwischen liegt die Spielbahn, das *trachtli*-Feld, mit einer Breite von 36,5 Metern. In der Mitte der beiden Seitenwände ist quer zur Mauer in 7,25 Meter Höhe ein schwerer Steinring angebracht, der reliefartig mit Schlangenornamenten geschmückt ist. Den Abschluß an den beiden Querseiten der Arena bilden zwei kleine Tempel, die dem Mond- und dem Sonnengott geweiht waren.

Die T-förmige Gestalt des Ballspielplatzes ist ein Symbol, sie versinnbildlicht die vier Himmelsrichtungen. Das irdische Ballspiel war eine Darstellung des kosmischen Ballspiels der Götter, denn, so glaubte man, die Götter spielten mit Sonne und Mond, die als Tages- und Nachtgestirne ihren Bogen am Firmament beschreiben, Ball.

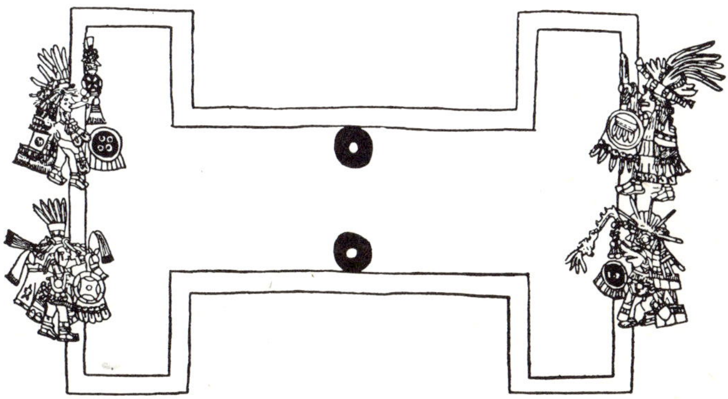

Ballspielplatz der Götter: Quetzalcoatl und Coatlicue (rechts) spielen mit Xochipilli und Ixtlilton

Da das Ballspiel eine sakrale Handlung war, durfte es nur von Angehörigen der Priesterkaste ausgeübt werden. Der schwere Hartgummiball mußte durch den steinernen Ring geschleudert werden. Zum Stoß durfte jedoch nur das Knie, der Ellbogen oder die Hüfte benutzt werden. So erforderte es die Spielregel. Aber auch die Spielregeln waren nicht überall gleich.

Im mexikanischen Hochland waltete über dem Ballspiel ein eigener Gott. Es war der doppelgestaltige Xolotl. Aber auch andere Götter belustigten sich am Ballspiel mit den Gestirnen. In der Mythologie der Maya und der Azteken finden wir viele Beispiele dafür. Quetzalcoatl als Windgott spielt zum Beispiel mit dem Tanzgott Ixtlilton und mit Xochipilli-Cinteotl Ball. Der Gott des jungen Maises hat sich eine alte Frau als Partnerin ausgesucht, die Göttin Ciuacouatl-Ilamatecuhtli.

Vielleicht lag dem sakralen Ballspiel der Maya und der anderen Kulturvölker Mesoamerikas eine ähnliche Auffassung zugrunde wie den Olympischen Spielen der Griechen in der Antike, denn auch dort waren die Spiele den Göttern geweiht. Auf jeden Fall sahen die Völker der altamerikanischen Hochkulturen in unserem bescheidenen irdischen Leben das verkleinerte Spiegelbild des ewigen, unbegrenzten Makrokosmos, in dem die Götter walteten.

Relief an einer Wand des Ballspielplatzes von Chichén-Itzá. Zwei Parteien stehen sich gegenüber. Der niederknieende Spieler wurde gerade von dem ihm gegenüberstehenden Sieger geköpft. Eine Blutfontäne schießt ihm aus dem Hals. Der Sieger hält in der einen Hand den Kopf des Besiegten, in der anderen ein Obsidianmesser. Die Darstellung läßt auf die toltekische grausame Art des Ballspiels schließen

Die kulturelle Entwicklung Mexikos zur Kolonialzeit

Um die Mitte des 16. Jahrhunderts, zwischen der Eroberung und der Kolonisation Mexikos, legten die Eroberer und die Geistlichkeit das Fundament zu dem Kolonialreich, das dann später zu außerordentlicher Blüte gelangte, nicht nur in materieller Hinsicht, sondern auch auf kulturellem Gebiet. Kunst und Wissenschaft machten eine eigene Entwicklung durch, natürlich unter dem Einfluß Europas.

Sofort nach der Eroberung waren kirchliche Institutionen und städtische Behörden bestrebt, Schulen und Universitäten in der Neuen Welt einzurichten. Fast alle Klöster unterhielten Schulen, ja, es wurde zeitweise nur die Genehmigung zur Eröffnung eines neuen Klosters erteilt, wenn die Mönche sich verpflichteten, gleichzeitig eine Schule einzurichten. In den Städten gab es auch Privatschulen, deren Eröffnung der Cabildo genehmigen mußte. Der Unterricht in Schulen kam jedoch nur den Bewohnern der Städte zugute. Indios und Mischlinge, die auf dem Lande wohnten, erhielten kaum eine Schulbildung.

Im Jahre 1551 wurde die Universität in Mexiko gegründet, ein halbes Jahr später als die von Santo Domingo, die die erste in der Neuen Welt war. 1574 empfing sie die Privilegien der Universität Salamanca durch Philipp II. mit dem Wunsch: »Sie möge wachsen und an Adel gewinnen, auf daß die Wissenschaften in jenen Gegenden blühen mögen und es Personen gebe, die sich ihnen mit mehr Lust und Liebe hingeben.« Und Mexiko blieb nicht die einzige Stadt im spanischen Amerika, die eine Universität besaß. Am Ende der Kolonialzeit zählte man 26 Hochschulen mit Universitätsprivilegien.

Zum Studium brauchte man Bücher, und an Büchern mangelte es an der Universität in Mexiko zunächst sehr. So druckte man sich die Bücher in Amerika eben selbst, hauptsächlich Lehrbücher, und die Buchdruckerei nahm hier ebenfalls einen großen Aufschwung. Die erste Buchdruckerei der Neuen Welt wurde hier in Mexiko errichtet. Ein großes Hindernis bei der Entwicklung der Geisteswissenschaften war die Inquisition. Jede Meinungsäußerung war verdächtig und jede wissenschaftliche Arbeit wurde überwacht. Vor allem aber bestand eine eingehende Kontrolle und Überprüfung aller Bücher, die von Spanien eingeführt wurden. Unheimlich groß war die Liste verbotener Schriften, und darüber hinaus kontrollierten besondere Beamte die Bücher, die nicht auf der Liste standen, ob sie vielleicht anstößige Stellen enthielten. Diese Bücher wurden beschlagnahmt oder die Besitzer der Bücher mußten die Seiten mit den beanstandeten Stellen vernichten. Trotzdem gelangten viele verbotene Bücher nach Mexiko. Sie wurden geschmuggelt, und immer wieder fand man neue Tricks, um die Behörden zu täuschen.

Die Eroberung der Neuen Welt

Die iberoamerikanische Geschichte ist voller Widersprüche, voller Enttäuschungen und voller Rätsel. Den Grausamkeiten der Eroberer steht die aufopfernde Liebe der Mönche gegenüber. Haben die Soldaten auf den westindischen Inseln nicht Bluthunde auf die Indianer losgelassen, nachdem sie die Tiere vorher mit Menschenfleisch scharf gemacht hatten? Aber die Mönche haben doch die armen Indios in Mexiko vom Tod auf den Opferaltären befreit, wird man sagen. Mit der Befreiung vom Opfertod hing wiederum der fanatische Bekehrungseifer zusammen, und wer nicht den neuen Glauben annehmen wollte, wurde versklavt oder landete auf dem Scheiterhaufen. Im Jahre 1539 ließ der Erzbischof von Mexiko, Juan de Zumárraga, einen Kaziken verbrennen, weil er weiterhin für seine alten Götter eintrat und sich nicht bekehren ließ.

Die Spanier haben die präkolumbischen Kulturen systematisch zerstört, doch alles, was wir über die alten Kulturen wissen, stammt letzten Endes wieder von den spanischen Mönchen und hohen Geistlichen. Ohne die Aufzeichnungen eines Diego de Landa hätten wir nicht den Maya-Kalender entziffern können, und mit welchem Eifer und Bestreben, das letzte Wissen einer versinkenden Welt noch über die letzten indianischen Gewährsmänner festzuhalten, haben nicht ehrliche Geistliche, wie Herrera, Sahagún, Clavigero oder José de Acosta alles, was sie über die Lebensweise der Indios erfahren konnten, aufgezeichnet! Von der »Historia natural y moral de las Indias« erschien 1605 sogar eine deutsche Übersetzung, bei der es im Titel heißt:

> AMERIKA oder wie man zu Teutsch nennet DIE NEWE WELT oder WEST INDIA. Von Herrn Josepho de Acosta in sieben Büchern eins theils in lateinischer und eins theils in Hispanischer Sprache beschrieben ...
> Gedruckt zu Ursel durch Cornelium Sutorium. Im Jahr 1605. Folio.

Die Eroberung der Neuen Welt durch die Konquistadoren wäre niemals zustande gekommen, wenn die Eroberer nicht in der katholischen Kirche einen so guten Bundesgenossen gehabt hätten. Unter dem Zeichen des Kreuzes erfolgte die Konquista und ohne den Glauben hätte dieses riesige Abenteuer, in das sich die iberische Halbinsel, einschließlich Portugal, stürzte, nicht zum Erfolg geführt. »Die Begegnungen zwischen Spanien und Amerika war eine explosive Entladung des Katholizismus und die Kunst der Konquistadoren der Niederschlag«, sagt sehr treffend Fancois Cali.

Die Kunst der spanischen Konquista bleibt ein ewiges Zeugnis für den »allerchristlichsten Glauben«, der die Spanier befähigt, in der Neuen Welt Kathedralen zu errichten, die denen in Europa nicht nachstehen. Im neuen Glauben ist sich das ganze mexikanische Volk heute einig, ob reich oder arm und gleich welcher Hautfarbe, wenn es in Ehrfurcht vor einer spanischen Madonna in die Knie sinkt.

Der Kirchenbau und seine Stilwandlungen

Die Mexikaner bezeichnen alle Kunst, die sich während der Kolonialzeit in Mexiko entwickelte, mit ›Kolonialkunst‹. Diese Bezeichnung trifft besonders bei der Architektur zu, doch haben wir es innerhalb der kolonialen Architektur wiederum mit verschiedenen Stilen zu tun, die eng an die Stilrichtungen der verschiedenen Epochen in Spanien gebunden sind.

Die ersten Bauwerke, die von den Spaniern in Mexiko errichtet wurden, sind noch stark durch die Gotik und durch den Mudejar-Stil beeinflußt. Doch bald, schon in der ersten Hälfte des 16. Jahrhunderts, änderte sich der Baustil und entwickelte sich zum plateresken Stil, der später in Mexiko sehr populär wurde. Das 17. Jahrhundert stand ganz im Zeichen des Barocks, der sich zu immer komplizierteren Formen steigerte. Ultra-Barock nannte man die hieraus entstehende Kunstrichtung, die schließlich Jeronimo de Balbas aus Sevilla 1737 endgültig ablöste, als er den Königsaltar in der Kathedrale der Hauptstadt im Churriguera-Stil ausführte, einer Ornamentalarchitektur, die bereits José Churriguera im 17. Jahrhundert in Spanien erfunden hatte. Im Verlauf des 19. Jahrhunderts wurde der Churriguera-Stil dann durch den sogenannten neoklassischen Stil verdrängt, zu dessen Vertretern die Architekten Manuel Tolsa und Antonio Gonzales Velazques gehören.

Es ist unmöglich, die angeführten Stile in der mexikanischen Kolonialarchitektur zeitlich genau abzugrenzen. Architektonische Stilarten wurden übernommen, vermischten sich mit anderen, und so entstanden oft noch lokale Abarten der bekannten Stilelemente. Die mexikanische Architektur legte während der Kolonialzeit ganz besonderen Wert auf den Dekor. Am Dekor erkennen wir am leichtesten, zu welchem Stil dieses oder jenes Bauwerk gehört. Die ersten Spanier, die in Amerika zu bauen anfingen, mußten zunächst immer noch mit Überfällen der Eingeborenen rechnen. So waren die ersten Bauten festungsartige Anlagen, sie nannten sie ›atarazanas‹, eine Kombination von Forts und gesichertem Hafenbecken, wo die Schiffe gedockt werden konnten. Von diesen Konstruktionen ist keine erhalten geblieben. Auch die ›cortes‹, der Sitz der Obrigkeit, waren festungsartige Gebäude und selbstverständlich auch die ersten Kirchen und Klöster, die die Geistlichen überall im Lande errichteten. Die Missionare, Augustiner, Dominikaner oder Franziskaner wollten nach Möglichkeit kein Risiko eingehen, sie bauten ihre Kirchen und Klöster so sicher, daß sie gleichzeitig auch Festungen waren und ihnen Schutz gewährten. Manche Klöster erhielten hohe Umfriedungsmauern mit Wachtürmen in der maurischen Art, so daß diese Anlagen in unseren Augen oft sehr wenig Ähnlichkeit mit sakralen Bauten zeigen.

Und doch brachten die Spanier es fertig, in der Neuen Welt ein Reich des Glaubens aufzubauen, aber auch nie zuvor waren Ritter und Mönche so eng miteinander verbündet und so festen Glaubens wie zur Zeit der Konquista. Hunderte von Missionaren verloren während der Konquista ihr Leben. Bis zum Jahre 1612 waren in Nueva España 410 große Klöster und unzählige Kirchen errichtet worden. Vierundzwanzig Stunden am Tag hätten nicht ausgereicht, die Indios zum Christentum zu bekehren, so beklagten die Missionare ihre Arbeit, und aus einem Dokument des Staates Jalisco aus dem Jahre 1592 geht folgendes hervor: ... »und sie werden eingeholt von Polizisten zum Dienst an der Kathedrale, müssen auch den Tagessold dieser Polizisten zahlen, können es aber nur tun, indem sie ihre Kleider verkaufen und die ihrer Frauen und Kinder; viele verließen deshalb das Dorf«. Einer schiebt die Schuld auf den anderen. Die Bischöfe gaben den Mönchen die Schuld und machten deshalb Eingaben beim König, und die Mönche beklagten sich über die bischöflichen Anordnungen. In der ›Historia Ecclesiastica Indiana‹ des Mendieta heißt es: »Die armen Geschöpfe tragen Überlasten auf ihrem Rücken, müssen dann fronen. Sie sterben und werden verscharrt in Mengen jeden Tag, und niemand bietet dem Unwesen Halt.«

Eine aufreibende Zeit begann sofort nach der Eroberung für die Indios, für den spanischen Adel und für das weltliche und geistliche Bürgertum in Mexiko. Eine schwere Zeit, in der es auch mancherlei Rückschläge gab. Und in dieser Zeit entwickelte sich eine starke ausdrucksvolle Kunst. Aber hat nicht auch in Europa gerade in den schwersten Zeiten die Menschheit Kraft zu höchster künstlerischer Tätigkeit gefunden?

Die Entwicklung von Städte- und Kirchenbau

So sicher waren sich die Eroberer ihres Erfolges in Nueva España, daß sie schon während ihrer kriegerischen Unternehmungen, die sich ja noch bis in die Mitte des 16. Jahrhunderts hinzogen, mit der Errichtung der Kolonialgebäude begannen. Und bald schossen Kirchen, Hospitäler, Kasernen und Wohnhäuser wie Pilze aus der Erde. Die Voraussetzung hierfür war eine überlegte Städteplanung, und die wich vollkommen von der der besiegten Völker ab. Man hielt sich an den in den meisten Teilen Spaniens üblichen Aufbau einer Stadt, den die Spanier von den Griechen

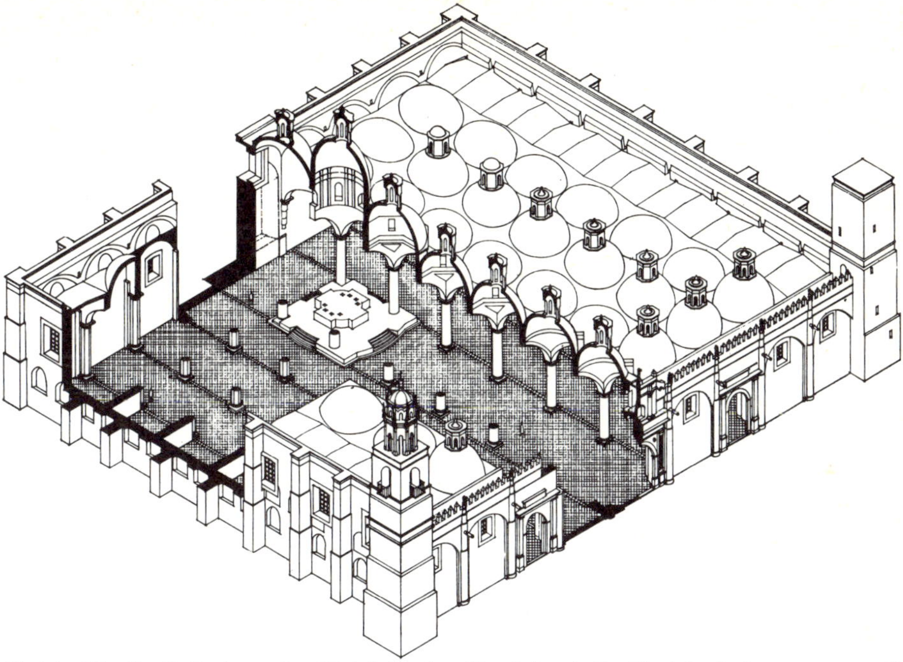

Cholula: Die ›Capilla Real‹ aus dem 16. Jahrhundert. Sie wird auch ›Capilla de los Indios‹ genannt, weil sie ursprünglich dem indianischen Gottesdienst vorbehalten war. Da die Indianer früher ihre kultischen Handlungen im Freien vollzogen und die spanischen Missionare bei ihren Bekehrungsversuchen vorsichtig bei den heidnischen Bräuchen anknüpfen wollten, war die Capilla Real anfangs nicht überdacht. Die Kuppeln sind erst eine Zutat des 17./18. Jahrhunderts

und Römern übernommen hatten, an das sogenannte ›Schachbrett-Muster‹. Die Häuser sind in schachbrettartigen Blocks zusammengeschlossen, dazwischen laufen die Straßen immer parallel und stoßen im rechten Winkel aufeinander. Um einen weiten viereckigen Platz in der Mitte gruppieren sich Rathaus, Kirche, Schule und Hospital. Das ist das Muster einer spanischen Stadt. Wir erkennen es heute noch in Mexiko, Oaxaca, Puebla und vielen anderen Städten Mexikos. Voraussetzung zu einer solchen Stadtplanung ist natürlich ein einigermaßen ebenes Gelände. In gebirgigen Gegenden wie in Taxco konnte man diesen Plan nicht einhalten.

Aus Sicherheitsgründen wurden die Kirchen in der ersten Zeit an den strategisch günstigsten Punkt der Stadt gesetzt, aber nicht immer an die Haupt-Plaza, und die Klöster umgab man mit einer zinnengekrönten Mauer, die an den Ecken Kapellentürme, sog. ›posas‹ hatte. Bei Prozessionen wurden hier die Heiligen Sakramente ›niedergelegt‹. Befand sich in der Gegend ein indianischer Tempel, so wurde er zerstört, und an derselben Stelle errichtete man die Kirche. So wurde die Kirche des Dominikanerklosters von Tepotzotlan an der Stelle errichtet, wo früher der ›teocalli‹,

Die Kirche Nuestra Senora de los Remedios mit ihrer Barockfassade thront auf der Pyramide von Cholula

der Tempel des aztekischen Gottes Ometochtli gestanden hat. Teocalli bedeutet ›Gotteshaus‹. Die Indios nannten dann auch die christliche Kirche ›teocalli‹, denn auch diese ist ja ein ›Gotteshaus‹. Das Kloster von Tepotzotlan wurde von 1560 bis 1570 erbaut, es ist eine der Sehenswürdigkeiten aus der Kolonialzeit in Mexiko.

Die ersten Kirchen, die von den Soldaten mit Hilfe der Indios gebaut wurden, waren noch sehr primitiv und hatten provisorischen Charakter. Von ihnen sind kaum welche erhalten geblieben. Als man dann aber anfing, solide Bauwerke aufzuführen, Kirchen und Kathedralen mit ornamentgeschmückten Fassaden, brauchte man mehr Zeit, oft Jahre. Da die bekehrten Indios von Anfang an am Gottesdienst teilnehmen sollten, besonders dort, wo mit einer großen Zuhörerschaft zu rechnen war, gestaltete man das Portal gewissermaßen zu einer ›open air-Kapelle‹, die, wie eine große Muschel, sich nach außen hin öffnet. So entstand eine Apsis, in der alle Zeremonien abgehalten werden konnten, weithin sichtbar für die Menge im Freien. Viele von diesen Außenkapellen befanden sich auf demselben Niveau wie das Atrium der Kirche, doch manche hatten eine höhere Plattform, so daß die zelebrierenden Priester von weitem gesehen werden konnten. Die größte von diesen offenen Kapellen befindet sich in Cuernavaca.

Die Klöster besaßen gewöhnlich sehr geräumige Innenhöfe, an deren Eingängen kleine Kapellen lagen. Das Atrium oder der Innenhof diente als Versammlungsplatz bei großen Festlichkeiten. An bestimmten Tagen war es den Indios erlaubt, in der Nähe des Atriums offenen Markt abzuhalten, den sie ›Tianguis‹ nannten. Ohne ihren Platz zu verlassen, konnten die Kaufleute die Messe mitanhören, die in der Kapelle des nahen Atriums zelebriert wurde.

Die frühen Kirchen, die stets von West nach Ost ausgerichtet waren, bestanden aus einem einzigen rechteckigen Kirchenschiff, das sich zum Altar hin meist polygonal verbreiterte. Das Dach des Hauptschiffes war flach und wurde von Querbalken gestützt, über dem Altar dagegen wölbte es sich zu einer Kuppel im gotischen Stil. Ein gutes Beispiel für diesen frühen Baustil ist die Franziskaner-Kirche in Tlaxcala in der Nähe der Hauptstadt.

Auf Kirchtürme verzichtete man zunächst. Die Glocken wurden an der Kirche selbst aufgehängt. Später wurden freistehende Glockentürme errichtet, so, wie wir sie in Xochimilco und Tlaxcala noch sehen können. Die Augustiner bauten später gewaltige Glockentürme, während die Karmeliter darauf achteten, daß die Glockentürme nicht so hoch waren, dafür aber dicht am Hauptkirchenschiff standen, so wie bei dem Konvent El Carmen in Dan Angel, einem Vorort von Mexico-City.

Zu Beginn des 17. Jahrhunderts wurden dann alle Kirchen im Lande nur noch in Form eines lateinischen Kreuzes mit einer Kuppel in der Mitte gebaut. Im Konstruktionsplan der Klöster hat sich jedoch wenig geändert, nur die kleinen Kapellen im Atrium fielen jetzt fort.

Die profanen Bauwerke der Kolonialzeit befolgten alle einen gemeinsamen Bauplan. Die unteren Räume sind mit Fenstern versehen, die nach außen gleiche Abstände wahren. Im Oberstock befinden sich in gleicher Anordnung Balkone mit Fenstertüren. Das Gebäude umschließt einen Innenhof, ein ›patio‹, der wiederum von durchlaufenden und mit Rundbögen versehenen Veranden umgeben ist.

Oft findet man in Mexiko noch die Ruinen von großzügig angelegten Herrensitzen der alten Haciendas, die in der Revolutionszeit geplündert und angezündet wurden. Diese Gebäudekomplexe, die neben einem Wohnhaus Speicher, Ställe und Verwaltungsgebäude besaßen, waren in der Kolonialzeit Privateigentum religiöser Orden. Die kleine Kirche, die sich stets innerhalb eines solchen Ordensgutes befand, wurde bei den späteren Besitzern, den ›hacenderos‹, die Privatkapelle. Haciendas, die nicht einem religiösen Orden gehörten, bildeten gewöhnlich das Zentrum eines Gouvernements und besaßen eine größere Kirche, wo sich die Eingeborenen der ganzen Gegend zur Heiligen Messe einfinden konnten.

Die Plastik als Stilelement im Kirchenbau

Während der Kolonialzeit war vor allem die Plastik charakteristisches Element im Kirchenbau. Die Indios, die zu den Steinmetzarbeiten herangezogen wurden, waren seit langem mit der Kunst der Steinbearbeitung vertraut. Sie hatten schnell die neue Linienführung der spanischen Ornamente begriffen und führten sie aus. Ihre einfache Denkweise spiegelt sich dabei nicht so sehr in der Gestaltung indianischer Motive wider, wie wir das so oft in Peru finden, sondern in der Technik der Steinbehandlung.

Unabhängig von den verschiedenen Stilepochen übte offensichtlich die Kirche in der Anordnung der Plastik einen starken Einfluß aus. Fast alle Kirchen im Lande sind zu beiden Seiten des Haupteingangs mit zwei bis sechs steinernen Heiligenfiguren geschmückt. Diese Figuren bilden dann einfach einen Teil des ornamentalen Beiwerks der Fassade. Oft sind es aber auch Szenen aus dem Leben der Heiligen, die dann noch mit sehr komplizierter Ornamentik versehen, dargestellt sind. Die lebensgroßen Figuren der Heiligen sind bei manchen Kirchen nur in Türhöhe, bei anderen wiederum bis hinauf zu den Türmen, dem Fassadenschmuck eingegliedert. Ein gutes Beispiel hierfür finden wir an der Kirche San Francisco in der Hauptstadt.

Vom Ende des 16. bis um die Mitte des 17. Jahrhunderts verbannte die Kirche mythologische Darstellungen aus der sakralen Architektur, die dort immer mehr Anklang gefunden hatten, und forderte dafür Darstellungen der Jungfrau Maria. Die Kirche stand damals im Zeichen der Gegenreformation. Während der Reformationszeit wurden dagegen Darstellungen der Heiligen und der Jungfrau als fragwürdig betrachtet.

Obwohl das Figürliche in der Kirchenarchitektur eine so große Rolle spielt, bildet es doch ein Ganzes mit dem vielen anderen Dekor. Deshalb soll man die kolonialen Skulpturen ebenso wie Ölgemälde nicht von nahem, sondern stets aus einer gewissen Entfernung betrachten; erst dann wird man gewahr, daß die Ornamente sich in das Gesamtbild organisch einfügen.

Dekorative Ausschmückung von steinernen Kreuzen, die außerhalb der Kirche stehen, ist meist der Phantasie der eingeborenen Steinmetzen zuzuschreiben. Solche Kreuze finden wir in Acolman und Cuautitlán.

Aber die steinernen Skulpturen sind nicht nur beschränkt auf den Fassadenschmuck der Kirchen, sondern auch als Innendekoration sind sie häufig. Hierfür gibt es ein schönes Beispiel in der Kirche von Xochimilco. Auf dem Hauptpaneel sind hier Szenen aus dem Leben des Schutzpatrons der Kirche, des San Bernardino, dargestellt. Dieses prachtvolle Werk stammt aus dem Jahre 1585, und da Xochimilco so leicht von Mexico-City zu erreichen ist, und die ›schwimmenden Gärten‹ von Xochimilco eigentlich immer auf dem Programm der Mexikoreisenden stehen, empfiehlt es sich, auch die interessante Kirche zu besichtigen.

Doch alle diese Skulpturen werden noch übertroffen von den Darstellungen des San Pedro und San Pablo auf dem aus dem 16. Jahrhundert stammenden Paneel der Klosterkirche von Acolman. Eingeborene Künstler haben hier ihr Talent bewiesen, und wir können wohl annehmen, daß Torquemada sich auf diese Kunstwerke bezieht, wenn er schreibt: »Da gibt es einige gute eingeborene Bildhauer, deren Werke ebenso hoch zu bewerten sind wie die der besten spanischen Künstler. Hier in Santiago gibt es einen Indio namens Miguel Mauricio, der unter einigen anderen sehr guten der beste ist.«

Die Planung der Kirchen wurde von den europäischen Theologen dogmatisch festgelegt. Indios und Mestizen hatten zunächst noch nicht die Glaubenseinstellung zur wahren Bedeutung eines Kirchenbaus, sie traten deshalb auch nicht als Baumeister hervor. Die Ornamentik dagegen, die in ihren Motiven bei den frühen Steinmetzarbeiten auch noch an die europäische Überlieferung gebunden ist, läßt später, als der platereske Stil immer mehr umgewandelt wurde und sich schließlich im überladenen Barock verlor, die größen Freiheiten zu. Jetzt kommt die Eingeborenenkunst und das volkstümliche Handwerk erst voll und ganz zur Geltung. Alle Fähigkeiten, die dem Indio seit Generationen vertraut waren, wie Töpfern, Weben oder Schnitzen konnte er jetzt in den Dienst der Kirche stellen. Und da in der Barock-Kunst das Architektonische als zweitrangig galt und der Baumeister des Barock in erster Linie dekorative Szenen gestalten wollte, waren ihm Handwerker, die immer wieder neue und andere Motive in die Ornamentik einflochten, nur willkommen.

So taucht häufig das Motiv der Schlange in zahlreichen Variationen auf, dem ›Schlüsselmotiv‹ prähispanischer Kunst nicht nur in Mexiko, sondern auch in Peru; ja selbst in Westafrika, in Dahomey finden wir die Schlange, die sich in den Schwanz beißt, als Symbol der Ewigkeit im Relief am Palast der Könige von Abomey dargestellt. Auch in Mexiko hat die vielfach dargestellte Schlange, die sich zum Kreis schließt, ähnliche Bedeutung.

Das Wort ›Barock‹ gebrauchte man ursprünglich nur im negativen Sinn. Die Juweliere erfanden es. Sie nannten eine Perle, die keine regelmäßige Form hatte, barock. Dann wurde der Ausdruck auf allerlei ungleichmäßige und bizarre Gegenstände übertragen. Später nannte man alles, was nicht klassisch war, was also den klassischen Normen und Proportionen nicht entsprach, eben barock, bis dann Ende des 19. Jahrhunderts die Kunsthistoriker diesen Ausdruck auf die Architektur übertrugen.

Die größte Formveränderung, die der Barock den Kirchen brachte, zeigt sich im Altaraufsatz, und von hier aus eroberte er das ganze Kircheninnere, das dann schließlich unter dem ornamentalen Beiwerk verschwand, wie ein Baum, der von Schlinggewächsen überwuchert wurde.

Schon die maurischen Kunsthandwerker, die in Spanien ›mudejar‹ genannt wurden, übertrugen ihre überladene Ornamentik in der Silber- und Goldschmiedekunst auf einen Baustoff, der bei der Ausschmückung der Kirchen beliebt war, auf den Stuck. ›Plateros en yeso‹ nannten sie diese angewandte Kunst in den Kirchen. Es entstand der ›plattereske‹ Stil, der nun in Mexiko schließlich zum überladenen Barock führte. Begünstigt wurde die Anwendung dieser Kunstform in Mexiko durch die Verwendung der sogenannten ›quincha‹, einer Mischung von Schilf und Lehm, die sich leicht formen ließ und die den Rohstoff der reichen Stuckauftragungen lieferte. So sehr schwelgte man jetzt in der Anwendung dieses leicht zu handhabenden Materials, daß die Altarbilder gewissermaßen unter der Fülle der Ornamentik erstickten.

Als besonders typisches Beispiel hierfür gelten die Kirchen Santo Domingo und La Soledad in Oaxaca und die Kirche des Dominikanerklosters in Tepotzotlan, wo wir andererseits deutlich erkennen, wie der churriguereske Stil sich in den Barock einfügt. Die churrigueresken Verzierungen der Fassade kontrastieren hier mit den schlichten Flächen aus rotem zermahlenen Lavagestein, dem ›tezontle‹.

Als besonderes Merkmal des churrigueresken Stils gelten die gedrehten Säulen, die jedoch keinerlei Funktionen auszuüben haben, sondern nur noch Ornament sind. An der Kirche Santa Prisco in Taxco können wir solche Säulen bis hinauf in die Türme verfolgen, und im Kircheninnern stehen sie gedrängt nebeneinander am Retabel, dem Altaraufsatz.

Aber diese Gedrängtheit und Überladung des Kircheninnern mit Stuckverzierungen liegt nicht allein im Wesen des Barock, hinzu kommt noch die Ausschmückung mit dem Gold. Gold wurde in Mexiko für die Kunst des Barock das, was ›der Sauerteig für das Brot‹ bedeutet. Neben den mit vergoldetem Stuck überzogenen Wänden, Kuppeln und Decken des Kircheninnern, von deren Glanz und Reichtum man zunächst vollständig geblendet ist, müssen hier auch die wertvollen Kirchenschätze genannt werden, die die Kirchen besitzen oder, soweit sie nicht in der Revolutionszeit geplündert wurden, besaßen (Farbt. 24, 25).

Im 18. Jahrhundert wurden dann Formen und Details der Kolonialkunst bis zum Äußersten getrieben. Man gab deshalb der üppigsten und letzten Phase des Barock den Namen ›Ultra-Barock‹. Dieser Stil umfaßt alle anderen Kunstrichtungen, die in Neu-Spanien in der letzten Zeit Eingang gefunden hatten, eingeschlossen den Churriguera-Stil und das Rokoko, das ja ursprünglich eine italienische Bezeichnung für einen Stil in der Gartenarchitektur und bei der Möbelherstellung war. Dieser Stil war zur Zeit Ludwigs XV. sehr beliebt. Später im 18. Jahrhundert fand er besonders in der österreichischen Architektur großen Anklang. Der Name Rokoko wurde aus dem französischen Wort ›rocaille‹, ›Grotten- oder Muschelwerk‹, hergeleitet.

Auch eine indianische handwerkliche Kunst, die sich im 17. Jahrhundert in und um Puebla entwickelte und die eine Mischung aus präkolumbischer Handfertigkeit und maurischem ›Mudejar-Stil‹ ist, erlebte zum Schluß eine ultra-barocke Phase. Diesen Stil nennt man in Mexiko den ›Poblano-Stil‹. Er ist ohne maurische Technik, die die Spanier in Mexiko einführten, nicht zu denken, aber er ist trotzdem sehr originell.

Am Ende des 18. Jahrhunderts fand der ultra-barocke Stil sein Ende, als der neuklassizistische Stil, der schon zu Beginn des 18. Jahrhunderts aufkam, immer mehr an Boden gewann. Dieser neue Stil prägte während der Zeit des Unabhängigkeitskrieges und auch noch darüber hinaus die gesamte mexikanische Kunst. Und damit findet die Entwicklung der Kolonialarchitektur dann ihren Abschluß.

93 Ein mächtiger steinerner Tlaloc steht als Hüter vor dem Museo Nacional de Antropología in Mexico-City. Unvollendete Figur aus der Teotihuacán-Epoche ▷

95 Der Innenhof des Museums mit dem Betonpilz von mehr als 4000 Quadratmeter Fläche

◁ 94 Der Innenhof des Museums mit dem riesigen Betonpilz, in dessen Mitte es ständig regnet. Das Wasser verschwindet im Steinboden

96 Ein steinernes Symbol für die riesigen Schädelgerüste der Azteken

98 Zoomorphes Tongefäß mit Muschelgehänge aus Teotihuacán, allgemein bekannt unter dem Namen ›pato loco‹

99 Zapotekisches Grabgefäß aus Ton, das Cocijo, den zapotekischen Regengott darstellend

◁ 97 65 Zentimeter hohes zeremoniales Räuchergefäß mit Maske und Federkrone aus Teotihuacán

100 Anthropomorphe Tongefäße aus der frühklassischen Epoche der Golfküstenkultur

101 Aztekische Steinplastik der Erdgöttin Coatlicue

102 Mexico-City: Blick auf den Platz der drei Kulturen

105 Platz der drei Kulturen: Aztekische Ruinen, Kolonialkirche und Polizeipräsidium ▷

103 Bibliothek der Ciudad Universitaria

104 Die Kirche von Tepotzotlán

Die Malerei und die Kunst des ›imaginero‹

Die ersten Missionare, die nach Neuspanien kamen, versammelten Gruppen von Indios um sich und unterrichteten sie in der Kunst; sie gaben ihnen Malunterricht. Der Pater Pedro de Gante gründete schon 1530 eine Schule für Kunst und Kunstgewerbe. Die Schule war dem Franziskanerkloster angegliedert und der Unterricht im Sinne der Kunstschule von Sevilla ausgerichet, die sich in der Farbgebung in gewissem Maße an der italienischen Schule orientierte.

Die ersten Ölbilder waren auf Holz gemalt, doch bald verwendete man immer häufiger die Leinwand. Seltener sind Bilder, die auf Kupferfolien gemalt waren. Ölmalerei, Tempera und ›al fresco‹ waren die Techniken, die in der kolonialen Malerei am gebräuchlichsten waren. Leider sind die meisten Gemälde, die im 16. Jahrhundert entstanden, verschwunden oder zerstört. Ein Porträt des Pater Domingo Betanzos von einem unbekannten Künstler befindet sich im Kloster Tepetlazcoc. Einige auf Holz gemalte Temperabilder aus dem Jahre 1561, die religiöse Szenen darstellen, besitzt das Augustinerkloster Acolman. Auf einem dieser Bilder, ›la Adoración‹, die ›Anbetung‹, sind die Hirten Indios aus der Gegend von Acolman.

Viele von den Fresken aus dem 16. Jahrhundert, von denen weit mehr erhalten geblieben sind, als von den Ölbildern, sind von spanischen Künstlern gemalt worden, denen indianische Schüler geholfen haben. Die bedeutendsten Fresken, die erhalten geblieben sind, mögen hier erwähnt werden: die Fresken im Treppenhaus des Klosters Acolman, in der Kirche San Francisco in Cholula, ferner in Huejotzingo, Epazoyucan und Oaxtepec. Diese Fresken aus dem 16. Jahrhundert zeigen mehr den Charakter von Zeichnungen als von Gemälden: Eine markante Linienführung tritt an Stelle plastischer Malerei. Nicht mehr als drei Farben werden dabei benutzt: schwarz, rot und gelb. Die besten der kolonialen Bilder entstanden ohne Zweifel im 17. Jahrhundert; zu einer Zeit, als die Kirchenarchitektur immer üppigere Formen annahm und eine Unmenge neuer Kirchen errichet wurden, stand die Malerei ganz im Dienst der katholischen Kirche. Bilder wurden überall an den Wänden aufgehängt und in der gesamten hölzernen Wandverkleidung Gemälde mit einbezogen. Alle diese Bilder sind so angelegt, daß der Beschauer in ziemlich großer Entfernung von ihnen stehen muß, um den richtigen Eindruck von ihnen zu gewinnen. Meist sind es groß angelegte figürliche Darstellungen, bei denen auf den Hintergrund wenig Wert gelegt wird.

Wir können hier nicht die Namen der vielen Maler anführen, deren Werke im ›Goldenen Zeitalter‹ der spanischen Kolonie entstanden. Einer der bedeutendsten unter ihnen war der Dominikanermönch Alonso Lopez de Herrera, den seine Ordensbrüder den ›göttlichen Herrera‹ nannten. Er wurde 1579 in Mexiko geboren. Lange Zeit galten seine Werke als restlos verloren, doch vor einigen Jahren stellte

◁ 106 Die Kirche Santa Prisco in Taxco im churrigueresken Stil man fest, daß eine beträchtliche Zahl von Bildern, die man früher anderen Malern zuschrieb, tatsächlich von ihm stammten. Ihm werden die Arbeiten im Paneel der Kirche Santo Domingo in Mexico-City zugeschrieben. Für dieselbe Kirche schuf er ein Gemälde, das die Himmelfahrt der Maria darstellt und das gegenwärtig im Museum Bellas Artes in Mexico-City zu sehen ist.

Mit der Gründung der ersten Buchpresse erschienen auch schon die ersten Holzschnitte und Kupferstiche, mit denen in Mexiko gedruckte Bücher illustriert wurden, aber keins dieser Werke ist signiert. Daß die Indios die Fähigkeit besaßen, die Technik des Holzschneidens und des Kupferstechens zu erlernen, steht außer Zweifel.

Im 17. Jahrhundert wurde die Holzschneidekunst in Mexiko außerordentlich populär. Heiligenbilder wurden in Holz geschnitten und verkauft, Waffenüberzüge schmückte man mit Holzschnitten, selbst Porträts ließ man in Holz schneiden. Später wurden dann auch eine große Anzahl von Holzschneidern namentlich bekannt. Ihre Werke gehören zu einer volkstümlichen Kunst, die besonders mit dem Namen José Guadelupe Posada (1851–1913) verbunden wird und die sich in Mexiko außerordentlicher Beliebtheit erfreute (siehe S. 213ff.).

Da die Eingeborenen zunächst nur begreifen konnten, was sie sahen, mußten ihnen die Mysterien der christlichen Kirche greifbar nahe gebracht werden und das geschah in Form von Mysterienspielen, die die Mönche mit ihnen in Mexiko, Guatemala und Peru in ihren eigenen indianischen Sprachen einstudierten und die dann die Indios bis auf den heutigen Tag mit großer Leidenschaft aufführen. Es geschah jedoch nicht weniger durch die Arbeiten der Figurenschnitzer, der ›imagineros‹, dessen Aufgabe es war, die Heiligenfiguren für die Kirchen herzustellen. Der ›imaginero‹ mußte jedoch die Figuren nicht nur schnitzen, er mußte sie einkleiden, vergolden und Gesicht und Körperteile auch bemalen. Man verlangte von ihm deshalb vier verschiedene künstlerische Fähigkeiten. Diese Figuren stellten oft recht naive Äußerungen eines primitiven Glaubens dar und waren von mehr oder weniger gutem Geschmack. Mit höchster Einfachheit sollten dem indianischen Volk die Geheimnisse der neuen Religion nahegebracht werden. Doch gerade die mittelalterliche Einfalt, mit der die Indios eine für sie im Grunde genommen unerklärliche Religion aufnahmen, verlieh den von den ›imagineros‹ mit Meißel und Pinsel geschaffenen Figuren eine dunkle Kraft. Besonderer Wert wurde bei den Figuren auf das ›estofado‹, das Überziehen mit falschem Gold gelegt, denn die Golddekoration hatte der barocken Kunst zu einem ungewöhnlichen Erfolg verholfen. Das ›estofado‹ verlangte eine komplizierte Technik, die schließlich zu höchster Vollendung entwickelt wurde. Auf die hölzerne Figur wurden zunächst zwölf Schichten Weiß aufgetragen, denn »das Weiß ist die Nahrung des Goldes«, so sagte man. Dann wurden alle Konturen, die inzwischen durch die vielen Farben verdeckt waren, mit einer feinen Nadel nachgezogen. Anschließend trug man eine Leimschicht auf die Figur oder auf den Teil der Figur, den man vergolden wollte, auf. Für diese Leimlösung hatte jeder Künstler sein besonderes Rezept. Als Grundsubstanz benutzte man kleingeschnittenes altes, weiches Leder oder Pergament. Zur Herstellung einer gallertartigen Mischung wurde Butter oder Talg verwendet. Der Leim wurde dann mit einer Bürste aufgetragen, der die Falschgoldplättchen halten sollte.

Ein anderer Vorgang, der bei der Herstellung der Passionspuppen von großer Bedeutung war, hieß ›encarnación‹ (Fleischwerdung). Die Figuren der Leidensgeschichte Jesu Christi mußten naturgetreu wiedergegeben werden, das verlangte die Kirche. Auf den fleischfarbenen Untergrund der Hände und Füße, des Gesichts und vielfach auch des ganzen Körpers wurden jetzt alle Runzeln und Adern und vor allem die blutenden Wunden aufgemalt. Der Ausdruck der Angst und des Schreckens gilt für den indianischen Künstler in der barocken Kunst als Hauptmotiv, hat er doch selbst in seiner praekolumbischen Geschichte so viel gelitten. Der Drang, das Grauenhafte darzustellen, tritt ja auch in der Kunst jener Zeit so oft in Erscheinung. Immer wieder verlangte die katholische Kirche von dem Indio, den neuen Gott, den sie ihm brachte, in Todesqualen darzustellen. Vor allem waren es die Jesuiten, die die Indios immer wieder anspornten, Christus in allen Phasen seiner Leidensgeschichte im Kunstwerk erstehen zu lassen, als Gegeißelten, als Gekreuzigten und als Sterbenden. Ignatius de Loyola hatte schon in seinen ›Geistlichen Übungen‹ empfohlen, den Gekreuzigten so realistisch wie möglich bildlich darzustellen. An alle Grausamkeiten sollte man erinnert werden, durch die Wunden und Schwären, durch die gebrochenen Knochen, durch die verdrehten Augen und den im Tod offen stehenden Mund. Ohne Furcht sollte man dem Tod ins Auge sehen. In der Neuen Welt fielen diese Vorschläge und Forderungen auf einen günstigen Boden. Die Pracht der Leichenbegängnisse feierte in der barocken Kunst wahre Triumphe. Girlanden aus Totenköpfen wurden hergestellt und zum Fest der Toten buk man Totenköpfe aus Zuckerwerk. Aber waren denn die *tepozantli,* die ›Totengerüste‹ mit den Hunderten von Schädeln menschlicher Opfer, die die Priester der vorkolumbischen Epoche ihren Göttern brachten, so viel anders? In Mexiko wurde und wird mit dem Totenkopf gespielt: unter der Herrschaft indianischer Priesterkönige, zur Kolonialzeit und auch heute noch.

Die Silberstadt Taxco und ihre Kolonialbauten

Taxco liegt im Herzen einer der größten Silberminendistrikte der Welt. Hoch oben an einer Bergwand im Staate Guerrero hat man diese Stadt fein säuberlich in Weiß und Rot hingezaubert. »Gottes Silberplatte, die auf die Erde gefallen ist«, so nannte Alexander von Humboldt einmal Mexiko. Als Cortéz erfuhr, das Moctezumas reiche Silberschätze aus den Bergen von Taxco stammten, baute er eine Straße von Mexiko nach Taxco und begann im Jahre 1523 mit der Ausbeutung der schon von den Indios vorher angelegten Minen, nachdem er sich schon im ersten Jahr nach der Konquista die Besitzrechte der vorhandenen Silberminen gesichert hatte. Von hier aus wurde das erste Silber, das in Neuspanien abgebaut wurde, nach Europa geschickt. Im alten Mexiko stand Silber stets in unmittelbarer Verbindung mit der Verehrung des Gottes der Finsternis und des Krieges, mit Tezcatlipoca, dem Gott mit dem ›rauchenden Spiegel‹. Gold war dagegen ein Attribut, das nahezu allen mexikanischen Gottheiten eigen war. Gold und Silber nannte man auch *teociutlachimalli,* was ›Götterdreck‹ bedeutet.

Während der ersten Zeit nach der Konquista waren Metallarbeiten in Mexiko verboten, aber an das Verbot hielt man sich nicht immer. Das alte Schmiedehandwerk war in Mexiko nicht ausgestorben, und als dann im Jahre 1563 das Verbot aufgehoben wurde, erlebte das alte Kunstgewerbe in Mexiko einen ungeheuren Aufschwung. Die reichen Gold- und Silberdepots und die angeborene Handfertigkeit der indianischen Bevölkerung waren Vorbedingung zu diesem enormen Aufschwung. In der Zeit vor der ersten spanischen Eroberung befanden sich die besten Silber- und Goldschmiede unter den Tarasken, den Mixteken, Zapoteken und Mexica, in deren Bereich auch Taxco liegt. Die alten Mexikaner gossen das Metall nach der Methode des ›verlorenen Wachses‹, sie hämmerten es und verstanden es, in Filigran zu arbeiten. Im 17. Jahrhundert waren in der mexikanischen Hauptstadt die besten Handwerker in der Straße San Francisco, die man die Straße der Silberschmiede nannte, vereint. Thomas Gage, dem wir so wertvolle Berichte aus jener Zeit verdanken, war damals von diesen Leuten so begeistert, daß er schrieb: »In weniger als einer Stunde kannst du eine Arbeit vollendet sehen, die Millionen in Gold und Silber, in Perlen und kostbaren Steinen wert ist.«

Im Jahre 1716 kam unter den Emigranten ein einfacher Minenarbeiter nach Mexiko, der hier sein Glück machen wollte, und er machte es in Taxco. Innerhalb von 30 Jahren hatte er ein so großes Vermögen zusammengebracht, daß er damals zu den reichsten Männern zählte. Sein Name war José de la Borda. Ihm gehörten schließlich die größten und ertragreichsten Minen dieser Gegend, und ihm ist es zu verdanken, daß aus dem kleinen Indiodorf die Stadt Taxco entstand. Sein Vermögen, das auf 40 Millionen Goldpesos geschätzt wurde, ermöglichte es ihm, eine Stadt zu bauen, mit der er sich selbst ein Denkmal setzte. Er baute Wohnhäuser, Paläste und Kirchen und für seinen Sohn, der damals gerade Priester geworden war, ließ er die prunkvolle Hauptkirche Santa Prisca y San Sebastián errichten, zu deren Bau er namhafte Künstler aus Spanien kommen ließ. Sie ist im churrigueresken Stil errichtet, und ihre Baukosten sollen zwischen 5 und 8 Millionen Goldpesos gelegen haben.

Taxco ist eine echte Gebirgsstadt. Schmale, winklige Gassen, mit dicken Pflastersteinen belegt, winden sich bergauf und bergab, führen über wuchtige Steinbrücken, ziehen zwischen Felsen und hohen Steinmauern der Gärten dahin und enden irgendwo vor einer Kirche auf einem Platz. Die meisten Häuser sind aus Stein gebaut, ganz dem Gelände angepaßt. Oft sind sie weiß gekalkt und fast alle sind mit roten Ziegeln gedeckt; der spanische Kolonialstil soll gewahrt bleiben, denn der Ort steht unter Denkmalschutz. Es ist erstaunlich, mit welcher Eleganz oft schwierige Geländeprobleme gelöst wurden. Ein Fels, der sich in den Weg schiebt, wird geschickt umgangen. An den steilen Abfällen der ›barrancas‹, der Taleinschnitte, kleben von Kakteen und Geranien gezierte Häuschen, die man vom oberen Stockwerk aus betritt, wenn die Straße höher als das Fundament des Hauses liegt.

Eins der schönsten Häuser ist das sogenannte Humboldt-Haus, ein kleiner Palast mit verschachtelten Räumen, mit Veranden und nivelliert angelegten Innenhöfen. Seine Front zur Straße ist mit Stuckornamenten im plateresken Stil verziert. In diesem Haus soll Alexander von Humboldt, als er wenige Tage in Taxco weilte, als Gast des Bischofs gewohnt haben. Schräg gegenüber befindet sich die sogenannte ›casa de la Borda‹, ein mächtiger Bau, der früher einmal Lagerhaus für den Ostasienhandel gewesen sein soll. Später hat es Borda gekauft, dem ja praktisch die ganze Stadt gehörte. Vor allem aber lag ihm an dem Bau der Kirche Santa Prisca, denn »Gott gibt es Borda und Borda gibt es Gott«, das war allzeit sein Motto (Farbt. 23).

Die Stadt Puebla und ihre Kirchen

In der kolonialen Architektur Mexikos nimmt Puebla eine besondere Stellung ein, nicht allein wegen der Vielzahl seiner Kirchen, sondern weil sich hier eine höchst eigenartige Mischung von maurisch-spanischen mit indianischen Elementen in der Baukunst entwickelte.

Puebla war auf besonderen Beschluß des Franziskanerordens gegründet worden, da man in der Mitte zwischen der Küste des Atlantik und der Stadt Mexiko sowohl einen kirchlichen wie einen weltlichen Stützpunkt brauchte. Der Franziskanermönch Toribio de Benanvente, der unter den Indios allgemein unter dem Namen Motolinia – ›Freund der Armen‹ – bekannt war, wählte den Platz aus und begann 1532 mit dem Bau der Stadt, zu dem ihm eine königliche Order verhalf. »Achttausend Leute aus Tlaxcala und viele andere Indios aus Tepeaca und Huejotzingo kamen und errichteten die ersten Hütten. Singend und tanzend und spielend kamen sie an. Es war ein großer Tag der Freude; man zelebrierte die Messe auf dem Platz, der für die Stadt ausgemessen war ... Am gleichen Tag kamen auch vierzig spanische Familien«, heißt es in der Chronik.

Über die Gründung der Stadt gibt es eine Legende: Vor Hunderten von Jahren flogen Engel über eine weite fruchtbare Ebene, wiesen auf eine Stelle und sagten: ›Dort muß eine Stadt gegründet werden‹. Und als die Kathedrale Hunderte von Jahren später vollendet war und man die großen Glocken nicht auf den Turm schaffen konnte, nahmen die Engel den Indios die Glocken aus der Hand und trugen sie hinauf zum Glockenturm. Auf diese Legende ist auch die erste Namensnennung der Stadt zurückzuführen, nämlich ›Puebla de los Angeles‹, die ›Stadt der Engel‹. Während der Kolonialzeit stand Puebla völlig unter dem Einfluß der katholischen

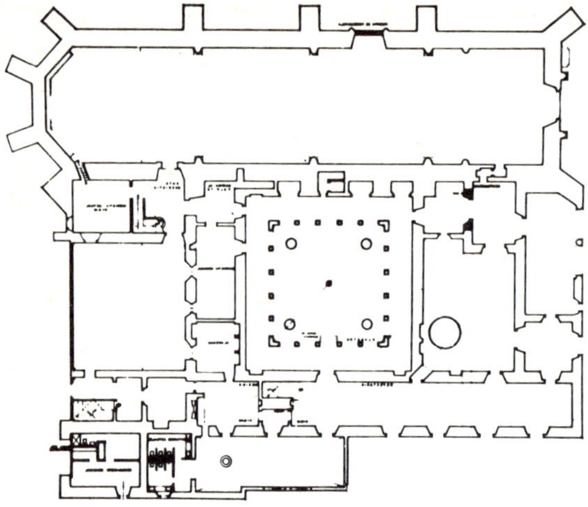

Huejotzingo: Grundriß des Klosters

Kirche. Puebla erlebte eine religiöse Prachtentfaltung, wie sie vor der Konquista in dem nahen Cholula bestand; auch das gesellschaftliche Leben mußte sich vollkommen der Kirche unterordnen. In kurzer Zeit dehnte sich die Stadt so aus, daß sie bald als die zweitgrößte Stadt Mexikos galt. Als das gesellschaftliche Leben infolge des wachsenden Reichtums in überschwenglichen Luxus ausartete, wurde ein Gesetz gegen den Luxus erlassen, und von der Kanzel herab predigten die Priester gegen die zunehmenden materialistischen Gelüste der Bürgerschaft.

Dem außerordentlichen Aufschwung dieser Stadt verdanken wir eine unwahrscheinlich hohe Anzahl von Bauten und Schätzen aus jedem Gebiet der Kunst. Puebla ist die bunteste Stadt Mexikos. Sie strahlt direkt in allen Farben und Mustern, in Gelb und Rot, in Grün und Blau. Überall an Häusern und Kirchen sieht man die berühmten Talaverakacheln. Kapellen und Kirchen sind mit ihnen geschmückt, bis hinauf zu den Türmen. Auch Portale, Nischen und Balkone sind mit ihnen verkleidet. Als Puebla zu einer Einwohnerschaft von 90 000 Seelen angewachsen war, besaß es bereits 60 Kirchen, neun große und 13 kleinere Klöster und 23 Kollegien. Heute besitzt die Stadt 95 Kirchen, und in Cholula und den umliegenden Dörfern soll es sogar 365 Kirchen geben. Alle sind mit Kacheln reich verziert. Eins der schönsten Beispiele für die Verwendung bunter Kacheln ist die Kirche San Francisco in Acatepec. Hier ist die Fassade des barocken Baus vollständig mit bunten Kacheln verkleidet (Farbt. 27–29).

Das Meisterwerk der barocken Architektur ist jedoch die Kirche Santa Maria in Tonanzintla, deren überschwengliche und kapriziöse Ausstattung schon einen Vorläufer in der Rosenkranzkapelle von Santo Domingo in Puebla hat. Das Äußere dieser Kirche wirkt weitaus schlichter als das der Kirche von Acatepec. Das Innere jedoch ist eine volkstümliche Version der Rosenkranzkapelle von Puebla, die immerhin noch typisch spanisch ist. Betritt man die Santa Maria, so glaubt man sich fast in einer von Menschenhand geschaffenen, mit Vegetation überwucherten Grotte zu befinden. Man erkennt Mais und tropische Früchte, früher als Opfergaben gebräuchlich, und ein wirbelndes Durcheinander von Engeln und Heiligen, von Masken und Soldaten, das die Wände hinaufreicht und sich im Gewölbe verliert. Die Kirche ist nicht nur barock, sie ist vor allem ein Meisterwerk mexikanischer Volkskunst, in der sich Heidnisches und Christentum verbinden (Farbt. 30).

Im 17. Jahrhundert stand der mexikanische Barock noch stark unter dem Einfluß klassischer Formen, erst allmählich erlangte er unter dem Einfluß des Mudejar-Stils seine höchst originelle Note. An den Kathedralen Mexikos kann man am besten die Entwicklung des Barock in der Neuen Welt erkennen. Am ältesten ist in dieser Sicht die Kathedrale von Mérida in Yucatán. Noch strenger ist die Entwicklung bei der Kathedrale von Puebla zu erkennen, an der 200 Jahre lang gebaut wurde. Keine andere Kirche Mexikos besitzt so großartige Kunstschätze wie die Kathedrale von Puebla. Geschnitzte Altäre und Chorstühle, Pfeiler aus Onyx, Mosaike und kostbare Täfelungen geben hiervon Zeugnis. Der ›Altar der Vergebung‹ und der ›Altar der Könige‹ gelten als Meisterwerke ihrer Art.

Die Kunde von dem schnellen Aufstieg der Stadt Puebla drang bis in die entlegensten Winkel des Landes. Ihr Einfluß machte sich überall im nationalen Leben bemerkbar, so daß Puebla zeitweise mit der Hauptstadt in starke Konkurrenz trat. Als besondere Kostbarkeit gilt das Standbild der Jungfrau Maria in der Kirche Santo Domingo, das vollständig mit echten Perlen besetzt ist, welche die Fischer zum Dank für ihre Errettung aus Seenot der Jungfrau im Laufe der Zeit gestiftet haben sollen. Um diese Zeit, so wird berichtet, landete eines Tages ein Schiff in Acapulco, das Sklaven aus dem Fernen Osten brachte. Unter ihnen befand sich eine wunderschöne Prinzessin, die von Seeräubern auf einer fernen Insel geraubt worden war. Ein reicher Edelmann in Puebla erwarb die chinesische Prinzessin und gab sie seiner Frau als Gesellschafterin. Von allen wurde die Exotin geliebt und bewundert, selbst von den höchsten Würdenträgern der Kirche. Und als sie starb, wurde sie feierlich in der Kathedrale beigesetzt, obwohl sie nicht zum Christentum bekehrt worden war. Das Andenken an diese Prinzessin, die allgemein ›la China Poblana‹ genannt wurde, lebt im Volke weiter. Eine besondere Tracht, die in Puebla üblich ist, soll auf die Kleidung der China Poblana zurückzuführen sein: ein roter Rock mit grüner Borte, eine weite ausgeschnittene, weiße Bluse und ein Kopftuch – ›rebozo‹ – in der Art der spanischen Mantilla.

Weitere bedeutende Bauten aus der Kolonialzeit

Acolman

Das Kloster wurde 1539 gegründet und die Kirche 1550–60 erbaut.

Der Name ist Náhuatl und bedeutet: »Arm mit Ellenbogen«, ein Hinweis auf eine indianische Legende. Dieses Symbol erscheint in einem der Wappenschilder an der Fassade der Kirche. Die Apsis des gewölbten Kircheninnern ist im gotischen Stil errichtet. Die dekorative Fassade ist das beste Beispiel für den plateresken Stil, eine spanische Form der Renaissance-Architektur in Mexiko. Die Bildhauerarbeit zeigt keine Spuren indianischer Auffassungen, vermutlich aber wurde sie von indianischen Arbeitern unter Anleitung der Mönche ausgeführt.

Der Konvent stammt aus der ersten Periode der spanischen Kolonialzeit. Dieses Kloster ist eine regelrechte Festung. In der Architektur gibt es sowohl romanische wie gotische Stilelemente. Wir finden romanische Bögen und gotische Fenster. In Acolman hat man scheinbar die architektonischen Linien des Hospitals des Heiligen Kreuzes in Toledo nachgeahmt. Die Bogenzwickel des Kreuzganges zwischen den Gewölbebögen tragen Monogramme und Embleme des Augustinerordens (die Franziskaner kamen 1523, die Dominikaner 1526 und die Augustiner 1533).

Kloster von Acolman: Grundriß des Unter- und Obergeschosses

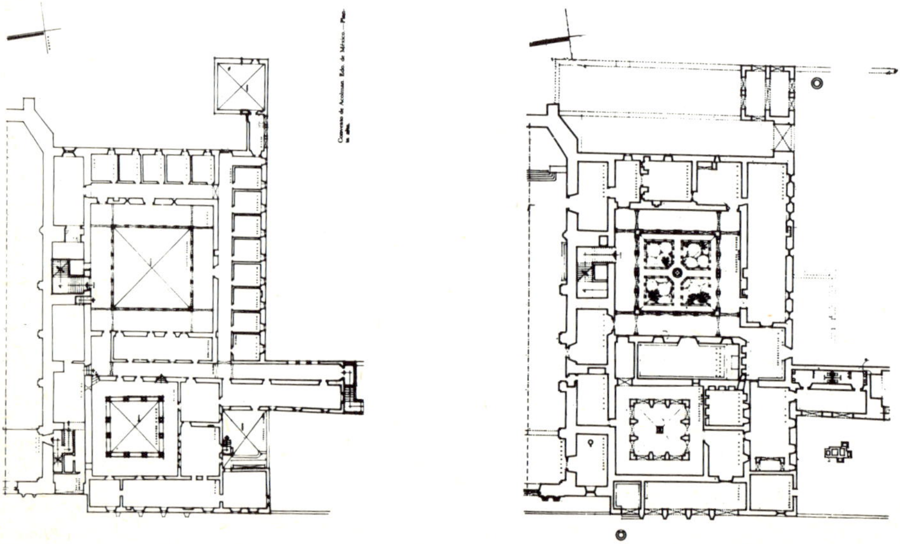

Außerhalb der Kirche befindet sich ein steinernes Kreuz, ein Beispiel für die phantasievolle dekorative Kunst indianischer Steinmetzen. Für den Indio war das Kreuz das erste bedeutende Symbol der Christenheit. Seine praekolumbische Vergangenheit war voll von Idolen, und das Kreuz der Missionare diente als Hauptersatz für die von ihnen zerstörten Bildwerke. Die steinernen Kreuze, die die Steinmetzen nun modellierten, waren für sie gewissermaßen ein neuer Fetisch. An Stelle ihrer alten Skulpturen voller Symbole wurden die Symbole der Passion dargestellt: der Hahn, die Kleider, die Leiter, der Schwamm und der Speer. Im Mittelpunkt erkennen wir das Gesicht eines Priesters, doch die Dornenkrone ähnelt einem indianischen Federkopfschmuck, und der horizontale Balken des Kreuzes endet in Ornamenten, die Hände und Finger darzustellen scheinen. Derartige Steinmetzarbeiten wurden ›*tequitqui*‹ genannt, eine Náhuatl-Bezeichnung, die soviel wie ›Tribut‹ bedeutet, nämlich Tribut, den man der Kirche zollt.

Tepotzotlán

Die Kirche und das 1582 von den Jesuiten gegründete Kloster wurden über dem *teocalli* des aztekischen Gottes Ometochtli errichtet. Der Komplex behält noch den Bauplan der Missionskirchen bei, besitzt aber ein mit Skulpturen geschmücktes Portal, das die Fassade in drei Teile gliedert: 1) in die von kleinen Säulen eingefaßte und mit den Siegeln des Dominikanerordens geschmückte Tür, 2) in ein dreieckiges Tympanon mit der Madonna von Guadelupe zwischen zwei Heiligen und 3) in die Engelsfiguren, die am unteren Rande des kahlen nur von einem Fenster durchbrochenen Teiles knien, zu beiden Seiten des dreieckigen Tympanons. Die Skulpturen sind im ›ozeanisch-gotischen Stil‹ modelliert, einer Mischung aus plateresken und isabellinischem Stil. Sie sind nicht mehr plastisch, sondern bilden mit dem Mauerwerk eine Einheit.

Das Kloster wurde Ende des 18. Jahrhunderts umgebaut. Die Schlichtheit des Konventgebäudes kontrastiert mit der churrigueresken Fassade. In einem der Höfe befindet sich ein achteckiger Brunnen. Die Tradition des Brunnenbaus geht auf den Heiligen Ambrosius (5. Jahrhundert) zurück. Sie ist Sinnbild der Vollkommenheit der acht Tauftugenden. Der Komplex wurde in ein Museum umgewandelt, das eine erlesene Sammlung mexikanischer Barockmalereien und -skulpturen besitzt, zusammen mit anderen Gegenständen aus der Kolonialzeit. Die ganze Anlage wurde im ›Arkadenwohnbaustil‹ jener Zeit wiederaufgebaut, mit Terrassen, Patios und Brunnen. Als Beispiel der unerhörtesten Extravaganzen mexikanischer ›estípite-Kunst‹ gilt die ›Kapelle unserer lieben Frauen‹ von Loretto mit der vollständig mit Gold überzogenen Altarwand des Reliquiariums vom Heiligen Joseph aus dem 18. Jahrhundert.

Oaxaca

Die Kirche des Dominikanerklosters Santo Domingo wurde 1570 gegründet und im 18. Jahrhundert umgebaut. Das Kloster ist eines der bedeutendsten Neuspaniens. Die Fassade der Kirche ist ein Beispiel der »Ausprägung des klassischen Stils unter Verwendung der fünf Säulenordnungen«. Die viergeteilte Fassade läuft in einen Giebel aus, mit dem sich die Glockenstühle fast zu einer Einheit verbinden, obwohl sie architektonisch getrennt sind. Der Sklupturenschmuck tritt plastisch hervor, er ist außer am Tympanon nicht mehr gotisch. Statuen stehen in Nischen von korinthischen Säulen eingerahmt, die Glockenstühle weisen dorische Säulen auf. Hier wirkt die Plastik als Vortäuschung architektonischer Elemente. Gleich hinter dem Eingang ist an der Decke des Vorraums der Stammbaum der Könige Israels, der ›Baum Jesse‹, dargestellt; an der Spitze die Jungfrau mit dem Kinde, eine Schöpfung Pedro Moldanos (1688–90). Die Rosenkranzkapelle wurde von den Franzosen unter Maximilian ausgeplündert.

Die Kirche Nuestra Señora de la Soledad

Die Fassade der Kirche ist ein Beispiel für den ›barroco rico‹, sie ist überladen mit Plastiken. Sie wurde 1682–95 erbaut. Die architektonische Selbständigkeit der Türme ist unter vielfach verschlungenem Zierat verschwunden, der die funktionellen Bauelemente völlig zudeckt. Die Gesetze der ornamentalen Baukunst werden aber trotzdem befolgt und die Vierteilung der Säulenordnung ist beibehalten, beginnend bei der dorischen. Das Tympanon ist ionisch, und der Dachstock korinthisch. Die Jungfrau am Giebel, ›Soledad‹, die leidende Mutter Gottes, Schutzheilige des Staates Oaxaca, ist von Säulen im Kompositstil eingerahmt.

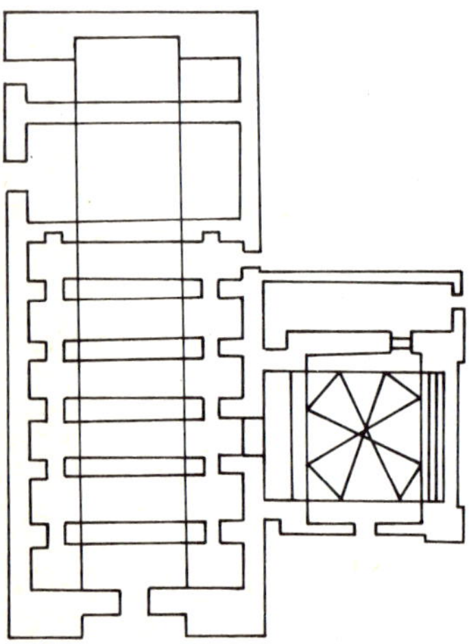

Oaxaca: Grundriß der Kirche Santo Domingo

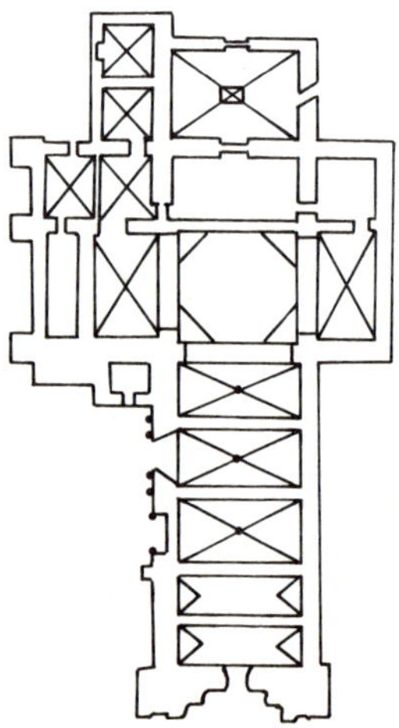

Oaxaca: Grundriß der Kirche La Soledad

Die Kathedrale von Mexico-City

Mexiko-Stadt

Die Kathedrale

Der Bau wurde 1573 begonnen. 1793 übernahm der berühmteste Architekt der damaligen Zeit, Manuel Tolsa, (1757–1816), den weiteren Bau der Kathedrale, während Damian Ortiz de Castro den Bau der Türme übernahm, die denen in Pamplona in Spanien ähneln. Auch als Bildhauer wurde Manuel Tolsa berühmt. Er schuf die steinernen Figuren der ›Drei Tugenden‹ im Glockenturm der Kathedrale und das Reiterstandbild Karls IV., im Volksmund ›cavallito‹, das ›Pferdchen‹ genannt. Die Holzarbeiten in der Kathedrale entwarf und führte Jeronimo de Balbas (1737) aus. Hier erreichte der churriguereske Stil im ›Altar de los Reyes‹ seinen Höhepunkt. Eine solche Vielzahl von Figuren wurde später nie mehr erreicht. Juan de Herrera übernahm in Spanien den Bau des Escorial, den Juan de Toledo begonnen hatte. Im Herreriano-Stil ist auch das Seitentor der Kathedrale ausgeführt, ebenfalls die Fassade der Kathedrale in Merida (Yucatán).

Der Sagrario Metropolitano, der sich an die Kathedrale anschließt, ist ein besonders schönes Beispiel für den churrigueresken Stil (Farbt. 31).

El Palacio Nacionál
Der Nationalpalast wurde 1692 auf den Ruinen des Palastes des Moctezuma erbaut. Er besitzt zahlreiche Wandmalereien von Diego Rivera. Über dem Haupteingang befindet sich seit dem 14. September 1896 die berühmte Unabhängigkeitsglocke, mit der Miguel Hidalgo y Costilla in der Nacht des 15. September 1810 das Volk zu den Waffen rief.

Palacio del Ayuntamiento
Das Rathaus liegt an der einen Seite des Zocalo, es wurde 1724 erbaut.

Nacional Monte de Piedad
Das National-Leihhaus, 1775 vom Grafen de Regla für die Armenhilfe gegründet, liegt dem Palacio Nacionál gegenüber. Heute werden dort Möbel, Kunstgegenstände, Schmuck und Bücher öffentlich versteigert.

Plaza de Santo Domingo
Er liegt in der Nähe des Zocalo. An diesem Platz befinden sich die Kirche Santo Domingo und die alte staatliche Schule für Medizin (heute in der Universitäts-Stadt). Früher war dies das Haus der Inquisition.

Palacio des los Condes de San Mateo Valparaiso
Der Palast der Grafen von San Mateo Valparaiso ist eine alte Residenz aus der Kolonialzeit. Er liegt an den Straßen Isabel la Cathólica und Venustiano Carranza.

Es-Convento de la Merced
Er ist ein ehemaliges Kloster der Merced. Sein Kreuzgang ist einer der schönsten Mexikos (170 calle de la República de Uruguay).

Palacio de Iturbide
Von Kaiser Agustín de Iturbide von 1821–23 bewohnt, ist er eines der typischen Beispiele für den Bau der Kolonialzeit (Avenida Madero).

Iglesia de San Francisco
Zur Kirche gehörte das größte und älteste Franziskanerkloster Mexikos. Die Kirche hat eine sehr schöne Fassade im churrigueresken Stil. Im Innern steht ein vergoldeter Altar.

Casa de los Azulejos
Das Haus der Kacheln wurde 1596 erbaut. Im Poblano-Stil mit Keramiken geschmückt, wurde es die Residenz des Grafen von Orizaba (heute Kaufhaus Sanborn in der Avenida Madero).

Die mexikanische Volkskunst

Alle Versuche, eine Volkskunst zu retten, werden vergeblich sein, wenn die Kunstgegenstände aufhören, wirkliche Gebrauchsgegenstände zu sein. Dann werden sie als Kuriosum von den Touristen gekauft, ihre Herstellung läuft auf eine Serienproduktion hinaus, und der Hauch des Persönlichen und Naiven, der ja gerade den Reiz einer echten Volkskunst ausmacht, geht vollständig verloren. Wenn auch die heutige Volkskunst Mexikos nur ein Nachklang der Hochblüte altmexikanischen Kunstempfindens ist, so begegnet man doch immer wieder eigenwilligen Schöpfungen von starker bodenständiger Kraft. Kein Land kann heute wohl noch in Form, Stil und Technik eine so vielseitige Volkskunst aufweisen wie Mexiko. Den Spaniern verdankte die mexikanische Volkskunst außerordentlich starke und neue Impulse. Aber die gegenseitige Beeinflussung bestand auch früher schon: Ein Dorf übernahm den Stil eines anderen, sei es in der Töpferei oder der Weberei. Dieser Prozeß wurde in den letzten Jahrzehnten beschleunigt. Schon früher wurden Stilelemente zwischen berühmten handwerklichen Familien ausgetauscht, die bis zu 1000 km voneinander entfernt wohnten. Und schon vor über 20 Jahren hat Mexiko Impulse aus Indien aufgegriffen. Man kann jedoch immer wieder feststellen, daß der mexikanische Handwerker es verstanden hat, die Ursprünglichkeit und Qualität in einer erstaunlichen Form zu erhalten. Im Vergleich zu vielen anderen Ländern, die auch noch großen Wert auf ihre Volkskunst legen, beweist Mexiko immer noch eine besonders starke Traditionsgebundenheit.

Die Kunst des Töpferns

Die Kunst des Töpferns ist im mexikanischen Volk seit Jahrhunderten verwurzelt. Manche Elemente reichen in praekolumbische Zeiten zurück. Andere kamen in der Kolonialzeit aus Europa dazu, aber der Geist dieser Kunst hat sich erhalten. Die Spanier brachten zwar die Töpferscheibe, aber sie hat sich bis heute noch nicht durchsetzen können. Sie ist in der Anfertigung der Töpferware, der sogenannten ›Talavera-Ware‹, in der Stadt Puebla in Gebrauch, aber in nahezu allen anderen

Phantasievolle Gebilde aus bemaltem Ton, in denen häufig biblische Motive kunstvoll verarbeitet werden, sind eine Spezialität der Stadt Metepec

Töpferzentren ist die einfache Treibtechnik durch die Töpferscheibe nicht verdrängt worden. Die Spanier machten die Mexikaner mit dem Glasierungsprozeß bei der Töpferei vertraut. Früher wurde der Glanz durch Glätten des Tons mittels eines Steines oder Metallstückes erzielt, dem sogenannten ›bruñido‹. Die Mannigfaltigkeit der Formen und Bemalungen ist so groß, daß man sie unmöglich alle aufzählen kann. Von den winzigen kleinen Töpfchen einer Puppenstubenküche bis zu riesigen meterhohen Tongefäßen gibt es alle nur denkbaren Formen aus dicken und dünnen Lehmwänden, aus einmal und zweimal gebranntem Ton, glasiert oder unglasiert.

Die polierte schwarze Töpferware stammt aus Coyotepec im Staate Oaxaca. Sie ist vielleicht die, die am reinsten ihre Form bewahrt hat, da man sie oft mit Gefäßen der Periode Monte Albán I verwechseln könnte. Technik und Rohmaterial sind die gleichen, wie sie in praekolumbischer Zeit verwendet wurden. Sie wird mit der Hand modelliert und poliert. Dieser Ton hat einen metallischen Klang, wenn man ihn anschlägt. Man stellt deshalb gern tönerne Glocken her. Die feinste polierte Töpferware stammt aus Tonala im Staate Jalisco. Seit Jahrhunderten gehört Tonala zu den berühmtesten Töpfereizentren. Im Dekor ist noch deutlich chinesischer Einfluß zu bemerken, der während der Kolonialzeit, als der rege Seeverkehr zwischen Acapulco und dem Fernen Osten bestand, der Töpferei von Tonala bedeutende Impulse gab. Der Dekor wird in einer eigenständigen Technik, ›petatillo‹ genannt, aufgetragen. Als Ornament tritt häufig eine Rose auf, die sogenannte ›Rose von Tonala‹. Die Ornamente passen sich im Bau und in ihrer Bewegung ganz dem Formstil des Gefäßes an; die aufblätternde Rose steht harmonisch im Einklang mit der Schale oder Vase.

Ein anderes Töpfereizentrum liegt ganz abgelegen in den Bergen des Staates Guerrero. Man kann es nur auf Saumpfaden in einem stundenlangen Ritt von der

Hauptstraße Acapulco – Mexico-City aus erreichen. In Ameyaltepec und San Agustín de las Flores, zwei kleinen Gebirgsdörfern, lebt die gesamte Bevölkerung von der Töpferei. An der Arbeit beteiligen sich alle Familienangehörigen: Männer, Frauen und Kinder. In großen Körben bringen die Männer die Tonerde zu den Gehöften und breiten sie dort zunächst zum Trocknen aus. Die Erde enthält Eisenoxyd, Magnesium und Bleicarbonat. Drei Tage lang bleibt die Erde dort liegen, damit sie sich, wie die Indios meinen, an organischen Stoffen bereichert. Erst wenn sie genügend Elastizität gewonnen hat, wird sie mit einem großen Stein auf einer festen Unterlage zerstoßen oder zermahlen. Dann wird sie mit ungesponnener Baumwolle vermischt und durchgeknetet. Auf diese Weise wird das Material weich und erhält eine hellbraune Farbe. Aus dem Material werden ohne Verwendung einer Drehscheibe allerhand Tiere, Schalen und Krüge geformt. Erst wenn die handgeformte ›loza‹ vollständig getrocknet ist, werden die einzelnen Stücke bemalt. Alle Bemalungen werden mit schwarzer und rotbrauner Erdfarbe aufgetragen. Die Malpinsel sind aus Hunde- oder Katzenhaaren hergestellt. Nun läßt man die bemalten Objekte wieder eine Zeitlang trocknen, dann werden sie gebrannt. In einer Vertiefung des Bodens wird ein Holzfeuer entfacht. Wenn das Feuer vollständig heruntergebrannt ist, wird Kuh- oder Eselsmist auf die Glut gelegt. Hat der Dung sich genügend erhitzt und fängt er an zu glühen, so bettet man die Gegenstände in die Glut, wobei sie von den glühenden Dungfladen vollständig bedeckt sein müssen. Nach einigen Stunden öffnet man den primitiven ›Brennofen‹ und befreit die fertig gebrannte ›loza‹ von der Asche.

Der Indio liebt seinen Beruf als Töpfer genauso wie seine Vorfahren. Die Nachfrage nach handgearbeiteter Töpferware ist unter den Mexikanern heute noch genauso groß wie früher. Vielen Mexikanern ist der Geruch und selbst der Geschmack der unglasierten Tonware so angenehm, daß sie sich kleine Töpfe kaufen, sie zerschlagen und die bröckeligen Scherben kauen. Es gibt ein mexikanisches Volkslied, das sich auf diese seltsame Sitte bezieht:

Cuando muera, de mi barro,
hágase, comadre, un jarro;
si de mí tiene sed, beba;
sie la boca se le pega,
serán besos de su charro.

Wenn ich sterbe, von meiner Erde,
Gevatterin, mach einen Krug;
wenn du Durst hast, trinke;
und wenn der Krug an deinen Lippen klebt,
so sind es Küsse deines Liebsten.

Flechtarbeiten und die Webkunst

In ganz Mexiko wurden schon zu praekolumbischen Zeiten und werden auch heute noch Flechtarbeiten hergestellt: Matten von Riedgras und Binsen, Körbe, Kästchen und Koffer und alle anderen möglichen Arten von Beuteln und Behältern. Je nach den verschiedenen Gegenden des Landes wird auch unterschiedliches Material verwendet: Palmblätter, Binsen und Stroh, Weidenruten und Fasern der Sisalagave. Berühmt sind vor allem auch die vielen verschiedenen Arten von Hüten, die aus Palmfasern geflochten werden. Daß die alten Mexikaner schon geflochtene Matten als Bodenbelag und Schlafunterlage verwendet haben, erfahren wir aus den Berichten der ersten Kolonialzeit und zeigen Darstellungen in den Codices. Die originellen Formen, die nicht selten mit brillanten Farben verziert sind, werden sich im Laufe der Zeit kaum verändert haben. Besonders erfinderisch sind die Mexikaner in der Herstellung seltsamer Figuren aus Maisstroh. Auch bei dieser Volkskunst gibt es wiederum bedeutende Zentren, in denen diese volkstümliche Kunst in verschiedenen Techniken hergestellt wird. Toluca, Oaxaca und Santa Ana Acatlan (Jalisco) sind nur einige von ihnen. In Sahuayo (Michoacan) werden hauptsächlich Hüte hergestellt.

Lokalgebunden waren auch schon in praekolumbischer Zeit die Techniken, Färbeprozesse und Musterzusammenstellungen in der Webkunst, die ebenfalls in Mexiko weit verbreitet ist und war. Die Art des Webens reicht von der primitiven Aufhängung der Fäden an einen Baum, wo sie durch einen quergelegten Stab gehalten werden, bis zum großen Webstuhl, den allerdings erst die Spanier nach Mexiko brachten. Beide Formen, der einfache Handwebapparat und der große Webstuhl, werden in Mexiko benutzt. Als Webmaterial wurde vor dem Eintreffen der Spanier aus-

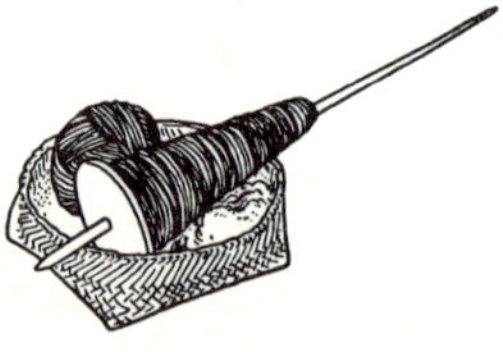

Webstuhl und Wolle führten erst die Spanier in Mexiko ein. Primitivere Techniken waren aber schon in praekolumbischer Zeit verbreitet

schließlich Pflanzenfaser und Baumwolle benutzt. Erst als die Spanier Schafe einführten, wurde auch Wolle verwendet.

Bei manchen Trachten der Indios können wir heute noch Musterzusammenstellungen erkennen, wie sie früher bei bestimmten spanischen Trachten üblich waren. Auf praekolumbische Vorbilder gehen die Schulterdecke für den Mann (aztekisch: *tilmatli*), das ärmellose Hemd *(huipili)*, der Wickelrock *(cueitl)* und der Schulterkragen der Frau *(quexquemitl)* zurück. Das gleiche gilt auch für die Fußbekleidung, die Sandalen, auf deren genaue Vorbilder in den Handschriften und an den Skulpturen die heutige Fußbekleidung der Indios zurückzuführen ist.

Es ist erstaunlich, daß trotz der vielen neuen Impulse, die die Indios von den Spaniern erhalten haben, die mexikanische Volkskunst noch soviel Eigenständigkeit bewahrt hat.

Ein Kleidungsstück, dem man in ganz Mexiko begegnet, ist der ›sarape‹. Er kam ursprünglich mit den Spaniern aus der Stadt Jerez. Seine Grundform ist rechteckig; er ist ein Umschlagetuch von unterschiedlicher Länge, ähnlich dem südamerikanischen Poncho, aber ohne Loch in der Mitte. Auch diesen gibt es in Mexiko, er heißt dort aber ›jorongo‹. Die Sarapes werden auf schmalen Webapparaten hergestellt, und zwar aus feiner Wolle. Es gibt welche, die mit Figuren oder Blumenmustern verziert sind, sie stammen meist aus Saltillo und San Miguel. Die bekanntesten und am häufigsten im Handel angebotenen Sarapes stammen aus Oaxaca, Tlaxcala und Patzcuaro (Michoacan). Sie haben meist geometrische Muster und leider heute auch weniger geschmackvolle Muster, die für den Tourismus bestimmt sind. Leider werden heute echte Pflanzenfarben nicht mehr verwendet. Am schönsten sind deshalb immer noch die aus schwarzer, weißer oder brauner Naturwolle gewebten Sarapes.

Calaveras – Totenköpfe

Der mexikanische Sinn für Humor tritt uns nirgends deutlicher entgegen als am zweiten November, dem Festtag Allerseelen. Dieser katholische Feiertag ist im wesentlichen heidnisch, und die Gebräuche, die hier in Mexiko noch gepflegt werden, führen auf älteste mexikanische Tradition zurück. Schon Tage vor dem Fest werden auf den Märkten Totenschädel, ›calaveras‹, und Skelette, die die Zuckerbäcker oder Bildschöpfer, wahre Künstler oder Kunsthandwerker, aus Kuchenteig oder Pappmaché hergestellt haben, verkauft. Da gibt es Särge aus Marzipan und das besonders süße ›Totenbrot‹, und die Kinder bekommen ihre ›muertecitos‹, die ›kleinen Toten‹, kleine Totenköpfe aus Zuckerwerk, bewegliche Skelette, Totengerippe mit langen Gewändern, die einen Sarg tragen, alle winzig klein, eben ›muertecitos‹. Nie sind die Märkte so voller Besucher, die alle etwas zum Gedenktag ihrer Toten kaufen wollen, wie zu diesem Fest. Totenfiguren und Totengerippe in verschiedenen Größen und in allerlei Stellungen des menschlichen Alltags – nur nicht beim Bebauen der

Posada: Calavera der Straßenbahnchauffeure ▷

Calaveras aus Pappe, hier in Form eines musizierenden Hampelmanns, sind eine Spezialität der Pedro Linares-Familie aus Mexico-City

Erde – sieht man als Dekoration in den Schaufenstern. Pflügen und Ernten ist allein den Lebenden vorbehalten. Die Toten sollen sich freuen und genießen und mit den Lebenden an diesem einen Tag ihren Spaß haben. Es ist ein Totentanz ohne Extase (Farbt. 33, 34).

Diese eigentümliche Einstellung dem Tod gegenüber beruht auf uralten Überlieferungen. Für den Indio hat der Tod nichts Schreckliches, er ist kein Jammertod, wenn es ihm die christliche Kirche auch immer wieder einzureden versucht. Für den Mexikaner ist der Tod ein Hinübergleiten, ein Vermähltwerden mit dem All.

Blumen liebt der Indio über alles. Zu den Blumen und Vögeln, den ›fliegenden Blumen‹, spricht er, sie verschönen ihm das Leben und den Tod. Deshalb wird auch zum Totenfest ganz Mexiko von Blumen überschwemmt; bevorzugt werden gelbe Blumen, denn die gelben Blumen gelten als Totenblumen. Millionen von Pesos geben die Mexikaner an diesem Tag für Blumen aus.

Steht ›Todos los Santos‹, der Totensonntag, 1. November, also ein Tag vor ›Allerseelen‹ bevor, so werden schon Tage vorher die Häuser innen und außen oft festlich geschmückt. Hat es in der Familie in den letzten beiden Jahren einen Todesfall gegeben, so wird in dem Haus ein Altar aufgebaut. In der Mitte steht das Bild des Verstorbenen. Totenköpfe und Totengerippe, aus Pappmaché oder Brotteig hergestellt, sowie Schüsseln mit Backwerk füllen den Altar. Am Morgen des Festes besuchen sich die Leute gegenseitig und essen von dem Kuchen und dem Totenbrot. Aber am Tag Allerseelen geht es hinaus auf den Friedhof, zu Fuß, mit dem Bus oder mit dem Wagen. Den ganzen Tag bringt man nun auf dem Friedhof zu. Man konsumiert die reichlich mitgebrachten Backwaren und Getränke und gedenkt dabei seiner Toten. Heitere Lieder werden gesungen, Gitarren erklingen und zwischendurch trinkt man wieder einen Schluck Tequila auf das Wohl Juanitos und Esperanzas, die sicherlich

La CALAVERA De Los CHAFIRETES.

AHI LES VA LA CALAVERA
DE LOS MEROS COPETONES
QUE HA TRIUNFADO donde quiera
PUES ES LA DE LOS CAMIONES

Calaveras paseadoras
Difuntos parrandeadores
Muertecitas voladoras
Cadáveres corredores;
Todos en grata reunión
Se van a dar una vuelta
Que tienen la reata suelta
Para pasear en camión.
La huesuda comitiva
Va a recorrer la ciudad,
Prevengan la gasolina
No se les vaya a acabar
Sin miedo y sin dilaciones
Vámonos a Tacubaya;
Suba toda la canalla
Que están listos los camiones
Suena ronca la bocina
Al darle vuelta al volante,
Y por detrás y delante
La nube de gasolina
Nos envuelve y nos asfixia
Y se arranca el armatoste.
Y nos hace mareante
¡Oh, viajar es mi delicia!
Al correr por la calzada,
Más parece exhalación,
Va como ánima escapada
El demonio de camión
Las canillas de los muertos
Que viajan en la trasera.
Se sacuden y están ciertos
De perder la calavera.

PRECIO 5 CENTAVOS

Un esqueleto amarillo
Que era un general poblano
Afianza su escueta mano
Del fierro del ventanillo
Después de ruda batalla
Y trescientos mil sentones
Llegan los pobres camiones
Polvosos a Tacubaya.
Se bajan las calaveras
Del cajón que las encierra,
Los dientes llenos de tierra
Y abulladas las traseras
Se van a dar su pascada
Por los Talleres Fabriles
Y entre trapos y listones
Dan su parrandeada
Todo Tacubaya ven
Las calaveras sin peso,
Y después, para el regreso,
Deciden tomar el tren
Se sienten todas molidas,
Magulladas y apestosas,
Que esas y otras muchas cosas
Las tienen muy aburridas.
En el tren viajan paradas
Los asientos se acabaron,
Y allí son bien maltratadas
Pues los boletos tiraron,
Por un conductor borracho,
Que quiere otra vez cobrarles
Y que se atreve a mandarles
Al mismísimo caracho.
Al calor de la disputa
Olvidan astrar el cuero,
Y el motorista, un recluta
Que fue un tiempo zapatero

Para en seco y sin aviso...
Ruedan todos por el suelo....
Se levantan, se acomodan,
Pagan de nuevo y al pelo.
Tres horas ahí parado
El "rapido" permanece
Cuando menos lo ha pensado
Arranca con ciento trece.
Al jalón tan repentino
Vuelven a rodar en masa
Las calaveras, sin tino;
Sin saber lo que les pasa
¡Oh, motoristas chambones,
Estáis matando a la Empresa!
Esa es la causa, esa, esa,
De que triunfan los camiones
¡Con esos fuertes jalones
Que nos quiebran las costillas,
Y que llenan los panteones
De huesos y de canillas!
El del camión, enojado
Porque vé la comitiva
De muertos, que ha despreciado
Su apestoso a gasolina
Con todo furor avanza
Y ya a aventajarle empieza...
Y sin más.. ¡se le atraviesa!
¡Jesús, que horrible suceso!
Todos se han hecho papilla.
No queda sano ni un hueso,
Ni un diente ni una canilla.
En horrible confusión
Las tablas del tren sepultan
A los heridos que insultan
Al intrépido camión.

ES PROPIEDAD — Talleres Gráficos de la Test. de A. V. Arroyo,

Y pasa un «Colonia Roma»
Y un "Guerrero" presuroso
Allí la muerte se asoma
En los rostros sudorosos..
Sentones al por mayor
Ahogados en gasolina
Y al último un revolcón
Al doblar cualquier esquina
Se llevan a los difuntos
A curar al hospital..
Y los heridos van juntos
En un hoyo al muladar.
Los muertos siguen viajando
Pero los que quedan «vivos»
Suben otra vez .. ¡de chivo!
Que ya van escarmentando.
A ver, a ver quien se atreva
A correr una calzada
En camión... ¡que sé lo lleve
La puritita tostada!
Es el fin de los camiones
Correr con locura cierta,
Darnos la mar de sentones
Y dejar la gente muerta
Pero el caso es tener auto
Y darnos tono y viajar
Como alma que lleva el diablo
Con peligro de volcar...
Así vá la calavera
De los meros copetones,
Que ha triunfado donde quiera
Pues es la de los camiones.

2ª de Sta. Nº 40 — México. D. F

Posada: Calavera der Liebe

keine Spielverderber sind und dem fröhlichen Treiben aus dem Jenseits zusehen. So geht es noch bis tief in die Nacht hinein.

Nicht überall in Mexiko wird das Totenfest so fröhlich und turbulent begangen, zum Beispiel nicht auf der Insel Janizio im Pazcuaro-See. Dorthin begeben sich die Indios, die oft von weit her gekommen sind, schon in der Nacht vor dem eigentlichen Totenfest. Aus allen Buchten des Sees gleiten dann Boote mit Tausenden von brennenden Windlichtern heran. Der See wird plötzlich von glitzernden Sternen erfüllt. Die Frauen haben Blumen mitgebracht und streuen sie auf die Erdhügel des Friedhofs. Natürlich haben sie auch Eßwaren und Pulque in bauchigen Tonkrügen mitgebracht. Ihre brennenden Kerzen haben sie auf die Gräber gestellt, und auch hier feiern sie das Fest gemeinsam mit den Toten, jedoch schweigsam und stumm bis zum Morgengrauen.

Tod, wo ist dein Stachel? Hier bei den Indios hat der Tod keinen Stachel, und wo sich einer zeigt, verwandelt ihn der Indio schnell in ein Spielzeug und spielt damit.

Die volkstümlichen Illustrationen José Guadelupe Posadas

Zu den Werken einer volkstümlichen Kunst gehören entschieden die Werke eines Mannes, der von 1851 bis 1913 gelebt hat, von José Guadelupe Posada. Posada war Grafiker und Illustrator; er war der erste mexikanische Künstler der damaligen Zeit,

Calavera der Radfahrer

Komische Calavera: Der Wasserverkäufer Simón und Dona Tomasa im Disput

der sich von europäischen Vorbildern löste und eine unabhängige volkstümliche Kunst betrieb, die vor allem auf den engen Zusammenhang zwischen Bild und Text beruht. Posada begann mit Lithographien und Holzschnitten. Später ging er zu einer Technik über, die für den Hochdruck geeignet war, dem Metallschnitt in Typometallplatten, und ab 1900 wendete er sich der Zinkätzung zu, wobei die Originalzeichnung mit Tinte auf die Platte gezeichnet wurde. In 44 Jahren schuf Posada in angestrengter täglicher Arbeit rund 20 000 Drucke. Außer seinen berühmten Calaveras illustrierte er Anschläge für Theaterstücke, Heiligengeschichten, Skandalgeschichten und Wunderbeschreibungen und vor allem auch zahllose ›corridas‹, Gedichte, die die jeweiligen politischen Ereignisse und Schauergeschichten zum Thema hatten. Sie wurden von fliegenden Händlern auf der Straße dem Publikum für ein oder zwei Centavos feilgeboten und in Massenauflage bei seinem Verleger Antonio Vanegas Arroyo gedruckt.

In den Gesängen der Corridas hören wir den Pulsschlag des mexikanischen Volkes. Wir hören daraus auch die Meinung des einfachen Mannes, der sie offen und frei ausspricht, mag es sich nun um politische oder soziale Ereignisse handeln, um einen schauerlichen Mord oder um einen Unglücksfall. Ein Beispiel hierfür ist der Corrida ›El maquinita‹ (das Maschinchen):

Fué en el año de cuarenta
antes del cincuenta y cuatro
cuando murió tanta gente
entre Tula y Guanajuato.

El tren que corría
sobre la ancha vía,
de pronto se fué a estrellar
contra un airoplano
que estaba en el llano
volando sin descansar.

Quedó el maquinista
con las tripas fuera,
mirando pal aviador
que ya sin cabeza
buscaba el sombrero
para librarse del sol.

Los pocos supervivientes
los contemplaban llorando
y la máquina seguía
pita, pita caminando.

Es geschah im Jahre vierzig
vor dem Jahre vierundfünfzig,
als soviele Leute starben
zwischen Tula und Guanajuato.

Der Zug, der über
die schmalen Gleise lief,
stieß plötzlich zusammen
mit einem Flugzeug,
das sich auf der Ebene befand,
fliegend ohne Aufenthalt.

Da lag der Maschinist
mit den Eingeweiden draußen
und sah nach dem Flieger,
der ohne Kopf
seinen Hut suchte,
um sich vor der Sonne zu schützen.

Die wenigen Überlebenden
betrachteten ihn weinend,
und die Maschine fuhr immer
weiter, pfeifend und pfeifend.

Maya-Tempel in Yukatán. Zeichnung von Frederick Catherwood, der 1839–1842 Mittelamerika bereiste

Praktische Reisehinweise

von Wolfgang Abel

Landesübersicht

Landschaftliche Gliederung . . 219
Klima 220
Regierungssystem 222
Bevölkerung 223
Wirtschaft 223

Vor Reiseantritt

Touristeninformationen . . . 224
Reisepapiere 225
Gesundheitsvorsorge, Krankenversicherung 225
Reisezeit 226
Devisen- und Zollbestimmungen 227
Reisezahlungsmittel 227

Anreise

Mit dem Flugzeug 228
Mit dem Schiff 229

In Mexiko: Kurzinformationen von A–Z

Apotheken 229
Ärztliche Betreuung 229
Auskunftsbüros für Touristen . . 229
Autohilfen 230
Hinweise für Autofahrer . . . 231
Botschaften und Konsulate . . . 232
Camping, Campingbusse, Wohnmobile 233
Deutsche Institutionen 233
Diebstähle 233
Einkäufe 234
Essen und Trinken 235
Feiertage 235
Fotografieren und Filmen . . . 236
Geld und Geldwechseln . . . 236
Geschäftszeiten 237
Gesundheit 237
Handeln 238
Hotels 238
Kino 239
Kleidung 239
Kreditkarten 239
Märkte 239
Museen 239
Polizei 244
Post 244
Schuhputzer 244
Sprache 244
Strom 245
Taxis 245
Telefon, Wichtige Telefonnummern, Telegramme . . . 245
Toiletten 246
Trinkgeld 246
Wäschereien 246
Zeitungen 246
Zeitunterschied 247
Zocalo 247

Zollbestimmungen bei der Ausreise 247

Reisen in Mexiko
Mit dem Flugzeug 247
Mit dem Bus 249
Mit dem Zug 250
Mit dem Mietwagen 250

Stützpunkte für den Besuch der archäologischen Stätten 252

Mexico-City 253
Tenochtitlán 257
Cuicuilco 258
Teotihuacán 258
Cacaxtla 258
Tula 259
Tenayuca 259
Toluca 260
Calixtlahuaca 260
Malinalco 260
Xochicalco 260
Jalapa 261
El Tajín 261
Zempoala 262

Oaxaca 262
Monte Albán 263
Mitla 263
Yagúl 263

Villahermosa 264
Palenque 265

San Cristobal de las Casas . . . 266
Palenque 268
Bonampak 268

Merida 268
Uxmal 269
Kabáh 269
Mayapán 270
Dzibilchaltún 270
Sayil 270
Labná 270
Chichén-Itzá 270
Balancanché 271
Izámal 271

Isla Mujeres, Cancun, Isla Cozumel 273
Tulúm 274
Cobá 275
Kohunlich 275

Landesübersicht

Landschaftliche Gliederung

Die Fläche Mexikos beträgt 1972546 Quadratkilometer, dies ist das Achtfache der Fläche der Bundesrepublik Deutschland. Nur knapp ein Drittel dieses Gebietes ist ebenes Land, mehr als die Hälfte der Gesamtfläche von Mexiko liegt in einer Höhenlage zwischen 1800 und 3000 Metern. Dieses Hochland wird eingefaßt von zwei mächtigen Gebirgszügen, die entlang den Küsten verlaufen: der Sierra Madre Occidental im Westen und der Sierra Madre Oriental im Osten, an der Küste zum Golf von Mexiko.

Das von den beiden Gebirgszügen eingefaßte Hochland verläuft ansteigend von Norden nach Süden. Die Grenze zu den USA bei El Paso liegt in 1300 Metern Höhe. In leichten Stufungen steigt das Gelände bis zum zentralen Hochland mit einer Höhe von 2000 bis 3000 Metern an. Auf dieser Hochfläche, dem ›Herz Mexikos‹, liegt in 2265 Meter Höhe die Hauptstadt des Landes, *Mexico-City*. Ein riesiges Ballungsgebiet – die größte soziale Agglomeration der Welt – mit über zwölf Millionen Einwohnern.

Das zentrale Hochland in der Umgegend von Mexico-City ist geographisch charakterisiert durch eine Konzentration von hohen Vulkanen, von denen neun über 4000 Meter hoch sind, drei Vulkane erreichen fast die 6000 Meter Grenze. Der höchste Vulkan, der Pico de Oriziba, ist mit 5742 Metern Höhe zugleich der höchste Berg Nord- und Mittelamerikas.

Flaches Land in größerer Ausdehnung findet man nur auf der Halbinsel Yukatán im Osten des Landes und im angrenzenden Bundesstaat Tabasco.

Wenn man das Land nach besonders charakteristischen Vegetationszonen einteilen möchte, dann ergibt sich, vereinfacht, folgende Gliederung: Im trockenen Norden trifft man auf Kakteensteppen und Baumwollplantagen. Typische Pflanzen des Hochlandes sind Agaven und Kandelaberkakteen, die bis 2500 Meter Höhe gedeihen. In Höhen über 2500 Meter erstrecken sich ausgedehnte Pinienwälder, die bis 4500 Meter! wachsen.

An den fruchtbaren Berghängen der Sierras, die zum Golf von Mexiko und zum Pazific hin abfallen, wird Kaffee angebaut. Im heißen Bundesstaat Tabasco und in Teilgebieten der Halbinsel Yukatán gedeihen zahlreiche Bananensorten, hier findet man auch die typischen Mangrovenwälder. Im angrenzenden Regenwaldgebiet Petén wird die Vegetation schließlich völlig tropisch. Lianen, Orchideen, Edelhölzer und Kautschukbäume sind Bestandteile der Urwaldvegetation.

Die große Halbinsel Yukatán, geologisch eine riesige flache Kalktafel, ist in weiten Teilen mit dichter Urwaldvegetation, auf der Westseite mehr mit Buschwald bewachsen. Auffallend in Yukatán sind die ausgedehnten Plantagen mit Sisalagaven im westlichen Teil, die zu den größten der Welt zählen.

Schon aus der knappen und vereinfachten geographischen Beschreibung wird deutlich, daß Mexiko eines der vielseitigsten und mannigfaltigsten Länder der Erde ist. So ist auch jeder Reisende fasziniert von der Vielzahl der Eindrücke, die das Land ausstrahlt: Wüste, tropischer Regenwald, Kakteen und feuchtes Sumpfland, Frühlingsklima im Hochland und stickige Hitze im Dschungel von Petén, die Riesenmetropole Mexiko-Stadt und weite, menschenleere Ebenen in Yukatán; das vielbemühte Klischee vom ›Land der vielen Gesichter‹, in Mexiko findet es seine vollständige Bestätigung. Neben vielem anderen ist denn auch die unglaubliche Vielseitigkeit des Landes ein bleibender Eindruck, den der Reisende in Mexiko gewinnt.

Klima

Wegen der sehr unterschiedlichen geographischen Verhältnisse und der Lage zwischen zwei Weltmeeren herrscht in Mexiko natürlich kein einheitliches Klima. Zwischen den tieferliegenden Küstenregionen bestehen teilweise extreme Klimaunterschiede. Generell ist der Norden des Landes trocken, bei großen Temperaturschwankungen. In den tieferliegenden Regionen im Osten und Südosten des Landes herrscht das ganze Jahr hindurch feuchte, tropische Hitze. In einer groben Vereinfachung werden drei Klimazonen unterschieden:

Höhenlagen und Durchschnittstemperaturen in einigen wichtigen Städten Mexikos:

	Höhenlagen	Jan.	Febr.	März	April	Mai	Juni	Juli	Aug.	Sept.	Okt.	Nov.	Dez.
Acapulco	0	26,4	26,6	27,0	27,8	28,6	28,6	28,6	29,1	28,3	28,1	27,8	27,1
Cancun	0	25,0	25,2	25,4	27,8	28,5	29,0	29,2	29,4	29,0	27,9	26,7	25,8
Merida	9	22,9	23,6	25,8	27,3	28,0	27,7	27,2	27,6	27,1	25,9	24,5	23,2
Mexico-City	2240	12,6	14,3	16,9	17,9	17,6	17,4	16,3	15,9	15,1	15,0	14,1	12,6
Monterrey	538	16,4	17,6	20,3	23,7	26,1	28,1	28,4	28,3	25,9	22,4	17,7	15,6
Oaxaca	1550	19,0	20,5	22,6	23,5	23,6	22,3	21,8	21,7	21,2	20,3	19,8	18,7
Taxco	1755	19,8	20,7	23,3	25,8	23,7	22,8	20,6	20,5	20,5	20,5	20,4	20,0
Villahermosa	10	23,7	24,8	26,6	28,4	29,0	29,1	28,3	28,8	28,5	27,2	26,4	24,0
Veracruz	0	21,8	22,5	23,9	25,8	27,8	28,1	28,1	28,2	27,7	26,7	24,5	23,0

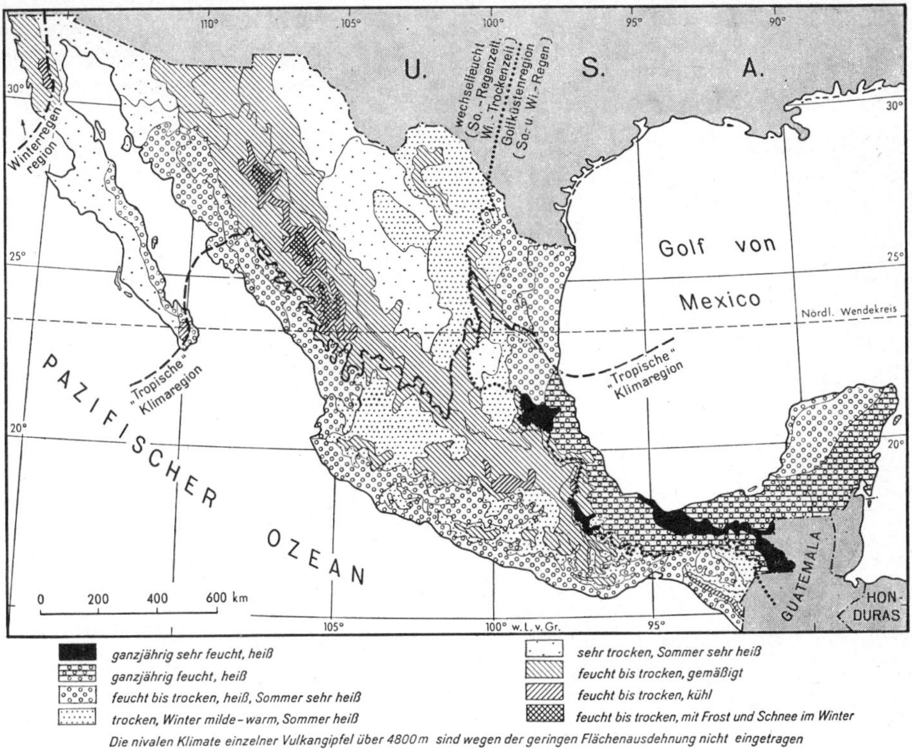

Klimaregionen von Mexiko

1. *Heiße Zone* (Tierra caliente), bis 800 Meter Höhe, Jahresdurchschnittstemperaturen über 25 Grad C., tropisch, feucht, zum Beispiel: Tabasco, Yukatán.
2. *Gemäßigte Zone* (Tierra templada), 800 bis 1800 Meter Höhe, Jahresmittel zwischen 18 und 22 Grad C., subtropisches Klima, zum Beispiel: Oaxaca.
3. *Kalte Zone* (Tierra fria), über 1800 Meter Höhe, Jahresmittel um 15 Grad C., im Winter kalt, im Sommer angenehm warm, große Tag- und Nachttemperaturschwankungen, zum Beispiel: Mexico-City.

Die Regenzeit dauert von Mai bis Ende September. Die Niederschlagsmengen sind jedoch je nach geographischer Lage sehr unterschiedlich. 52% des Landes gelten mit weniger als 10 cm Niederschlag/Jahr als trocken, 6% – die tropischen Regionen – sind mit über 5 Meter Niederschlag/Jahr sehr feucht. Die Niederschläge fallen meist als kurze Schauer in den Nachmittagsstunden. In den tropischen Regionen, vor allem in Küstennähe kommt es oft zu wolkenbruchartigen Schauern, in kurzer Zeit fallen dann ungeheure Wassermengen vom Himmel und bald danach scheint wieder die Sonne.

Die größte Blütenpracht und das meiste Grün sieht man gegen Ende der Regenzeit im Oktober und auch vor Beginn der Regenzeit, im März bis Mai, wenn die Bäume zu blühen beginnen. Pflanzenfreunde kommen in Mexiko sicher auf ihre Kosten.

Wegen der klimatischen Unterschiede gibt es in Mexiko keine besonders günstige Reisezeit. Hitzeempfindliche Personen sollten im Hochsommer die tieferliegenden Regionen meiden oder ihr Besichtigungsprogramm in diesen Gebieten einschränken, denn im tropischen Klima wird eben die kleinste Anstrengung zur Schwerarbeit (vgl. auch S. 226, Reisezeit).

Regierungssystem, Bevölkerung und Wirtschaft

Regierungssystem:
Mexiko ist seit 1867 eine demokratische Bundesrepublik. Die Staatsform ist republikanisch, föderalistisch, mit einem Zweikammersystem. Die Vollzugsgewalt liegt beim Staatspräsidenten, der auf sechs Jahre gewählt wird, und der seit 1929 von der herrschenden Regierungspartei ›PRI‹, ›Partido Revolucionario Institutional‹, gestellt wird. Gesetzgebendes, vom Präsidenten nicht auflösbares Organ ist der Bundeskongreß, in den Senat und Deputiertenkammer ihre Vertreter entsenden. Alle mexikanischen Staatsbürger über 18 Jahre sind aktiv und passiv wahlberechtigt.

Die größten indianischen Völkerschaften Mittelamerikas

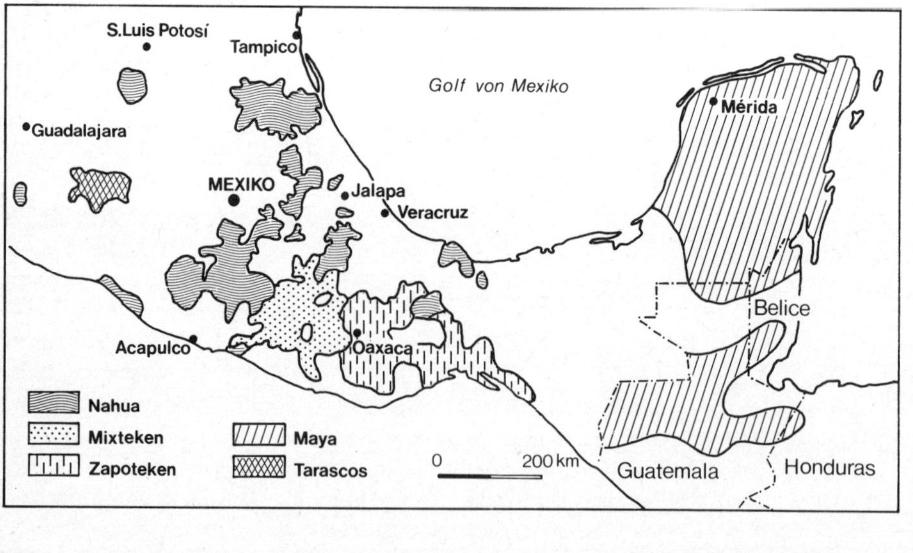

Der Bund wird von 14 Ministerien und zahlreichen weiteren Behörden verwaltet. Die 32 Bundesstaaten werden durch einen Gouverneur regiert, der der Deputiertenkammer vorsteht. Er wird alle sechs Jahre von allen Wahlberechtigten des jeweiligen Bundesstaates gewählt.

Bevölkerung:

Mexiko hat im Jahr 1980 fast 80 Millionen Einwohner. Im Jahr 1960 waren es noch 35 Millionen – die rasante Bevölkerungszunahme ist eines der Hauptprobleme des Landes. Die Bevölkerung wächst derzeit jährlich um 3 Millionen Menschen, die Altersstruktur der Bevölkerung ist bemerkenswert: 47% sind jünger als 15, nur 4% der Bevölkerung sind älter als 65 Jahre (Bundesrepublik Deutschland: 21% und 16%). Die Bevölkerungsdichte pro Quadratkilometer beträgt 33 Einwohner (BRD 247). Der Anteil der Stadtbewohner an der Gesamtbevölkerung liegt bei 72% (BRD 62%). 87% der Bevölkerung sind Mestizen, 10% Indianer und 3% Weiße und Asiaten. 96% der Bevölkerung sind Katholiken.

Wirtschaft:

Mexiko ist reich an Bodenschätzen, deren planmäßige Auswertung erst in letzter Zeit voll begonnen hat. Riesige Erdölvorkommen im Südosten des Landes und im Golf von Mexiko werden seit jüngster Zeit von der staatseigenen Erdölgesellschaft ›Pemex‹ in größerem Umfang ausgebeutet. Die Exploration neuer Vorkommen ist in vollem Gange, ständig werden neue Vorkommen gefunden und erschlossen. Mexiko wird in Zukunft zu einem der bedeutendsten Erdöllieferanten der Welt werden. Darüber hinaus verfügt das Land über bedeutende Vorkommen an Eisenerzen, Schwer- und Edelmetallen. Die Industrie im Land befindet sich derzeit in einem raschen Expansionsprozeß. Neben der expansiven Industrie ist die Landwirtschaft der bedeutendste Wirtschaftsfaktor. Agrarische Hauptausfuhrprodukte sind Zucker, Baumwolle und Kaffee.

Ein paar Daten: Pro-Kopf-Einkommen 1500 US $ – die Einkommensverteilung ist dabei ausgeprägt ungleich: 50% der Bevölkerung partizipieren an nur 16% des Volkseinkommens, während sich 2% der Bevölkerung 21% des Volkseinkommens teilen. Eine breite, wohlhabende Mittelschicht existiert nicht, die Mehrzahl der Bevölkerung muß in bescheidenen bis ärmlichen Verhältnissen leben. 70% des Außenhandels wird mit den USA abgewickelt, die Bundesrepublik Deutschland steht an zweiter Stelle der Handelspartner. Die Handelsbilanz mit dem Ausland ist durch Einnahmen aus dem Erdölexport und durch den devisenbringenden Tourismus seit kurzer Zeit positiv.

Der *Tourismus* ist zu einer der wichtigsten Einnahmequellen des Landes geworden. Strukturell ist der Tourismus ganz überwiegend auf den übermächtigen Nachbarn im Norden, die Vereinigten Staaten, ausgerichtet. 90% aller ausländischen Touristen sind Amerikaner, ›Gringos‹, wie die Mexikaner die nicht immer beliebten Besucher aus dem Norden nennen.

Trotz vieler Fortschritte, die in der mexikanischen Wirtschaft in der letzten

Zeit vollbracht wurden, sind die ökonomischen und sozialen Schwierigkeiten und Spannungen beträchtlich: Inflationsrate (1980 bei 22%), Arbeitslosenquote und die soziale Versorgung und Absicherung weiter Bevölkerungskreise sind alles andere als zufriedenstellend gelöst. Die rasche Industrialisierung des Landes wird neue Probleme bringen. In diesem Zusammenhang hatte der Präsident der staatlichen Erdölgesellschaft ›Pemex‹ eine Einsicht, der nichts hinzuzufügen ist: »Es dauert sehr lange, bis aus einem Faß Öl ein Stück Brot für die Armen geworden ist.«

Vor Reiseantritt

Touristeninformationen

Das staatliche Mexikanische Verkehrsamt versendet eine Reihe recht informativer Prospekte. Sehr nützlich sind auch die Hotel-, Flug- und Buspreislisten, die auf Anfrage kostenlos versendet werden. Die Preislisten sind meist aktuell und erlauben eine Kalkulation der anfallenden Kosten im Land. Außerdem gibt es beim Verkehrsamt eine umfangreiche Mexiko-Literaturliste.

Staatliches Mexikanisches Verkehrsamt:
Wiesenhüttenplatz 26
6000 Frankfurt
✆ (0611) 253413 / 253541

In der Schweiz:

Consejo Nacional de Tourismo de Mexiko
Délégation Honoraire Suisse
Gare Cornavin
1211 Genf 2
✆ 323836

Auskünfte erteilen auch folgende mexikanische Behörden:

Mexikanische Botschaft mit Konsularabteilung:
Rathausgasse 30
5300 Bonn 1
✆ (02221) 631226–28

Generalkonsulat:
Hallerstraße 70
2000 Hamburg 13
✆ (040) 448774

Honorarkonsulate:
(Ausstellende Behörden für Touristenkarten)

Eberhard-Bauer-Straße 48
7300 Eßlingen
✆ (0711) 35181

Kurgartenstraße 37
8510 Fürth
✆ (0911) 703790

Am Marstall 18–24
3000 Hannover
✆ (0511) 27321

Sternwartstraße 2
8000 München
✆ (089) 981617

Mexikanische Botschaft in Österreich:
Renngasse 4
1010 Wien
✆ 63 59 33

Mexikanische Botschaft in der Schweiz:
Bernastraße 57
3005 Bern
✆ 43 18 75

Konsulate in:
Rue d'Itali, Genf
Talstraße 82, Zürich

Informationsstellen für Selbstorganisierer und Globetrotter:

Deutsche Zentrale für Globetrotter: Mittenwalderstraße 7, 1000 Berlin 61. Die Zentrale dient dem Erfahrungsaustausch von Weitgereisten. Nichtmitglieder erhalten gegen Rückporto Informationsmaterial.
Billigflüge: Udo Schwark, Rheinstraße 29, 5300 Bonn, versendet gegen Unkostenbeitrag ausführliche und aktuelle Preis- und Adressenlisten über das gesamte Billigflugangebot eines bestimmten Zielgebietes. Bei Anfrage Reiseziel angeben. Rückporto beilegen.
Globetrotter-Ausrüstung und Literatur: Globetrott und Survival Shop Tesch, Korneliusmarkt 56, 5100 Aachen. Beratung und Ausrüstung für Fernreisen von Fachleuten. Katalog auf Anfrage.
Tips für Individualreisende: Wolfgang Abel, Glümerstraße 7, 7800 Freiburg, Herausgeber der praktischen Reisetips für Mexiko-Ost und Guatemala, Informationen über Hotels und Restaurants auf Anfrage, gegen Rückporto.
Reiseliteratur und Karten: Bestes Nachschlagewerk ist der ›Geo-Katalog‹, den jede gute Buchhandlung führt.

Flugauskünfte und Reservierungen:

Aeromexico
Schubertstraße 27
6000 Frankfurt
✆ (0611) 74 80 81

Reisepapiere

Touristen benötigen für die Einreise nach Mexiko lediglich einen gültigen *Reisepaß* und eine *Touristenkarte.* Die Touristenkarte wird gegen Vorlage eines gültigen Reisepasses von den mexikanischen Konsulaten (Adressen siehe S. 224) gebührenfrei ausgestellt. Ein Antrag zur Ausstellung muß bei den Konsulaten angefordert werden. Touristenkarten werden auch von den Mexiko anfliegenden IATA-Fluglinien und von den meisten Charter-Veranstaltern ausgestellt. Die Touristenkarte berechtigt zu einem 90tägigen Aufenthalt in Mexiko. Sie kann in Mexico-City bei der Touristenbehörde, Avenida Juarez 92, um weitere 90 Tage verlängert werden. Dort auch Ersatz bei Verlust in Mexiko.

Gesundheitsvorsorge und Krankenversicherung

Von Reisenden aus der Bundesrepublik Deutschland, Österreich und der Schweiz werden keine Impfungen verlangt. **Impfung gegen Typhus/Paratyphus und Tetanus sowie eine Malaria-Prophylaxe**

sind aber unbedingt empfehlenswert! Gerade die Malaria-Infektionen nehmen in den tieferliegenden, feuchten Gebieten Mittelamerikas wieder zu. Empfehlenswert ist auch eine *Hepatitis-Prophylaxe* mit *Immunglobulin.* Jeder Fernreisende sollte darüber hinaus eine kleine Reiseapotheke bei sich haben. Über die Zusammenstellung informiert der Arzt, den man vor Reisen in tropische Länder ohnehin aufsuchen sollte. Als äußerst wirksames Mittel gegen die häufigen und gefürchteten Durchfallerkrankungen hat sich *Imodium* von der Firma Janssen erwiesen. Das Medikament ist in Mexiko nicht erhältlich; man sollte es stets im Reisegepäck haben (verschreibungspflichtig). Ebenfalls wichtig sind *Kohletabletten.* Gegen Mücken und Ungeziefer hat sich *Autan* bewährt. Gegen Stiche hilft *Calcistin* (Boehringer). Trinkwasserprobleme, die insbesondere in entlegeneren Gebieten auftauchen können, kann man mit verschiedenen Entkeimungstabletten lösen, deren Anwendung jedoch recht umständlich ist. Es gibt jetzt auch elektrisch arbeitende Entkeimungsgeräte, die, batteriebetrieben und handlich, speziell für Reisende entwickelt wurden. **Nie Leitungswasser trinken!**

Eine **Krankenschein-Abmachung** zwischen Mexiko und der Bundesrepublik Deutschland, Österreich und der Schweiz existiert nicht. Ärztliche Leistungen müssen in Mexiko im allgemeinen sofort bar bezahlt werden. Gegen Vorlage einer detaillierten Rechnung (Datum, Diagnose und Leistungen) erstatten die Krankenkassen den ausgelegten Betrag zurück.

Unbedingt empfehlenswert ist der Abschluß einer Auslandskranken- und Reiseversicherung. Viele Gesellschaften bieten diese Versicherung zusammen mit einer Reisegepäckversicherung als sogenanntes ›Paket‹ an. Zum Leistungsumfang dieser Versicherungen gehört auch ein Flugzeugrücktransport in begründeten Notfällen.

Das Institut für Tropenmedizin der Universität München, Leopoldstraße 5, 8000 München 40, ✆ (0 89) 33 32 22, versendet gegen einen Unkostenbeitrag eine kleine, informative Broschüre: **»Kleine Reiseapotheke mit Hinweisen«.**

Reisezeit

Mexiko bietet das ganze Jahr über gute Reisemöglichkeiten. Die folgenden Besonderheiten sollte man aber beachten:

Küstenregionen und tieferliegende Gebiete haben im Sommer ein extrem heißes und belastendes Klima, das Besichtigungen und andere Aktivitäten erheblich einschränkt (Yukatán, Tabasco). Im Hochland sind die Temperaturen im Sommer dagegen angenehm warm mit manchmal kühlen Nächten. Die *Regenzeit* zwischen Mai und Ende September beeinträchtigt das Reisen meist weniger stark als angenommen, weil die Regenfälle nur von kurzer Dauer sind. Die Klimaunterschiede zwischen Winter und Sommer sind weit weniger stark ausgeprägt als zum Beispiel in Mitteleuropa (siehe Tabelle S. 220). Die Tag- und Nachtlänge unterscheidet sich zwischen Winter und Sommer nur um eine Stunde.

In den Küsten- und Badeorten gelten die Monate Dezember, Januar und Februar als Hochsaisonmonate. Besonders über Weihnachten/Neujahr und über Ostern sind viele Amerikaner im Land, die Hotelpreise sind in dieser Zeit am höchsten. In den Monaten Juli und August sind viele europäische Touristen unterwegs. Während dieser Zeiten kommt es zu Engpässen beim Buchen von Inlandflügen und bei Hotelzimmern in beliebten Gegenden (siehe auch S. 238 und S. 247f.).

Baden kann man im Pazifik und an der Karibikküste das ganze Jahr über, die Wassertemperaturen sinken nie unter 24 Grad C.

Im Frühjahr, im Frühsommer und im Herbst trifft man weniger Touristen im Land. Dies sind die besten Reisezeiten für Reisende, die ihren Urlaub selbst planen. Es gibt in diesen Zeiten genug freie Hotelzimmer, freie Flugkapazitäten und Busplätze; und jeder hat mehr Zeit für Sie!

Devisen- und Zollbestimmungen

Devisenvorschriften existieren in Mexiko nicht. Fremdwährungen können unbegrenzt ein- und ausgeführt werden.

Zollbestimmungen: Gegenstände, die für den persönlichen Bedarf des Reisenden bestimmt sind (Kleidung, Toilettenartikel, Schmuck, etc.) können zollfrei eingeführt werden. Dazu zählen auch: ein Fotoapparat, eine Filmkamera mit je zwölf Filmen, ein Fernglas, Sportgeräte, Campingausrüstung. Reisende über 18 Jahre dürfen außerdem einführen: ein Kilogramm Tabakerzeugnisse und 400 Zigaretten, zwei Flaschen Wein oder Spirituosen, Parfüm. Zollfrei sind auch Geschenke, deren Gegenwert 100 US $ nicht überschreitet.

Kraftfahrzeuge (zum Beispiel bei einer Mietwageneinreise aus den USA) bleiben während der Gültigkeitsdauer der Touristenkarte zollfrei. Die Kraftfahrzeugdaten werden am Grenzübergang in den Reisepaß eingetragen, und es wird ein ›Temporary Travel Permit‹ ausgestellt. Kraftfahrzeugsteuern werden nicht erhoben. **Mit einem Mietwagen aus Mexiko darf man nicht nach Guatemala einreisen.**

Reisezahlungsmittel

Das beste Reisezahlungsmittel sind *Travellerschecks* in US $. Die Schecks können je nach Bedarf in Mexiko umgetauscht werden, bei Diebstahl wird der Verlust ersetzt. **Auf keinen Fall sollte man mexikanische Pesos bereits in Deutschland kaufen,** der Wechselkurs in Mexiko ist bedeutend günstiger. Das Währungszeichen für den mexikanischen Peso ist ein $, es ist nicht zu verwechseln mit dem gleichen Zeichen für den US $.

Noch zu Hause sollte man sich nach einer geeigneten Aufbewahrungsmöglichkeit für Geld und Paß umsehen. Prinzipiell gilt: **Geld und Papiere immer am Körper tragen.** Brustbeutel oder Geldgürtel sind der sicherste Ort für Wertsachen. Brustbeutel trägt man am sichersten nicht um den Hals, sondern in einer der vorderen Hosentaschen. Die Kordel des Beutels verknotet man mit einer Gürtelschlaufe (siehe auch S. 233).

Anreise

Mit dem Flugzeug

Zahlreiche Reiseveranstalter bieten Pauschalreisen nach Mexiko an. Diese bestehen aus der Flugreise, Hotelunterkunft und einem Besichtigungsprogramm, oft kombiniert mit einem Badeaufenthalt.

Wer auf eigene Faust reisen möchte, fliegt am preiswertesten mit einem der zahlreichen angebotenen *Charterflüge*. Das Angebot dieser verbilligten Flüge ist sehr vielfältig und unübersichtlich. Der Vergleich mehrerer Angebote lohnt also auf jeden Fall (siehe auch die Adressen für Individualreisende, S. 225). Bei Charterflügen ist die Aufenthaltsdauer in Mexiko meist auf 30 oder 45 Tage begrenzt. Zielflughafen ist Mexico-City, selten Merida.

Während der Nebensaison (Frühjahr und Herbst) bieten die Linienfluggesellschaften in letzter Zeit verstärkt sehr preiswerte Linienflüge zu Sondertarifen an. Diese *Sondertarife* liegen nicht viel höher als durchschnittliche Charterflugpreise. Ein Linienflug bietet aber eine Vielzahl von Vorteilen (Pünktlichkeit, kostenlose Flugunterbrechungen, zum Beispiel in den USA oder in der Karibik). Jeder Selbstplaner sollte auch diese Möglichkeiten beachten.

Bei Ein- und Ausreise mit der mexikanischen Fluggesellschaft Aeromexico hat man Anspruch auf das ›Visit Mexiko Ticket‹, ein sehr preiswertes Abonnement für beliebig häufiges Fliegen im Inlandnetz der Aeromexico (Adresse von Aeromexico S. 225).

Die Flugdauer beträgt, je nach Aufenthaltszeit bei der obligatorischen Zwischenlandung, 13 Stunden und mehr. Durch die Zeitverschiebung werden wieder sieben Stunden eingeholt. Es ist ratsam, morgens abzufliegen, die Ankunft in Mexiko ist dann nachmittags, so bleibt genug Zeit zur Zimmersuche.

Auf Charterflügen und in der Touristenklasse auf Linienflügen werden 20, in der ersten Klasse 30 Kilogramm Gepäck kostenlos befördert.

Fluganknunft:

Fast alle Mexiko- und Mittelamerikatouristen kommen über den Flugplatz von Mexico-City ins Land. Der Flugplatz liegt acht km vom Zentrum entfernt in einer Vorstadtzone. Er wirkt, genauso wie die Riesenstadt Mexico-City, auf den Ankommenden im ersten Augenblick hektisch und schwer überschaubar. *Ein paar Tips zur Ankunft:* Im Ankunftsgebäude sind mehrere Geldwechselschalter 24 Stunden geöffnet, hier sollte man sich zuerst einmal mit Pesos eindecken. Wie auf jedem anderen größeren Flugplatz ist auch im Ankunftsgebäude ein Schalter mit der Aufschrift ›*Tourist Information*‹. Sie erhalten dort erste Auskunft über die Taxipreise zur City und über Verkehrsverbindungen, auch ein Stadtplan und weiteres Informationsmaterial ist erhältlich. An einem speziellen Schalter ›*Hotel Reservation*‹, am Ausgang des Ankunftsgebäudes, reserviert man für Sie jedes gewünschte Hotel und ist Ihnen bei der Zimmersuche behilflich. Bei Buchung müssen Sie eine Nacht im voraus bezahlen – ein guter Service. Vor dem Ankunftsgebäude stehen VW-Bus Sammeltaxis mit der Aufschrift ›*Selta*‹. Diese Taxis fahren zu einem Bruchteil des normalen Taxipreises zum reservierten Hotel. Ohne ein reserviertes Zimmer, noch dazu mit Gepäck, sollte man nicht in die hektische Stadt fahren. Nutzen Sie den Service der Tourismusbehörden.

Mit dem Schiff

Für Reisende mit genug Zeit ist diese ungewöhnliche Variante sicher reizvoll. Die Passagen, meist auf Frachtschiffen, müssen lange im voraus gebucht werden. Die Reisedauer beträgt zwischen 16 und 20 Tage, es werden höchstens zwölf Passagiere mitgenommen. *Verbindungsbeispiele:* Von Antwerpen monatlich nach Veracruz mit Frachtern der ›Armement Deppe S.A.‹; von Genua monatlich nach Veracruz und Tampico mit Frachtern der ›Lauro Lines‹. Auskunft im Reisebüro.

Im Lande: Kurzinformationen von A–Z

Apotheken

Apotheken heißen in Mexiko ›*Farmacia*‹, es gibt sie in allen größeren Orten. Das Sortiment ist reichhaltig, die Medikamente werden meist auch ohne Rezept verkauft und sind erheblich billiger als bei uns, die Markennamen stimmen aber nicht immer mit den deutschen überein. Gegen Durchfallerkrankungen wird das Präparat ›YSI‹ viel verkauft.

Ärztliche Betreuung

Wer ärztliche Hilfe benötigt, erhält von der deutschen Botschaft in Mexico-City und von den Konsulaten im Land die Adressen von deutsch- oder englischsprechenden Ärzten (Adressen der Behörden S. 232).

Krankenhäuser gibt es in allen größeren Städten. Auf dem Land und in kleineren Orten gibt es meist sehr einfache Krankenstationen (vgl. auch Gesundheitsvorsorge/Krankenversicherung S. 225).

Auskunftsbüros für Touristen

Die staatlichen Auskunftsbüros heißen ›*Secretaria de Tourismo*‹ und sind oft gekennzeichnet durch die Schilder ›*Tourist Information*‹ oder ›*Tourismo*‹. In jedem größeren Ort des Landes, der für Touristen von Bedeutung ist, findet man diese sehr nützliche Einrichtung. Wenn auch die Ausstattung der einzelnen Büros mit Informationsmaterial sehr unterschiedlich ist, so zählen die Touristenbüros doch zu den Hauptinformationsquellen während der Reise. Stadtpläne, Auskünfte über Verkehrsverbindungen, Hotelreservationen, all dies gehört zu den Serviceleistungen der Büros. Die Angestellten sind meist sehr hilfsbereit, deutsch wird nur selten gesprochen, englisch fast immer.

Die Adressen der Büros in einigen wichtigen Städten:

Acapulco
Costera Miguel Aleman 253

Campeche
Baluarte San Carlos 54

Cozumel
Calle 1 Sur
(am Hauptplatz Zocalo)

Chetumal
Av. Chapultepec 1

Guadalajara
Av. Juarez 638

Guanajuato
Av. 5 de Mayo
(Stadtplan!)

Jalapa
Prima Verdad 25

Merida
siehe S. 269

Mexico-City
siehe S. 257

Monterrey
Zaragoza 1000 Sur

Oaxaca
siehe S. 263

Puebla
Av. 5 Oriente Nr. 5

Tapachula
Av. Central Sur 94

Taxco
Juan Ruíz de Alarcón 5

Toluca
im Regierungsgebäude
Palacio de Gobernio

Tuxtla-Gutierrez
Casa de la Cultura
(westl. Ende der Av. Central)

Veracruz
Plaza de Armas (Hauptplatz)
im Rathaus

Villahermosa
siehe S. 265

Zihuatanejo
Paeso del Pescador
(beim Hafen)

Die Touristenbüros sind gewöhnlich an Sonntagen und über die Mittagszeit geschlossen.

Autohilfen

Auf den Hauptverkehrsstrecken patrouillieren die Wagen der sogenannten ›Grünen Flotte‹ zwischen 8 und 21 Uhr. Die englischsprechenden Mechaniker helfen bei Pannen. Die Materialkosten müssen ersetzt werden. Dasselbe gilt für die gelben Wagen des mexikanischen Automobilclubs ›AMA‹. Allgemein sind die

Kraftfahrer auf Überlandstrecken sehr hilfsbereit, wenn Sie Ihre Nationalität zu erkennen geben. Es erweist sich immer wieder als vorteilhaft, wenn man am Wagen ein D-Schild oder eine kleine Flagge anbringt.

Strecken- und Entfernungsauskünfte von Einheimischen sind mit Vorsicht aufzunehmen. Einheimische geben oft aus reiner ›Höflichkeit‹ irgendeine Auskunft, obwohl sie sich nicht auskennen. Man sollte deshalb stets mehrmals nach dem Weg fragen. Für Entfernungen und Zeiten fehlt gerade der Landbevölkerung das rechte Einschätzungsvermögen (Telefonhilfen siehe S. 246).

Hinweise für Autofahrer

In Mexiko besteht *keine Versicherungspflicht.* Kraftfahrer, die aus den USA mit dem eigenen Auto oder mit einem Mietwagen einreisen, sollten eine Zusatzversicherung abschließen. Die Versicherung ›Sanborn's‹ hat Agenturen an allen Grenzübergängen. Eine zuverlässige Agentur in Mexico-City ist:

Brockmann y Schuh
Amberes 45
Mexiko 6, D.F.

Bei dieser Agentur kann man auch von Deutschland aus ein Auto versichern.

Die Überlandstraßen in Mexiko sind gut ausgebaut. Nebenstraßen sind – vor allem während der Regenzeit – oft nur mühsam zu befahren. Mit Verkehrsbehinderungen muß man stets rechnen, also stets konzentriert und vorausschauend fahren! Die Verkehrsdichte auf dem freien Land ist bedeutend geringer als bei uns. Auf den Überlandstraßen kommt man deshalb sehr zügig voran.

Nachtfahrten sollte man prinzipiell vermeiden. Viele Fahrzeuge haben eine schlechte oder gar keine Beleuchtung; dazu kommt, daß oft Tiere auf der Straße umherlaufen. Fußgänger, die zu jeder Tages- und Nachtzeit unterwegs sind, haben selten ein realistisches Einschätzungsvermögen für Geschwindigkeiten.

Das Netz der staatseigenen ›Pemex‹-Tankstellen ist bei weitem nicht so dicht wie von Europa gewohnt, rechtzeitiges Nachtanken ist ratsam. Beim Tanken stets darauf achten, daß das Zählwerk der Zapfsäule auf null steht. Normalbenzin, 90 Oktan, grüne Säule, kostet 1980 30 Pfennige, Super, 100 Oktan, gelbe Säule, 35 Pfennige.

In Mexico-City und in anderen großen Städten des Landes gibt es eine ausreichende Auswahl an *Straßenkarten,* die erheblich preiswerter als die in Europa angebotenen sind. Gut und aktuell sind die Straßenkarten der mexikanischen Automobilclubs (siehe unter Mietwagen S. 251).

Bei kleineren Unfällen und anderen ›Mißgeschicken‹ hilft oft ein kleines Trinkgeld, das auch der Polizei gegenüber die Abwicklung der Formalitäten erheblich erleichtert. Gleiches gilt für Strafzettel, die in den Großstädten verteilt werden. An falsch geparkten Fahrzeugen werden manchmal von der Polizei die Nummernschilder abgeschraubt. Man kann dem zuvorkommen und die Schilder hinter der Windschutzscheibe anbringen.

Auf Überlandstraßen sind vor Ortschaften oft waschbrettartige Schikanen in die Straße eingelassen, die zum rapiden Abbremsen zwingen. Schilder mit der Aufschrift ›Topes‹ zeigen diese Schikanen häufig, aber nicht immer, an.

Wichtige Hinweisschilder:

Curva Peligrosa	Gefährliche Kurve
Despacio	Langsam
Desviacion	Umleitung
Cuota	Straßengebühr
Peligro	Gefahr
No Hay Paso	Straße gesperrt
El Tren	Zug

Botschaften und Konsulate

Deutsche Botschaft:

Calle Lord Byron 737
Mexiko 5, D.F.
✆ (0 05 25) 5 45 66 55 / 59
Postadresse: Apartado M-10792
Telegrammadresse: Diplogerma.

Postlagernde Sendungen können an die Botschaft mit der Aufschrift ›wird abgeholt‹ geschickt werden.

Honorarkonsulate in:

Acapulco
Av. Los Deportes 24
✆ (0 05 25) 4 01 30

Cihuahua
Independencia 2205
✆ (0 05 21 41) 2 53 65

Guadalajara
Casa Wagner, Av. Corona
✆ (00 52 36) 13 96 23

Mazatlán
Jacandara 10
✆ 2 38 78

Merida
Calle 56 Nr. 506-A
✆ 1 21 77

Monterrey
Ladrón de Guevara 302
✆ 5 13 7 37

Tijuana
Av. Revolución y 5 a
Hotel Caesar
✆ 5 25 15

Veracruz / Tampico
Independencia 41
✆ (0 05 22 93) 2 30 80

Botschaft von Österreich:

Campos Eliseos 305
Mexiko 5, D.F.
✆ 5 40 34 15

Konsulate in:

Gaudalajara
Av. Circunvalación Providencia 1216
✆ 23 05 11

Monterrey
Rio Orinoco 105
✆ 56 90 15

Botschaft der Schweiz:

Calle Hamburgo 66
Mexiko 6, D.F.
✆ 5 33 07 35

Konsulate in:

Guadalajara
Ocampo 244, Büro 10
✆ 13 00 75

Merida
Hotel Merida, Calle 60 Nr. 491

Veracruz
Calle Emperan 251
✆ 2 31 08

Camping – Campingbusse – Wohnmobile

Campingplätze sind in Mexiko nur sehr selten zu finden. Für Wohnmobilfahrer stehen vereinzelt sogenannte ›*Trailer Parks*‹ zur Verfügung. Dies sind bewachte Areale, teilweise mit Gas- oder Stromanschlußmöglichkeit. Für Wohnmobilfahrer hat der mexikanische Automobilclub Informationsmaterial (Adresse S. 251). Nützlich ist auch das amerikanische Standardwerk: »*The Rand Mc. Nally Campground and Trailer Guide, Kanada/United States/Mexiko*«. Der Führer wird jährlich überarbeitet und ist auch in Deutschland erhältlich. Auskunft in Deutschland auch beim ADAC.

Campingbusse sind während der Hauptreisezeiten stark gefragt, vor allem Nordamerikaner haben diese Art des Reisens in Mexiko eingeführt. Große Verleihfirmen reservieren auch von Europa aus einen Bus. In Mexico-City gibt es zwei Firmen, die man, auf englisch, auch von Deutschland aus um Reservierungen anschreiben kann (Adressen siehe S. 257).

Deutsche Institutionen

Es gibt in Mexiko zahlreiche deutsche Vereine und Institutionen, die gerade bei einem längeren Aufenthalt als Anlauf- und Kontaktstellen nützlich sein können. Die folgenden Adressen stellen nur eine unvollständige Auswahl dar, weitere Informationen erhält man von der deutschen Botschaft in Mexico-City.

Deutsch-Mexikanische Handelskammer
Presidente Masaryk 341
Mexiko 5, D.F.

Goethe-Institut
Tonala 43
Mexiko 7, D.F.

Deutsch-Mexikanisches Kulturinstitut
›Alexander von Humboldt‹
Tehuantepec 255/4
Mexiko 11, D.F

Deutsche Schule
›Alexander von Humboldt‹
Benjamin Hill 43
Mexiko 11, D.F.

Deutscher Turnverein
Durango 6
Mexiko 7, D.F.

Deutscher Club
16. de Septiembre, altos
Puebla, Pue.

Diebstähle

Es werden ja immer wieder Schauergeschichten über Diebstähle und Überfälle in Mexiko und Mittelamerika erzählt. Oft sind die Vorfälle übertrieben dargestellt. Natürlich sollte jeder ständig vorsichtig sein, denn Gelegenheit macht eben Diebe! Es gibt ein paar Grundregeln auf Reisen in ferne Länder, die man unbedingt beachten muß:

Die wichtigsten Grundregeln: **Geld und Personalausweis immer am Körper tragen.** Als Aufbewahrungsort eignet sich am besten ein Brustbeutel oder, noch sicherer, ein Geldgürtel. Keine Wertsachen in die hinteren Hosentaschen! Bequem und sicher trägt man einen Brustbeutel in der vorderen Hosentasche, die Kordel wird mit einer Gürtelschlaufe verknotet. Kameras und Handtaschen umhängen und nicht lose in der Hand tragen. Besondere Vorsicht auf Märkten, Flugplätzen und Bahnhöfen und überall dort, wo Gedränge herrscht. Gepäck nie allein stehen lassen, Wertsachen nicht im Hotel zurücklassen, Fotoapparate bei der Rezeption gegen Quittung abgeben. Autos über Nacht ausräumen, am besten auf bewachten Parkplätzen parken.

Obwohl wir dergleichen nicht erlebt haben: die Berichte von Überfällen auf Autotouristen im Hochland um Tuxtla-Gutierrez häufen sich. Schon aus diesem Grund sollte man Nachtfahrten vermeiden.

Setzt man umsichtiges Verhalten voraus, was ja in einem fremden Land selbstverständlich sein sollte, ist Mexiko kein besonders ›gefährliches‹ Land, eine Reisegepäckversicherung ist aber in jedem Fall zu empfehlen. Falls Sie bestohlen wurden, müssen Sie sich von einer Polizeibehörde eine Bescheinigung ausstellen lassen, aus der hervorgeht, was gestohlen wurde.

Erfahrene Reisende deponieren Fotokopien der Personalpapiere und von Reisescheckquittungen an mehreren Orten oder tauschen sie mit dem Reisebegleiter. Dies erleichtert die Wiederbeschaffung der Papiere.

Einkäufe

In allen größeren Städten findet man Supermärkte und Kaufhäuser; auch Läden, die Kunsthandwerk zu staatlich kontrollierten Preisen verkaufen. In den genannten Geschäften sowie in Hotels und Restaurants ist Handeln nicht üblich. Auf Märkten dagegen wird der Preis prinzipiell ausgehandelt. Handeln ist hier eine Selbstverständlichkeit, wohl auch Ausdruck der kommunikativen Lebensart der Mexikaner. Als Tourist wird man Ihnen gegenüber einen etwas höheren Preis ansetzen, dies läßt sich nicht vermeiden. Als Faustregel mag gelten, daß man durch geschicktes Handeln den ursprünglich genannten Preis um ein Drittel reduzieren kann. Wer sich wie ein ›Gringo‹ – dies ist die landesübliche Bezeichnung für Nordamerikaner – benimmt, wird kein allzu gutes Geschäft machen können. Deutsche und Europäer sind dagegen sehr beliebt in Mexiko. Zeigen Sie Ihre Nationalität, Sie werden über die Gastfreundschaft erstaunt sein.

Der ausgeprägte Geschäftssinn der Mexikaner führte auch dazu, daß die Preise für Kunsthandwerk und auf Märkten in Touristengegenden stark überhöht sind. Ausdrücklich warnen muß man vor den sogenannten *›echt an-*

tiken Stücken‹, Skulpturen, etc., die oft vor der verkaufsfördernden Kulisse der archäologischen Stätten angeboten werden. Es handelt sich garantiert um Imitationen, allein schon deshalb, weil der Verkauf und die Ausfuhr auch des kleinsten archäologischen ›Steinchens‹ verboten ist.

Essen und Trinken

Die mexikanische Küche ist abwechslungsreich und exotisch. Die Speisen sind meist scharf gewürzt, fast immer mit dem allgegenwärtigen *Chilli.* Wer dies nicht möchte, sollte seine Speisen ›*sin Chilli*‹, ohne Chilli, bestellen. Die Küche in den großen Ferienhotels ist dem internationalen Durchschnittsgeschmack angeglichen.

Die Essenszeiten liegen später als gewohnt: Das Frühstück ›*Desayuno*‹ wird zwischen 8 und 11 Uhr eingenommen. Es ist sehr reichhaltig, oft mit Eiern, Obst und Fleisch. Mittagessen ›*Comida*‹ oder ›*Almuerzo*‹ ist zwischen 13 und 16 Uhr. Viele Restaurants, besonders die preiswerten, in denen auch Einheimische essen, bieten ein billiges Tagesgericht an: ›*Comida Corrida*‹. Das Abendessen ›*Cena*‹ ist die Hauptmahlzeit des Tages. Es wird ab 20 Uhr eingenommen.

Auch in kleineren Städten ist die Auswahl an Restaurants recht groß, denn auswärts essen ist für Mexikaner eine Selbstverständlichkeit. Die Preise sind deshalb sehr günstig: Ein Essen in einem durchschnittlichen Restaurant kostet ohne Getränke etwa 6,– DM. In den Touristenorten sind die Speisekarten mehrsprachig.

Als Tourist, vor allem aber am Anfang der Reise, sollte man die kleinen, hygienisch oft nicht einwandfreien Garküchen und Taco-Stände meiden, auch wenn es noch so verlockend duftet und brodelt! Das Restaurantangebot in Mexico-City ist riesengroß und entspricht internationalem Standard, das gleiche gilt für die Ferienorte an der Küste.

Getränke

Nie Leitungswasser trinken! Wenn irgend möglich nur in Flaschen abgefüllte Getränke konsumieren! Das Nationalgetränk ›*Pulque*‹, ein vergorener Agavensaft, ist nicht jedermanns Sache und ist mit Vorsicht zu genießen. Es wird mehr und mehr vom Bier verdrängt. In Hotels und Restaurants wird zu jedem Essen einwandfreies Trinkwasser in Karaffen auf den Tisch gebracht. Weine sind in Mexiko teuer und von fragwürdiger Qualität. Bier, ›*Cerveza*‹, ist außerordentlich beliebt, ein zweites Nationalgetränk. Es ist preiswert und in guter Qualität überall erhältlich. Bekannte Marken sind: ›*Carta Blanca*‹, ›*Doble XX*‹, ›*Corona*‹.

Besondere Erwähnung verdienen die frischgepreßten, herrlich aromatischen *Fruchtsäfte,* die man unbedingt versuchen sollte. Und natürlich gibt es den berühmten Nationalschnaps ›*Tequilla*‹, hergestellt aus Agaven, außerdem alle international bekannten Spirituosen, die aber recht teuer sind.

Feiertage

›*Fiestas*‹ gehören zum traditionellen Bestand des kulturellen Lebens in Mexiko. Die Kunst des Feierns und Zelebrierens hat sich in Mexiko noch ungebrochen erhalten. Neben den nationalen Feiertagen hat jede Region, jedes Dorf, noch zahlreiche Festtage, meist mit religiösem Ursprung. Die Feiern sind ungewöhnlich lebendig und farbig, für wenige Stunden verschwinden die sozialen Hierarchien. »Die Liebe kennt keine Unterschiede mehr« schrieb *Octavio Paz* einmal begeistert.

Über die lokalen Feiertage und Feste informieren Sie die lokalen Touristenbüros. Die folgenden Tage sind **nationale Feiertage:**

1. Januar, Neujahr, oft Umzüge

5. Februar, Nationalfeiertag zur Erinnerung an die Verfassung von 1857 und 1917

21. März, Geburtstag des legendären Präsidenten Benito Juarez

Gründonnerstag – Karfreitag – Ostern

1. Mai

16. September, Unabhängigkeitstag

1. November

20. November, Nationalfeiertag anläßlich der Revolution von 1910

25. Dezember

Weitere überregional bedeutende Festtage:

17. Januar, Tag des heiligen Antonius. Tiere werden geschmückt und in der Kirche gesegnet. Ebenso am 15. Mai, dann werden auch Landmaschinen geschmückt (Tag des heiligen Isidor, dem Schutzheiligen der Landarbeit)

5. Mai, zur Erinnerung an den Sieg über die französischen Truppen bei Puebla

Fronleichnamstag, große Feierlichkeiten in Veracruz

12. Oktober, Entdeckung Amerikas durch Kolumbus

16.–24. Dezember, die Zeit der ›Posadas‹, der vorweihnachtlichen Bräuche

Zur Karnevalszeit in ganz Mexiko Feste (siehe auch S. 263).

Fotografieren und Filmen

Foto- und Filmmaterial erhält man in Mexiko an zahlreichen Stellen, insbesondere die Firma Kodak ist stark vertreten. Die Preise sind ähnlich wie in Deutschland. Kurzfristige Fotoreparaturen in Mexico-City:

Mecanica Central Fotographica
Av. Juarez 95

Taktvolles und zurückhaltendes Verhalten beim Fotografieren sollte eine Selbstverständlichkeit sein. Dies gilt besonders abseits der Touristenmetropolen auf dem freien Land und gegenüber Indios, deren Würde man respektieren sollte. In abgelegenen Gebieten erfreut ein kleines Geschenk die Fotografierten, gerade Kinder, ganz besonders. Falls Sie nicht sicher sind, ob Sie fotografieren dürfen: *»Darf ich?«* heißt *»Me permite?«*

Geld und Geldwechseln

Die mexikanische Währung ist der *Peso* ($). Das Währungszeichen darf nicht mit dem gleichen Zeichen für den US $ verwechselt werden. Der Peso ist in 100 Centavos unterteilt. Im Umlauf sind Banknoten zu 1000, 500, 100, 50, 20,

10 Pesos und Münzen zu 5 und einem Peso, 50, 20, 10 und 5 Centavos. Es ist stets ratsam, einen Vorrat an kleinen Scheinen bei sich zu haben. Der Wechselkurs in Mexiko liegt bei 12,5 Pesos für 1 DM (Stand von 1980).

Geldwechseln: Banken sind wochentags von 9–13 Uhr geöffnet, samstags und sonntags geschlossen. *Täglich 24 Stunden geöffnet ist der Schalter der ›Banco de Mexico‹* auf dem Flugplatz von Mexico-City. Mit leichten Kursverlusten kann man praktisch rund um die Uhr an den Rezeptionen der großen internationalen Hotels tauschen.

Es kann vorkommen, daß die Banken auf den Ferieninseln, speziell auf Isla Mujeres, wegen ihrer Monopolstellung zu einem ungünstigen Kurs tauschen. Es ist deshalb das beste, wenn man in größeren Städten tauscht (siehe auch S. 227).

Geschäftszeiten

In den Städten sind die Geschäfte meist zwischen 10 und 19 Uhr geöffnet, manchmal auch länger. Über die Mittagszeit werden kleinere Geschäfte geschlossen. Auf dem Land haben die Läden manchmal auch sonntags geöffnet, weil Sonntag oft Markttag ist. Regelmäßige Geschäftszeiten sind allgemein nur in größeren Städten üblich.

Weitere Öffnungszeiten:

Banken, Montag bis Freitag 9 bis 13 Uhr

Post, werktags 9 bis 18 Uhr, in Großstädten auch Sonntag, 9 bis 13 Uhr

Telefonamt, 8 bis 21 Uhr

Telegrafenamt, 8 bis 24 Uhr
Gewisse Abweichungen sind üblich.

Büros der *Luftverkehrsgesellschaften* und *Agenturen* haben meist von 9 bis 17 Uhr geöffnet – bei etwa zwei Stunden Mittagspause. Geschäfte, die den ›Sanborn's‹ Restaurants angegliedert sind, haben auch sonntags geöffnet (speziell in Mexico-City).

Gesundheit

Die lange Flugreise, ungewohnte Umgebung und Höhenlage (oft über 2000 Meter), das Klima und das exotische Essen belasten jeden Organismus. Deshalb sollte jeder, gerade in den ersten Ferientagen, kein allzu großes Programm haben. Der Körper muß sich erst an die neuen Verhältnisse gewöhnen. Geruhsamer Ferienbeginn ist mit die beste Gesundheitsvorsorge.

Die bei weitem häufigsten Erkrankungen bei Mexikotouristen sind Magen- und Darmstörungen, verbunden mit Durchfall und hohem Flüssigkeitsverlust. ›Tourista‹ sagen die Mexikaner dazu, die aber auch nicht alle davon verschont bleiben. Sicher sind die hygienischen Verhältnisse in Mexiko schlechter als in Mitteleuropa, aber mit einiger Vorsicht kann man ›Moctezumas Rache‹ durchaus vermeiden, denn es gilt die Regel: »Erst die Menge macht das Gift«. **Deshalb nie Leitungswasser trinken, auch zur Zahnpflege nur das Wasser in den Karaffen verwenden, kein ungeschältes Obst, keine offenen Getränke, nichts von Straßenständen, Tacobuden und zweifelhaften Lokalen essen.**

Falls es einen doch erwischt hat, braucht man nicht allzu besorgt zu sein, die übliche ›Tourista‹ dauert selten länger als zwei bis drei Tage. Medikamente siehe S. 225f., 229. Wichtig ist, daß dem Körper die verlorenen Flüssigkeits- und Salzmengen wieder zugeführt werden. Bei länger anhaltendem Durchfall sollte man unbedingt einen Arzt aufsuchen. Adressen von englisch- und deutschsprechenden Ärzten vermittelt die Botschaft, Adresse S. 232. Die Ärzte im Land haben verständlicherweise einige Erfahrung in der Behandlung dieser Erkrankung.

Kopfschmerzen sind häufig auf Salzmangel, verursacht durch starkes Schwitzen, zurückzuführen. In den tropisch heißen Regionen muß man stets für genug Flüssigkeits- und Salzaufnahme sorgen.

Erkältungskrankheiten werden durch die teilweise hohen Temperaturunterschiede und durch Klimaanlagen begünstigt. Wer verschwitzt aus der tropischen Hitze in einen kühlen, klimatisierten Bus einsteigt, provoziert eine Erkältung geradezu.

Offene Wunden wegen der Infektionsgefahr sofort desinfizieren. Vorsicht auch in der ungewöhnlich intensiven Sonne, bei längerer Sonnenbestrahlung unbedingt eine Kopfbedeckung tragen!

Erfahrene Reisende bestätigen aber immer wieder, daß bei vorsichtigem Verhalten, vernünftigen Essensgewohnheiten und vor allem bei einem maßvollen Besichtigungsprogramm ohne Überanstrengungen keine übermäßigen gesundheitlichen Risiken bestehen.

Handeln

Handeln können Touristen in Mexiko nur auf Märkten. Mexikaner sind Europäern in dieser Hinsicht weit überlegen, und sie wissen dies. Allzu günstig kann man als Tourist ohnehin nicht einkaufen, trotzdem sind die Preise auf Märkten ungewöhnlich niedrig. Teuer dagegen sind die Märkte in den Touristenzentren.

Nehmen Sie sich Zeit zum Handeln, treten Sie freundlich und zurückhaltend auf, allzu großes Kaufinteresse treibt den Preis. Gegen Ende eines Auslandsaufenthalts handelt jeder besser als am Anfang (siehe auch S. 234 Einkäufe, S. 239 Märkte).

Hotels

In Mexiko gibt es zahlreiche Hotels für alle Ansprüche und in allen Preisklassen, in denen sich jeder wohlfühlen kann. Besonders schön sind die Hotels, die in den prachtvollen Kolonialhäusern und in ehemaligen Haciendas eingerichtet wurden: Das Wohnen in solcher Umgebung wird zum Erlebnis. Die Hotelpreise sind staatlich kontrolliert. Sie liegen weit unter denen vergleichbarer Hotels in Mitteleuropa, Ausnahmen sind die Luxushotels der Ferienorte, die durchweg recht teuer sind. In den Ferienorten schwanken die Hotelpreise je nach Saison erheblich. In den Badeorten gilt der Winter als Hochsaison (siehe auch S. 226f.).

Ein paar Tips für Touristen, die auf eigene Faust reisen: Nutzen Sie den stets zuverlässigen Service der Reservierungsbüros und der Touristenbüros, die es auf allen großen Flugplätzen und Busbahnhöfen gibt. Die Angestellten reservieren für Sie ein Hotel oder suchen ein Hotel in der gewünschten Preislage. Die zermürbende Rennerei nach Zimmern in einer heißen Stadt bleibt Ihnen so erspart. Man kann auch ohne weiteres vom jeweils bewohnten Hotel aus das nächste reservieren lassen. Das mexikanische Verkehrsamt versendet eine Hotelliste mit Preisangaben. Auf diese Weise kann man sich einen ersten Überblick verschaffen. Die Zimmerpreise müssen immer an der Zimmertür angeschlagen sein. Vorsicht vor den Hotelempfehlungen von Taxifahrern!

Kino

Kinos gibt es in allen größeren Städten, meist werden die neueren amerikanischen Filme gezeigt, spanisch synchronisiert, teilweise auch englisch mit spanischen Untertiteln.

Kleidung

Wegen der sehr unterschiedlichen klimatischen Verhältnisse sollten Sie Kleider für alle Fälle im Reisegepäck haben. Wichtig sind: leichte, luftige Baumwollstücke (langärmlig) für heiße Gebiete, Kopfbedeckung, Regenschutz, warme Wollsachen für die kühlen Nächte im Hochland. Unerläßlich sind auch feste Schuhe zur Besichtigung der archäologischen Stätten.

Kurze Hosen, Shorts und Bikinis sind nur in Badeorten die richtige Kleidung zum Einkaufsbummel. Ansonsten ist man mit leichter und dezenter Kleidung auch in Luxushotels richtig angezogen.

Kreditkarten

Das Kreditkartenwesen ist in Mexiko sehr gebräuchlich. Es werden die Karten aller internationalen Gesellschaften und ›Eurocard‹ akzeptiert. Beim Automieten ersparen Kreditkarten das übliche Hinterlegen hoher Depotsummen.

Märkte

Märkte sind eine feste Institution im Alltagsleben von Mexiko und erfüllen wichtige Versorgungsaufgaben. Das Marktwesen ist überall im Land sehr ausgeprägt und trotz der neuen Einkaufsmöglichkeiten in Supermärkten von großer Bedeutung. Für Touristen sind Märkte vor allem deshalb interessant, weil sie einen direkten Einblick in das soziale Leben ermöglichen. Wohl nirgends sonst kann man in so kurzer Zeit und auf so engem Raum mehr über Lebensgewohnheiten, Land und Leute erfahren.

Museen

Die Öffnungszeiten der Museen sind unterschiedlich. Größere Museen haben ohne Mittagspause durchgehend geöffnet, meist von 9–17 Uhr. **Fast alle Museen sind montags geschlossen.**

Einige besonders sehenswerte Museen:

Das Anthropologische Museum in Mexico-City (Museo Nacional de Antropología)

Jeder, der sich für die alten Kulturen des Landes interessiert, sollte dieses einzigartige Museum besuchen, möglichst bevor er die verschiedenen archäologischen Stätten Mexikos bereist.

Das Museum, mit dessen Konstruktion 1960 begonnen wurde, liegt im *Park von Chapultepec* an der Prachtstraße Paeso de la Reforma und nimmt eine Fläche von 125 000 Quadratmetern ein. Es gehört zu den größten und bedeutendsten Museen der Welt. Architekten, Historiker, Archäologen und Ethnologen fanden sich hier zu einer Arbeitsgemeinschaft zusammen, aus der eine ganz großartige Schöpfung hervorging. Dies gilt für die Museumsarchitektur, die Inneneinrichtung und für die perfekte Präsentation der Werke. Obwohl die meisten Objekte, die dort ausgestellt sind, wahre Kunstwerke darstellen, ist doch das Museum nicht ein ›Museo de Arte‹, sondern ein ›Museo de Historia‹. Es soll dem Publikum vor allem die Entwicklung und die historischen Zusammenhänge der großen prähistorischen Kulturen in Form von prachtvollen Funden, von Modellen, Dioramas, Plänen und Fotografien vor Augen führen.

Schon die Lage des Museums am Rande des herrlichen Parks von Chapultepec, jenem historischen Platz, an dem sich die Azteken nach ihrer langen Wanderschaft niederließen, ist einzigartig. Der Besucher gelangt zunächst durch das Vestibül in einen riesigen Innenhof. In seiner Mitte steht ein gewaltiger Betonpilz, der mehr als 4000 Quadratmeter Fläche hat. Von dieser Fläche träufelt ständig Wasser wie Regen herab, fließt aber nicht in ein Bassin, sondern verschwindet durch feine Löcher im Betonboden. Danach wird das Wasser wieder nach oben gepumpt, der Kreislauf schließt sich, Symbol für Leben und Fruchtbarkeit.

Um den Innenhof gruppieren sich die Ausstellungssäle, in denen alle bedeutenden alten Kulturen Mexikos vertreten sind. Der Museumsrundgang beginnt im ersten Saal rechts, wo zunächst ein anthropologischer Überblick über die Erde und ihre Evolution gegeben wird. Dann werden in verschiedenen Sälen sämtliche Zivilisationen Mesoamerikas präsentiert. Die Anordnung der Funde ist chronologisch und endet jeweils mit der Periode, die zur Ethnographie unserer Zeit überleitet. Die Ausstellungsräume im oberen Stock des Museums bilden praktisch ein eigenes Museum für sich, das ›**Museo Nacional de Etnologia**‹. Hier findet man, in direktem Bezug zu den Räumen darunter, Stücke aus den ethnographischen Regionen, in deren Bereich heute noch Indianerstämme leben. Die oberen Stockwerke vermitteln einen anschaulichen Überblick über die heute noch existierenden Indianerkulturen und deren soziologische Vielfalt. Wie erwähnt, sind die beiden Stockwerke des Museums aufeinander abgestimmt. So stellt sich die Kulturgeschichte des Landes in einer historischen und einer noch aktuellen Dimension dar.

Alles Material, das bei archäologischen Forschungen gesammelt wird, konzentriert sich zunächst im Anthropologischen Museum. Die Sammlungen bilden den Grundstock für viele andere Museen, die das ›Instituto Nacional de Antropologia‹ in mehreren Föderalstaaten unterhält (Farbt. 19–22).

Auf der linken Seite der Eingangshalle ist ein Verkaufsstand, an dem eine Vielzahl von archäologischen und ethnologischen Publikationen verkauft wird. Interessant ist auch das reichhaltige Angebot an amerikanischen und englischen Reiseführern und Straßenkarten, die hier mindestens um die Hälfte billiger als in Deutschland angeboten werden. Beim Museum ist auch ein gutes Restaurant.

Das Museum ist geöffnet: Di.–Sa. 9–19 Uhr, So. 10–18 Uhr, Mo. geschlossen. Deutschsprachige Führung, Dauer: 1 Stunde, Preis: 1,– DM.

Anfahrt: Mit dem Bus Nr. 100, der entlang der Reforma verkehrt; mit der U-Bahn bis Station Chapultepec; zu Fuß 20 min. ab Zona Rosa entlang der Reforma.

Im Chapultepec-Park liegen eine Reihe weiterer interessanter Museen, die man am bequemsten zusammen mit dem Anthropologischen Museum besuchen sollte: So das ›**Museo de Arte Moderno**‹, ein moderner Glasbau von *Pedro Ramirez Vazquez,* dem Architekten, der auch das Anthropologische Museum entwarf. Ausgestellt sind hier die Werke der mexikanischen Malerei des 19. und 20. Jahrhunderts, darunter die der drei großen ›Muralisten‹ (Freskenmaler) *Rivera, Orozco* und *Siqueiros.* Daneben aber auch präkolumbische Stücke aus *El Tajín, Monte Albân* und anderen Stätten.

Geöffnet von 10–17 Uhr, Mo. geschlossen.

Oberhalb des Museums liegt im alten Schloß, auf dem Hügel von Chapultepec, das ›**Museo Nacional de Historia**‹. Es enthält in einem schönen Barockpalais Sammlungen zur Geschichte Mexikos seit der Eroberung durch die Spanier.

Geöffnet tägl. 9–17 Uhr, So. 10–13.30 Uhr, Mo. geschlossen.

Von der Schloßterrasse des Museums aus genießt man einen herrlichen, weiten Blick auf die Riesenmetropole.

Sehr lohnend ist auch der Besuch des ›**Museo Anahuacalli Diego Riveira**‹ in Mexico-City. Der eigenwillige Museumsbau wurde vom berühmten mexikanischen Maler und Muralisten *Diego Rivera* gestiftet. Von Muralisten wurden Außen- und Innenfassaden von bedeutenden Gebäuden bemalt, eine Fortführung der Tradition vorkolumbischer Freskenmalerei und Bildersprache, die dem Volk sein Wesen und seine Entwicklung bewußt machen soll. Das Museum beherbergt die kostbare Sammlung präkolumbischer Stücke des Malers, die hauptsächlich aus dem Norden des Landes stammen. Das Museum liegt etwas außerhalb im Stadtteil *Coyoacan* im Süden der Stadt. Erreichbar am einfachsten mit dem Bus mit der Aufschrift ›Abad-Tlalpan‹, der südlich ab Av. Pino Suarez fährt, oder mit dem Taxi.

Geöffnet Di.–Sa. 10–18 Uhr, Mo. geschlossen.

Einen Teil der imposanten Wandmalereien von Diego Rivera kann man im **Nationalpalast** (›Palacio Nacional‹), dem Amtssitz des Präsidenten von Mexiko, besichtigen. Der Palast liegt an der Ostseite des Zocalo, so heißt der Hauptplatz aller mexikanischen Städte.

Der Nationalpalast ist tägl. von 9–13 Uhr geöffnet, außer Mo.

Die Fahrt zum Zocalo lohnt auch wegen der ›**Catedral Metropolitana**‹, der größten Kathedrale Amerikas. Anfahrt mit dem Bus mit der Aufschrift ›Zocalo‹ ab Reforma oder mit der U-Bahn. Nur 10 min. zu Fuß vom Zocalo überragt der **›Torre Latinoamericano‹** die Stadt, mit 44 Stockwerken zählt der Turm zu den höchsten Bauwerken in Lateinamerika. Vom Restaurant in der Spitze des Turmes genießt man ein einmaliges Panorama. Den gesamten Zocalo übersieht man wunderbar vom Restaurant des Hotels *›Majestic‹* aus; das Hotel liegt am Zocalo an der Avenida Madero 73.

Weitere Museen:

›Pinacoteca Virreinal de San Diego‹, an der Westseite des *Alameda-Parks,* zur Reforma hin, bei der Calle Dr. Mora. Eine reiche Sammlung mexikanischer Gemälde aus der Kolonialzeit, vorwiegend Tafelbilder des Kolonialbarock.

Lohnend ist auch ein Besuch des **›Museo de la Ciudad‹**, in der Avenida Pino Suarez, fünf Minuten zu Fuß, südlich vom Zocalo. In einem alten Barockpalais wird in 27 Sälen die Entwicklung der Stadt dargestellt.

Die Hauptstädte der einzelnen Bundesstaaten haben alle Regionalmuseen von teilweise recht großer Bedeutung, im folgenden eine Auswahl von lohnenden Museen:

Eines der schönsten Museen im Lande ist das in **Oaxaca,** neuerdings in einem alten Dominikanerkloster untergebracht (**›Museo del Estado‹** = Staatsmuseum). Hier befindet sich der berühmte *Schatzfund aus dem Grab 7 von Monte Albán* und die beste Sammlung zapotekischer und mixtekischer Grabplastiken. Das wirklich sehenswerte Museum in schöner Umgebung liegt am nördlichen Ende der Av. 5 de Mayo hinter der Kirche *›Santo Domingo‹*, 15 min. zu Fuß vom Zocalo entfernt.

Geöffnet tägl. 10–13 und 16–19 Uhr, Mo. geschlossen.

Die Kirche **›Santo Domingo‹** verdient eine Erwähnung, sie gehört mit der unglaublich reichen und prächtigen Innenausstattung zu den prunkvollsten Kirchen des gesamten iberischen Kulturraumes.

Das **›Museo Rufino Tamayo‹** ist ein weiteres hervorragendes Museum in Oaxaca. Der bedeutende Maler *Rufino Tamayo* hat hier in einem eigenen Gebäude seine Sammlung präkolumbischer Kunst ausgestellt.

Geöffnet von 10–14 und 16–19 Uhr, Di. geschlossen.

Av. Morelos 503, 5 min. zu Fuß, nordwestlich vom Zocalo.

In Villahermosa, einer Stadt, die ansonsten wenig außer Hitze und Hektik zu bieten hat, gibt es für archäologisch Interessierte zwei wichtige Plätze: Erstens das **›Museo de Tabasco‹**, das wegen seiner zahlreichen bedeutenden Stücke, vor allem aus der Olmeken- und Mayakultur, weit über die regionalen Grenzen hinweg beachtet wird.

Geöffnet von 10–13 und 17.30–20 Uhr, Mo. geschlossen.

Das Museum ist klimatisiert und eignet sich gut zum Ausspannen in der tropisch heißen Stadt. Es liegt 10 min. zu Fuß vom Zentrum entfernt an der Abzweigung der Calle Madero von der breiten Uferstraße Malecon.

Die zweite Sehenswürdigkeit ist das **tropische Freilichtmuseum** im ›*La Venta*‹-*Park,* der nahe beim Flughafen liegt. Hierher wurden die berühmten *20 Tonnen schweren Olmekenköpfe* verfrachtet, die in ›La Venta‹ gefunden wurden. Inmitten tropischer Umgebung wirken die mächtigen Skulpturen ungemein eindrucksvoll. *Unbedingt Mückenschutz mitnehmen.*

Geöffnet von 8.30–17 Uhr.

Anfahrt am besten mit dem Taxi oder zu Fuß vom Flugplatz aus. Wegen der Nähe zum Flugplatz kann der Park auch zwischen zwei Flügen besucht werden. Man spart so eine Übernachtung in Villahermosa, wo die Zimmer sehr knapp und übermäßig teuer sind. Durch die nahen Ölfunde wurde die Stadt entwurzelt und ›verdorben‹.

In Merida auf der Halbinsel Yukatán wäre vor allen das **archäologische Museum** zu nennen. In einem ansprechenden Gebäude der Jahrhundertwende sind bedeutende Objekte, insbesondere der Mayakultur ausgestellt. Ein Besuch des Museums lohnt gerade dann, wenn man später die Reise zu den zahlreichen archäologischen Stätten Yukatáns antritt.

Geöffnet von 8–20 Uhr, So. 8–14 Uhr, Mo. geschlossen.

Zu Fuß 20 min. vom Zocalo, liegt das Museum am Paeso de Montejo Nr. 485. Anfahrt auch mit den Bussen Nr. 37 oder 70, ab Ecke Calle 58/59. Die gleichen Busse fahren ins Zentrum zum Zocalo zurück.

Die Auswahl der oben genannten Museen erfolgte nicht zufällig. Neben ihrer kulturellen Aussagekraft haben die Museen noch einen anderen Vorteil: Mexico-City, Oaxaca, Villahermosa und Merida sind die klassischen Stützpunkte für einen Besuch der archäologischen Stätten in Ostmexiko, so daß sich auf sinnvolle Art das Reisen zu den archäologischen Stätten mit interessanten Museumsbesuchen verbinden läßt (weitere Details und Stützpunkte siehe *S. 252ff.**).*

Zwei weitere Museen sollen noch wegen ihrer besonderen Bedeutung erwähnt werden:

Wer sich für Kolonialkunst interessiert, sollte unbedingt das ›**Museo Nacional del Virreinato**‹ (Museum der Vizekönigszeit) in **Tepotzotlán** besuchen. Die riesige Anlage des Jesuiten-Ordens entstand am Ende des 18. Jahrhunderts in der Blütezeit des Espite-Stils. Die Kirche mit ihren mächtigen Altären ist in den Museumskomplex eingeschlossen. Zahlreiche Säle enthalten viele Bilder der wichtigsten Maler der Kolonialzeit sowie hervorragende Sammlungen des Kunstgewerbes des 16. bis 18. Jahrhunderts. Der Besuch läßt sich am besten mit dem der Ruinen von **Tula** verbinden. Tepotzotlán liegt 44 km nördlich von Mexico-City, 1,5 km abseits der Autobahn nach Querétaro, einer netten Kleinstadt mit Kolonialstimmung (vgl. auch S. 259/Tula).

In der Universitätsstadt **Jalapa,** die zugleich Hauptstadt des Bundesstaates Veracruz ist, steht das neben dem von Mexico-City wichtigste archäologische Museum des Landes. Im ›**Museo de la Universidad Veracruz**‹ befindet sich eine der schönsten Steinplastiken Mexikos, der ›*Sacerdote de las Limas*‹, ein 55 cm hoher und 60 Kilogramm schwerer Jadeit. Die Statue hat bisher nur einmal das Land verlassen, und zwar zu einer Ausstellung in der *Villa Hügel* in Essen (siehe auch S. 261).

Polizei

Bei kleineren Meinungsverschiedenheiten, zum Beispiel bei Parkangelegenheiten, beseitigt eine kleine ›Aufmerksamkeit‹ in Form von 50 oder 100 Pesos oft alle Schwierigkeiten. Niemand in Mexiko würde dies Bestechung nennen, es handelt sich nach Landesauffassung eher um eine ›Regelung‹ unter Partnern. Eine Zeitung in Mexiko berichtete einmal, die Gesetzeshüter in Mexico-City hätten auf diese Weise 250 Millionen Mark ›abgeschöpft‹. Eine ›Handsalbe‹, wie man in Mexiko beziehungsreich sagt, erleichtert auch die Abwicklung von Verwaltungsangelegenheiten und sonstigen schwierigen Abläufen ganz erheblich.

Bei größeren Zwischenfällen, Verkehrsunfällen, etc. sollte man aber umgehend die Botschaft oder ein Konsulat verständigen. Diese Stellen vermitteln deutschsprechende Rechtsanwälte.

Post

Postämter sind im allgemeinen von 9–18 Uhr geöffnet, in Großstädten manchmal auch Sa. und So. von 9–13 Uhr. Post heißt ›*Correos*‹. Postlagernde Sendungen heißen ›*Lista de Correos*‹. Briefmarken, ›*Timbres*‹, erhält man auch an der Hotelrezeption. Luftpostbriefe und Luftpostkarten nach Europa kosten das gleiche, zur Zeit, 1980, 4,30 Pesos. Briefe und Karten am besten fertig frankiert an der Rezeption größerer Hotels abgeben oder an den Postämtern einwerfen. Westdeutschland heißt ›*Alemania Occidental*‹. Für Telegramme gibt es eigene Telegrafenämter, die meist von 8–24 Uhr geöffnet haben.

Schuhputzer

In Mexico-City und anderen Großstädten gehören zahlreiche Schuhputzer zum Straßenbild in der City. Nicht zuletzt erfüllen sie für die Einheimischen auch die Funktion einer lokalen Nachrichtenquelle. Schuhe putzen kostet zwischen 5 und 10 Pesos.

Sprache

Die offizielle Landessprache in Mexiko ist Spanisch, gesprochen mit einem einzigartigen, unnachahmlichen Akzent. Zahlreiche Worte der einzelnen Indiosprachen wurden in das Spanische aufgenommen. Außerdem existieren noch zahlreiche lokale Indiosprachen wie die Náhuatl- und Maya-Sprache.

Die *Náhuatl-Sprache,* die zur utoaztekischen Sprachfamilie gehört, wurde von den Tolteken und Azteken gesprochen. Die letzteren machten sie zur offiziellen Sprache ihres Reiches. Sie wurde in Bilderschrift-Zeichen geschrieben, die sowohl phonetische als auch ideographische Aussage besaßen. Zur Zeit der Konquista übertrugen die Spanier das Náhuatl in die lateinische Schrift. Auch heute sprechen noch verschiedene Gruppen der Náhua-Indios, die im Hochland von Mexiko oder in verschiedenen Staaten wie Tlaxcala Guerrero leben, die Náhuatl-Sprache.

Die Indios, die in nachkolumbischer Zeit noch existieren, gliedern sich in zahlreiche Völker und Stämme, deren Sprachen und Dialekte die große Maya-Sprachfamilie bilden. Ihr Verbreitungsgebiet erstreckt sich vornehmlich über die Tiefländer Mexikos, Guatemalas und Honduras, aber auch im Hochland von Guatemala werden von den sogenannten Hochland-Maya *Maya-Dialekte* gesprochen. Zu den mayaoiden Sprachen rechnet man auch die Sprache der Huaxteken, die im Grenzgebiet der beiden mexikanischen Staaten Veracruz und San Luis Potosí leben. Wahrscheinlich handelt es sich hier um Völkerschaften, die bei einer Südwanderung der Maya zurückgeblieben sind. Auch die Maya bedienten sich einer Schrift, die jedoch im Gegensatz zu der Schrift der Náhua-Stämme eine ideographische, eine Begriffsschrift ist, die vielleicht nur zur Vervollständigung der Hieroglyphenbilder eine Anzahl feststehender phonetischer Zeichen hatte.

Sprachkenntnisse

In praktisch allen größeren Hotels und in vielen Geschäften der Großstädte kann man sich als Tourist auch auf Englisch verständigen. Deutsch wird nur sehr selten gesprochen. Trotzdem sind Spanischkenntnisse, auch wenn sie noch so gering sein mögen, von großem Vorteil. Schon mit ein paar Worten Spanisch wird man überall freundlicher aufgenommen. Abseits der Touristenzentren und für Individualreisende sind elementare Sprachkenntnisse unerläßlich. Ein kleiner Sprachführer sollte deshalb in keinem Reisegepäck fehlen.

Strom

Im ganzen Land sind 110 V Wechselstrom üblich, Flachstecker, wie in den USA, sind erforderlich. Zwischenstecker sind in der Regel in den Städten erhältlich.

Taxis

Taxifahren ist in Mexiko preiswert. Taxis verkehren aber oft ohne Taxameter, so daß der Preis vorher ausgehandelt werden muß. In Mexico-City verkehren billige Sammeltaxis, sogenannte ›Collectivos‹, die auf festgelegten Linien verkehren; freie Plätze zeigt der Fahrer durch Handzeichen an. In Mexico-City haben die übrigen Taxis Taxameter. Am preiswertesten sind die gelben VW-Käfer Taxis. Taxis, die vor den Hotels warten, sind meist teurer. Taxistände sind oft durch ein Schild mit der Aufschrift ›Sitio‹ gekennzeichnet. Ein üblicher Taxistandplatz ist auch der Hauptplatz ›Zocalo‹ der Städte (vgl. auch S. 256).

Telefon, Wichtige Telefonnummern, Telegramme

Der örtliche Telefonverkehr erfolgt, wie gewohnt, im Selbstwählbetrieb, Gebühr: 0,20 Pesos. Fernverbindungen innerhalb Mexikos, nach den USA und nach Europa funktionieren im allgemeinen gut, sind aber recht teuer.

Internationale Ferngespräche: 09
(das Vermittlungspersonal spricht englisch)
Ferngespräche in Mexiko: 02
Notruf: 07
Polizei: 06

Nicht nur allgemeine Informationen, sondern auch handfeste Hilfe – etwa für Autofahrer – bietet ein Netz von Hilfstelefonen:

Acapulco 3-01 23
Cancun 3-01 23
Ciudad Juarez 4-01 23
Ciudad Obregon 40 23
Culican 3-09 23
Guadalajara 14-01 23
Guanajuato 2-01 23
Hermosillo 4-01 23
Mazatlan 1-42 10
Merida 3-01 23
Monterrey 44-01 23
Morelia 2-01 23
Oaxaca 6-01 23
Puebla 43-01 23
Puerto Vallarta 2-25 55
Zihuatanejo 4-21 23

Telegramme nimmt die Post nicht auf, zuständig sind die staatlichen ›*Oficinas de Telégrafos*‹. Die Telegrammstation in Mexico-City, ›*Telegramas Internacionales*‹, liegt an der Avenida Balderas 14–16, an der Westseite des Alameda Parks.

Toiletten

Öffentliche Toiletten sind selten, und oft schwer zu finden. Nur die Toiletten der größeren Hotels, die von guten Restaurants und die in wichtigen öffentlichen Gebäuden (Museen) sind sauber und hygienisch. Über den Rest sollte man schweigen. Toiletten heißt ›*Banos*‹, Damen suchen nach der Aufschrift ›*Damas*‹, Herren nach ›*Caballeros*‹.

Trinkgelder

Üblich sind zwischen 10 und 15% des jeweiligen Rechnungsbetrags in Restaurants. Das Trinkgeldwesen ist in Mexiko weitverbreitet; Trinkgeld bewirkt oft Wunder und läßt Unmögliches möglich werden. In Hotels Trinkgeld am Anfang des Aufenthalts geben. Für kleinere Dienstleistungen sind zwischen 5 und 10 Pesos üblich.

Wäschereien

Alle großen Hotels haben gut arbeitende Wäschereien, die von einen Tag auf den anderen Ihre Wäsche waschen. Die Tarife sind niedrig. In jeder größeren Stadt gibt es Wäschereien, ›*Lavanderia*‹, die sehr schnell und zuverlässig arbeiten. Eine Sofortwäscherei mit Automaten, an denen man selbst waschen kann, ist in Mexico-City: Lavanderia Automatica Atoyac, Atoyac Nr. 69, ein Block nördlich der Reforma, in der Nähe vom Chapultepec Park. Die Angestellten sprechen englisch. Geöffnet 9–19 Uhr, So. geschlossen.

Zeitungen

Europäische Zeitungen und Magazine gibt es praktisch nur an den Flughafenkiosken. Nordamerikanische Zeitungen erhält man mit einem Tag Verspätung an allen großen Kiosken. Deutsche Zeitungen (ca. 10 Tage alt) kann man im Lesesaal des Goethe-Instituts, Tonala 43, Mexico-City, lesen.

In größeren Hotels, in den Büros der Reiseagenturen, etc. liegen informative, kostenlose Veranstaltungsprogramme aus. Zum Beispiel ›*The Gazer*‹ und ›*This Week/Esta Semana*‹. Diese Touristenzeitungen sind englisch geschrieben und bringen viele Hinweise und wichtige Adressen.

Zeitunterschied

Im größten Teil von Mexiko gilt die sogenannte ›*Hora del Centro*‹, sieben Stunden früher als die MEZ. Im Westen gilt die ›*Hora de la Montana*‹, acht Stunden früher, im Nordwesten die ›*Hora del Pacifico*‹, neun Stunden früher als die MEZ.

Zocalo

Zocalo heißt der Hauptplatz in allen mexikanischen Städten und Ortschaften. In der Gegend um den Zocalo konzentriert sich meist das städtische Leben, hier liegen die Cafés, Restaurants, wichtigen Büros, Bushaltestellten, Taxistandplätze, etc. Zur Orientierung in einer fremden Stadt ist es deshalb ratsam zuerst den Zocalo zu suchen; von dort läßt sich dann die Stadt entdecken.

Eine Ausnahme stellt in gewisser Weise Mexico-City dar. Hier hat das Touristen- und Nobelviertel ›*Zona Rosa*‹ und die Prachtstraße ›*Paeso de la Reforma*‹ die ausschließliche Bedeutung des Zocalo als Orientierungsregion verdrängt.

Zollbestimmungen bei der Ausreise

Verboten ist die Ausfuhr von Gold und von Antiquitäten aller Art. Vor allem die Ausfuhr von archäologischen Gegenständen ist strengstens untersagt.

Reisen in Mexiko

Entfernungen und damit verbunden die Reisezeiten werden in Mexiko im allgemeinen unterschätzt. Wer längere Entfernungen bequem zurücklegen will, sollte fliegen, denn obwohl es ein gut ausgebautes und organisiertes Busnetz gibt, sind Busfahrten über längere Entfernungen (500 km und mehr) auch mit 1. Klasse Bussen anstrengender und zeitraubender, als man denkt. In besonderem Maße gilt dies für Zugfahrten; die Bahn ist als Verkehrsmittel für Touristen von geringer Bedeutung.

Mit dem Flugzeug

Flugreisen innerhalb des Landes sind gerade für längere Strecken auch bei Touristen sehr beliebt und absolut empfehlenswert. Nur mit dem Flugzeug kann man die großen Entfernungen im Land in kurzer Zeit und ohne allzuviel Anstrengung überwinden.

Das Flugnetz im Land ist dicht und wird im wesentlichen von zwei überregional bedeutenden Gesellschaften gebildet, der staatlichen Gesellschaft ›**Aero-**

mexico‹ und der privatwirtschaftlichen ›**Mexicana**‹. Aeromexico hat innerhalb Mexikos das dichteste Flugnetz, die Verbindungen der Mexicana sind mehr auf die USA ausgerichtet. Mexicana fliegt aber auch einige wichtige Inlandstrekken. Beide Gesellschaften unterhalten Büros in allen größeren Städten des Landes und arbeiten sehr zuverlässig. Preisunterschiede gibt es nicht.

Die Inlandsflugpreise sind relativ niedrig (grober Anhaltspunkt: 100 km kosten 15,– DM). Das mexikanische Verkehrsamt versendet eine Preisliste der wichtigen Inlandflüge, die laufend aktualisiert wird. Wer mit der Gesellschaft Aeromexico ein- und ausreist, hat Anspruch auf die preiswerten ›**Visit Mexiko Tickets**‹. Diese ermöglichen wahlweise 7, 14, 21 oder 45 Tage unbegrenztes Fliegen auf den Aeromexico-Inlandstrecken (Adresse von Aeromexico in Deutschland S. 225).

Während der Hochsaison im Winter, besonders über Weihnachten, Neujahr und Ostern, und auch im Hochsommer sind die Inlandflüge stark belegt und oft ausgebucht. **Es ist unbedingt empfehlenswert, alle geplanten Inlandflüge so früh wie möglich zu reservieren.** Da es sich um Linienflüge handelt, die jederzeit ohne Mehrkosten geändert und umgeschrieben werden können, ist ein frühzeitiges Reservieren ohne Risiko möglich. Gerade während der Hauptreisezeiten bleiben viele Individualreisende auf der Warteliste ›hängen‹, weil dann große Flugkontingente von Pauschalveranstaltern fest gebucht sind. Die Inlandflüge für Mexiko können bereits in Deutschland bei Aeromexico oder einem anderen IATA-Büro reserviert werden. Spätestens aber nach der Ankunft in Mexico-City sollte man sich entsprechend dem geplanten Reiseverlauf sein Flugpaket reservieren lassen. Buchen Sie alle geplanten Flüge auf einmal ›am Stück‹, dies ist billiger als das Buchen von Einzelflügen, weil Sie nur den Preis für den weitesten Flug bezahlen müssen, Zwischenaufenthalte und kleinere Umwege sind bei Linienflügen kostenlos möglich. Dies gilt natürlich nur, wenn die geplanten Flugabschnitte in derselben Richtung liegen. Die englischsprechenden Angestellten der Flugbüros sind sehr hilfsbereit und beraten Sie umfassend bei Ihrer Reisegestaltung. Sie werden dort auch über Sondertarife informiert. So gibt es zum Beispiel die ›*Tarifas de Excursion*‹. Dies sind Ausflugstarife, die dann gelten, wenn Sie zwischen drei und 21 Tagen am Zielort bleiben.

Jeder Flug muß spätestens 24 Stunden vor dem Abflug noch einmal bei der Dienststelle der entsprechenden Gesellschaft bestätigt werden, man nennt das ›*Reconfirmation*‹. Dies ist sehr wichtig, weil es in Lateinamerika viele ›no shows‹ gibt, Passagiere, die einen Flug vorsorglich reservieren, ihn dann aber nicht antreten. Bei versäumter Bestätigung des Flugs wird die Reservierung gelöscht und ein Passagier auf der Warteliste rückt nach. Aus den genannten Gründen hat man auch bei ausgebuchter Maschine und einem vorderen Wartelistenplatz Chancen auf ein Ticket. Internationale Flüge müssen spätestens 72 Stunden vor dem Abflug noch einmal bestätigt werden.

Die Adressen von Flugbüros in wichtigen Städten finden Sie ab Seite 256 bei den einzelnen Städten. Einige Preisbeispiele (Stand 1980):

Mexico-City – Merida 125,– DM
(mit kostenloser Unterbrechung in Villahermosa)
Mexico-City – Oaxaca 65,– DM
Mexico-City – Cancun 150,– DM
(mit kostenloser Unterbrechung in Villahermosa und Merida)

Die auch für Touristen wichtige **Flugverbindung nach Guatemala-City** besteht von zwei Flugplätzen in Mexiko: Ab Mexico-City fliegt die Gesellschaft Mexicana und verschiedene amerikanische Gesellschaften (PanAm) für 120 US $, ab Merida fliegt die guatemaltekische Gesellschaft ›*Aviateca*‹ für 100 US$ nach Guatemala-City.

Mit dem Bus

Der Omnibus ist neben dem Flugzeug das Hauptverkehrsmittel in Mexiko. Das Busnetz ist ausgesprochen dicht, praktisch jede wichtige Strecke wird von mehreren Gesellschaften befahren, die miteinander konkurrieren. Das führt dazu, daß die Fahrpreise sehr niedrig sind: **Busse sind das preiswerteste Verkehrsmittel in Mexiko.**

Es gibt praktisch keinen Ort im Land, den man nicht mit dem Bus erreichen kann. Auf den großen Hauptstrecken verkehren komfortable Überlandbusse erster Klasse mit Klimaanlage und reservierten Plätzen. Diese Busse verkehren im ›Punkt zu Punkt‹-Verkehr, ein Zusteigen ist unterwegs meist nicht möglich.

Außerdem verkehren auf Haupt- und Nebenstrecken Busse zweiter Klasse, die sog. ›Hühnerbusse‹. Diese halten auch unterwegs sehr oft, sind weit weniger komfortabel und haben entsprechend lange Fahrzeiten, dafür ist aber viel Lokales zu erleben. Prinzipiell gilt, daß man auf Busfahrten am meisten von Land und Leuten kennenlernt.

Die vielzitierte halsbrecherische Fahrweise der Busfahrer gehört wohl mehr ins Reich der Touristenlegenden. Natürlich wird forsch und zügig gefahren, aber Angst braucht niemand zu haben.

Die Fahrzeiten, und damit verbunden die Anstrengungen auf längeren Strecken, werden oft unterschätzt. Gebirgige Landschaft, längere Aufenthalte aus unerfindlichen Gründen, Wolkenbrüche in der Regenzeit, all dies erschwert ein schnelles Vorankommen erheblich. Wer lange Strecken mit dem Bus zurücklegen will, sollte unbedingt Busse erster Klasse benutzen. Die ohnehin sehr niedrigen Buspreise der ersten Klasse liegen nur wenig über denen der zweiten Klasse. Busse erster Klasse kommen aber bedeutend schneller ans Ziel. Trotzdem benötigt ein Bus erster Klasse für die Strecke Mexico-City – Villahermosa, die man im Flugzeug in etwas mehr als einer Stunde zurücklegt, mindestens 15 Stunden.

Preisbeispiele und Fahrzeiten auf einigen wichtigen Strecken:

Mexico-City – Oaxaca, 16,– DM,
11 Stunden, 530 km
Mexico-City – Veracruz, 13,– DM,
8 Stunden, 440 km
Mexico-City – Merida, 48,– DM,
30 Stunden, 1525 km.

Das mexikanische Verkehrsamt versendet eine Aufstellung mit Busreisen, Fahrzeiten und Entfernungen.

Noch ein paar praktische Hinweise:
Busse erster und zweiter Klasse haben meist getrennte Busbahnhöfe (Adressen von Busbahnhöfen siehe S. 255 ff. unter den einzelnen Städten). Busbahnhöfe in den größeren Städten sind – entsprechend ihrer Bedeutung – oft eine kleine Welt für sich. Sie haben ein Postamt, Restaurants, Touristenbüro, sanitäre Anlagen, etc. Die Plätze der Busse erster Klasse sind numeriert und reserviert; Karten löst man am besten so früh wie möglich vor der Abfahrt. Größere Gepäckstücke kommen in den Laderaum und dürfen nicht mit in den Fahrgastraum genommen werden. Auf längeren Fahrten werden Essenspausen an Restaurants eingelegt. Busse zweiter Klasse können auf freier Strecke per Handzeichen angehalten werden. In kleineren Ortschaften ohne besonderen Busbahnhof ist die Haltestelle am Hauptplatz ›Zocalo‹.

Zentrale Busauskunft in Mexico-City:
Calle Genova 2–4, Zona Rosa

Mit dem Zug

Der Zug ist als Verkehrsmittel für Touristen in Mexiko nur von geringer Bedeutung. Zugfahrten erfordern in der Regel noch mehr Zeit und Geduld als Busfahrten. Es gibt Wagen erster und zweiter Klasse, der Komfort entspricht aber nicht den gewohnten Ansprüchen. Lediglich die komfortableren und schnelleren Nachtzüge sind eine Verkehrsalternative zum Bus- oder Flugverkehr. Diese Nachtzüge führen auch Schlafwagen und Salonwagen und befahren die für Kulturreisende interessante Route: Mexico-City – Villahermosa – Palenque – Merida. Die Nachtzüge führen nur Wagen erster Klasse und Schlafwagen. Die Preise sind ähnlich wie die Buspreise, für Schlafwagenbenutzung wird ein Zuschlag erhoben.

Der Bahnhof in Mexico-City, wo Sie auch eine Broschüre über Preise und Verbindungen erhalten, heißt offiziell ›*Terminal de Ferrocarriles Nacionales de Mexico*‹, üblich ist aber die Bezeichnung ›*Estacion Buena Vista*‹. Der Bahnhof liegt etwas außerhalb des Zentrums, erreichbar am besten mit dem Bus Nr. 7 ab Avenida Insurgentes. Fahrplanauskünfte auch über ✆ 5 47 65 93.

Mit dem Mietwagen

Mit einem Mietwagen kann man das Land am unabhängigsten und am gründlichsten bereisen. Das Reisen mit dem Mietwagen in Mexiko ist deshalb sehr beliebt, vor allem unter Amerikanern und Kanadiern, die nach wie vor das Haupttouristenkontingent stellen. Es ist allerdings auch die teuerste Art, das Land kennenzulernen, trotz der geringen Bezinpreise, die zwischen 28 und 35 Pfennig je Liter liegen; aber man braucht ja nicht für die gesamte Aufenthaltsdauer einen Wagen zu mieten. Schon während einer Woche, in der man auf eigene Faust mit dem Mietwagen unterwegs ist, läßt sich viel sehen.

Büros der bekannten internationalen Firmen gibt es auf allen Flugplätzen im

Land und in allen größeren Städten. Während der Hauptreisezeit sind Mietwagen, insbesondere Campingbusse und Wohnmobile stark gefragt, frühzeitiges Reservieren ist deshalb empfehlenswert. Alle internationalen Firmen reservieren Ihnen einen Wagen auch von Deutschland aus.

Der Mieter muß mindestens 24 Jahre alt und im Besitz eines internationalen Führerscheins sein. Alle Verleiher fordern ein hohes Depot zur Hinterlegung. Dies können Sie umgehen, wenn Sie sich rechtzeitig eine international gültige Kreditkarte besorgen. Für jeden, der einen Wagen mieten will, empfiehlt sich diese Anschaffung, die die Abwicklung der Leihformalitäten erheblich erleichtert.

Ein Mietwagen der Mittelklasse (VW Brasilia) kostet pro Tag etwa 45,– DM zuzüglich 0,25 DM je gefahrenem Kilometer. Benzin muß selbst bezahlt werden. Auf den Mietpreis kommen noch 4% Mehrwertsteuer. Die meisten Gesellschaften haben auch wöchentliche Mietpauschalen mit unbegrenzter Kilometerzahl. Die Preise in den Feriengebieten an der Küste liegen etwas höher, etwa bei 300,– DM pro Woche (200 km pro Tag frei).

Alle Linienfluggesellschaften reservieren auch einen Mietwagen für Sie, der dann schon am Flugplatz bereitsteht. Telefonisches Reservieren genügt in Mexiko meist nicht, man sollte schon persönlich bei den Büros erscheinen (Adresse siehe S. 257ff. unter den einzelnen Städten). Ein Trinkgeld erleichtert, wie so oft, die Abwicklung der Formalitäten ganz erheblich.

Noch ein paar Tips:

Das Tankstellennetz ist nicht sehr dicht, deshalb immer für genügend Bezinvorrat sorgen. An Tankstellen unbedingt darauf achten, daß beim Zapfen die Zählwerke auf null stehen. Als Mietwagenfahrer hält man Sie zunächst einmal für einen ›Gringo‹, und Nordamerikanern gegenüber sind Tricks eben erlaubt. Straßenkarten erhält man in Mexico-City in großer Auswahl. Auskünfte über den Straßenzustand erteilt der Automobilclub von Mexiko, ›*Asociación Mexicana Automovilista*‹, Hauptstelle in Mexico-City, Av. Chapultepec 276. Wer längere Zeit mit einem Mietwagen unterwegs ist, erhält hier wichtige Informationen. Man kann auch Mitglied des Vereins werden (Mindestzeit drei Monate). Nebenstraßen und unbefestigte Pisten sollte man besser meiden, dies gilt vor allem in der Regenzeit. Jeder geübte Autofahrer wird sich aber in Mexiko schnell zurechtfinden, gerade auf den weiten, einsamen Überlandstraßen, die oft durch herrliches Gelände führen, ist Autofahren noch ein ursprüngliches Vergnügen.

Stützpunkte für den Besuch der archäologischen Stätten

Viele Reisende, gerade diejenigen, die ihren Aufenthalt selbst planen wollen, werden sich fragen, wie ein Mexiko-Urlaub am zweckmäßigsten eingeteilt werden kann, beziehungsweise, welche Reiserouten besonders sinnvoll sind, wenn man die bekannten archäologischen Stätten des Landes besuchen möchte. Es ist natürlich nicht möglich, für ein so großes und abwechslungsreiches Land repräsentative und verbindliche Reisevorschläge, noch dazu in diesem Rahmen, zu unterbreiten. Die folgenden Hinweise sollten deshalb nur als mögliche, aber durchaus bewährte, Orientierungspunkte zur Reiseplanung verstanden werden, ein Gerüst, das jederzeit individuellen Bedürfnissen gemäß geändert werden kann.

Die meisten archäologischen Gebiete Mexikos liegen im Osten und im Südosten des Landes, einige in der näheren Umgebung der Hauptstadt Mexico-City. So haben sich neben der Hauptstadt einige weitere Städte als besonders günstige Stationen für Kulturreisende herausgebildet. Wer die archäologischen Plätze des Landes im Osten und Südosten besuchen möchte, wird in diesen Städten am sinnvollsten Station einlegen. Nochmals, übersehen Sie durch diese Empfehlungen nicht, daß viele Alternativen zu den folgenden Vorschlägen existieren, insbesondere Touristen mit einem Mietwagen können beliebig neue Stationen anfahren.

Mexico-City, Oaxaca, Villahermosa und *Merida* sind die klassischen Ausgangspunkte zum Besuch der wichtigsten archäologischen Stätten des Landes, alle vier Städte sind einfach mit Flugzeug, Bus oder Bahn erreichbar und lassen sich deshalb leicht zu einer Rundreise zusammenfügen. Der übliche Verlauf wäre dann: Mexico-City – Oaxaca – Villahermosa – Merida – Mexico-City. Ab Merida könnte man auch nach Guatemala-City fliegen, eine Variante, die immer beliebter wird, weil Guatemala das lohnendste Reiseland der ›kleinen‹ Staaten Mittelamerikas geworden ist. Eine weitere Variante, vor allem bei Globetrottern beliebt, ist der Landweg ab Merida über Chichén-Itzá zu den Karibikbadeorten *Isla Mujeres, Cancun* und *Isla Cozumel.* Auf diesem ›Touristenpfad‹ erreicht man dann die archäologische Stätte *Tulúm.* Abenteurer setzen den Treck dann über Belice (British Honduras) durch den Dschungel von Petén bis Guatemala-City fort. Auf dieser sehr anstrengenden Tour erreicht man *Tikal* in Guatemala, die sagenhafte Mayastadt im Urwald von Petén, auf dem Landweg. Wer die wirklich sehr anstrengende Busreise über Belice und durch Guatemala nicht auf sich nehmen möchte, fliegt ab Cancun, Cozumel oder Chetumal wieder zu einem der klassischen Stützpunkte zurück (mögliche Reiserouten siehe vordere Umschlaginnenseite).

Mexico-City

Die Riesenmetropole wirkt auf den Neuankömmling zunächst unüberschaubar und verwirrend, deshalb ein paar Hinweise zur ersten Orientierung (siehe auch Fluganfunft S. 228).

Die Stadt ist in sogenannte *Zonas* aufgeteilt. Die Zonas sind numeriert. Fast alle für Touristen wichtigen Hotels und Restaurants sowie die noblen Geschäfte liegen in der ›*Zona Rosa*‹ = *Zona 1*. Die meisten Besorgungen, Flugreservierungen, Museumsbesuche, etc. kann man von der Zona Rosa aus zu Fuß erledigen. Die Zona Rosa ist der eleganteste, teuerste und sicherste Stadtteil von Mexico-City.

Die beiden Hauptverkehrsadern der Stadt kreuzen sich am östlichen Ende der Zona Rosa: die Prachtstraße ›*Paeso de la Reforma*‹, kurz: Reforma, die von W – O verläuft, und die ›*Avenida Insurgentes*‹, die von N – S verläuft. Wenige Meter südlich der Kreuzung von Reforma und Insurgentes liegt die zentrale *U-Bahn-Station Insurgentes* an der gleichnamigen Plaza Insurgentes. Von hier aus erreicht man alle wichtigen Stellen der Stadt bequem mit der U-Bahn.

An der Avenida Reforma liegen alle wichtigen Agenturen, Supermärkte, Kaufhäuser und die Büros der Luftverkehrsgesellschaften. Von der Zona Rosa aus erreicht man über die Reforma in westlicher Richtung den *Chapultepec-Park,* das Naherholungsgebiet in der City, in dem auch viele wichtige Museen liegen (vgl. S. 239f.). In östlicher Richtung führt die Reforma auf den *Alameda-Park,* von dem man über die Avenida Juarez das alte, gewachsene Stadtzentrum um den Hauptplatz ›*Zocalo*‹ erreicht. Der unübersehbare Orientierungspunkt in der Region um den Zocalo ist der 181 Meter hohe ›*Torre Latinoamericana*‹, das Restaurant im 44. Stock eignet sich hervorragend zur Orientierung. Viel kunstgeschichtlich interessante Gebäude, Museen, die *Staatsoper* ›*Bellas Artes*‹, der *Nationalpalast* und die *Kathedrale* liegen am Zocalo und in der näheren Umgebung. **Zona Rosa, Avenida Insurgentes, Paeso de la Reforma und Zocalo sind die Orientierungshilfen in Mexico-City.** In praktisch jeder der zahlreichen, kostenlos erhältlichen Touristenzeitungen ist ein einfacher *Stadtplan* abgedruckt. Wer sich die oben genannten Punkte im Stadtplan einzeichnet oder sich ihre Lage einprägt und sich dazu noch einen U-Bahn-Plan besorgt (beim Touristenbüro, in vielen Broschüren), findet sich schnell zurecht und kommt überall hin.

Verkehrsmittel in der Stadt:

Die **U-Bahn** ist das schnellste, übersichtlichste und billigste Verkehrsmittel der Stadt. Die Stationen liegen im City-Bereich dicht beieinander, so daß man bis nahe an jeden gewünschten Punkt fahren kann. Die U-Bahn-Einrichtungen sind außergewöhnlich gepflegt und zuverlässig.

Die U-Bahn ist in Betrieb von 6 bis 24 Uhr. Größere Gepäckstücke dürfen nicht befördert werden. Ein Einzelfahrschein kostet inzwischen 1,50 Pesos, ein Fahrscheinheft mit fünf Karten kann für 5 Pesos erworben werden.

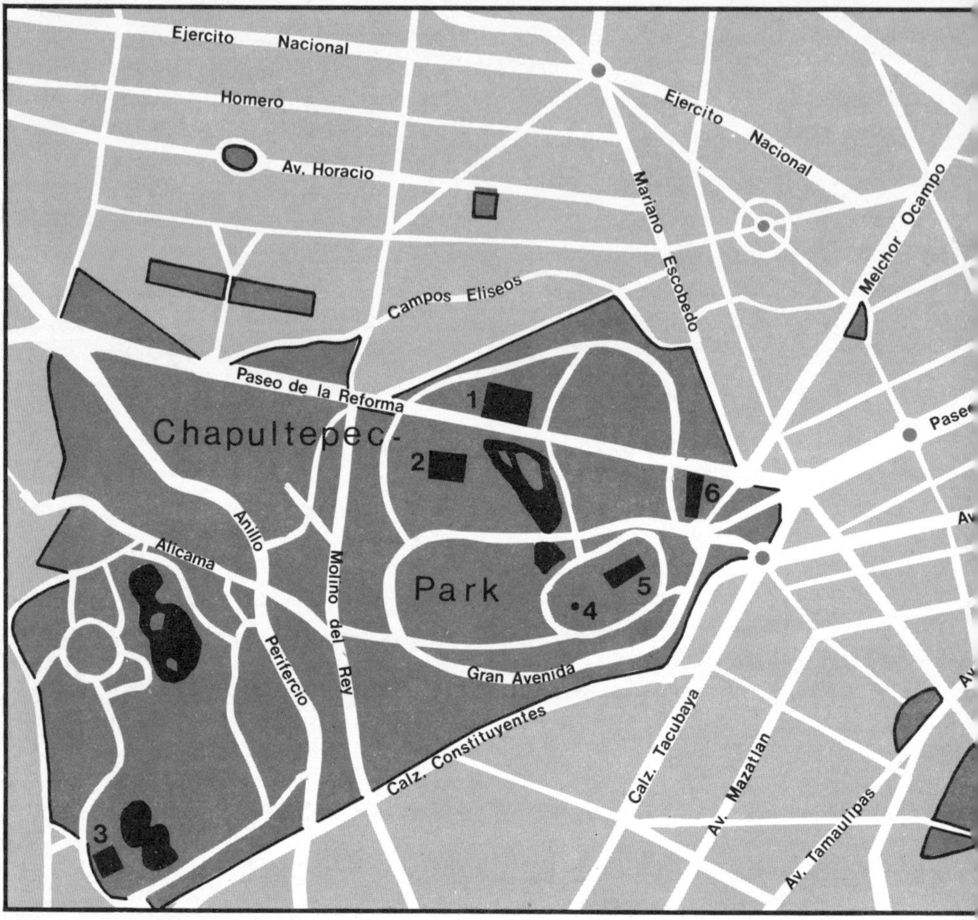

Stadtplan von Mexico-City

1 Anthropologisches Museum 2 Zoologischer Garten 3 Museum für Naturgeschichte 4 Galerie der mexikanischen Geschichte 5 Altes Schloß mit Historischem Museum 6 Museum für Moderne Kunst 7 Ministerium für Tourismus 8 Touristen-Informationsbüro 9 Stadt-Bibliothek 10 Plaza de la Cuidadela 11 Telefonamt für Ferngespräche 12 Volkskunstmuseum 13 Palast der ›Schönen Künste‹ 14 Hauptpost (Correos) 15 Haus der Kacheln (Casa de los Azulejos) 16 Kirche San Francisco 17 Plaza de Santo Domingo mit gleichnamiger Kirche und der alten staatlichen Schule für Medizin 18 National-Leihhaus (Nacional Monte de Piedad) 19 Die Kathedrale 20 Aztekische Ruinen und Museum 21 Plaza de la Constitución 22 Nationalpalast 23 Stadtmuseum 24 Ehemaliges Kloster der Merced

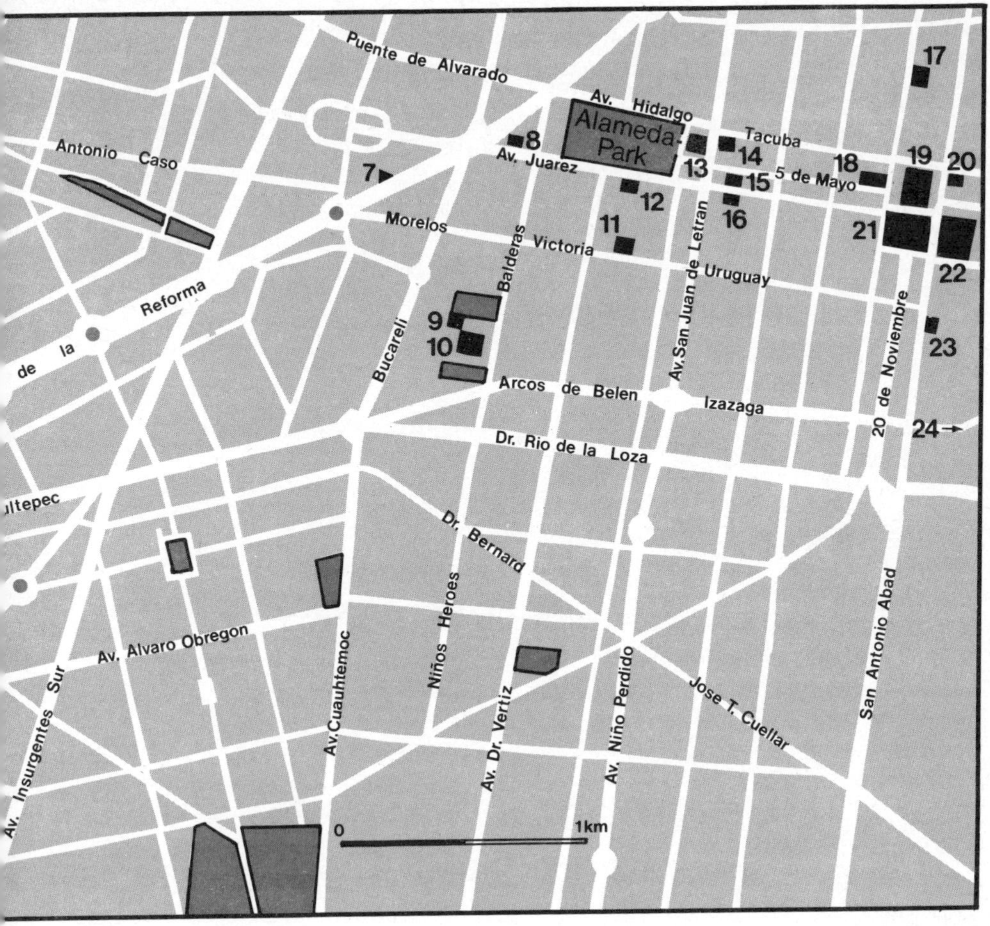

Busse verkehren in großer Zahl in alle Richtungen, für Fremde ist das Bussystem recht schwer durchschaubar, auf Busfahrten erschließt sich dem Fremden das Stadtbild jedoch am besten. Blaue Busse, die ›*Ballenas*‹, sind Busse zweiter Klasse mit sehr niedrigen Fahrpreisen, der Komfort ist gleich null. Nicht viel teurer sind die weißen, sonnenschutzverglasten Busse, die ›*Delfinos*‹. Die Fahrer sprechen im allgemeinen kein Englisch, sind aber sehr hilfsbereit. Wer den Straßennamen angeben kann, kommt meist zum Ziel. Ausgezeichnet geeignet zur Stadtbesichtigung sind die Busse mit der Aufschrift ›*Nr. 100-Zocalo*‹ oder ›*Auditorio*‹, sie fahren vom Chapultepec Park über die Av. Reforma und die Av. Juarez zum Zocalo, und umgekehrt.

Taxis: Es gibt verschiedene Klassen von Taxis, und um es gleich vorwegzunehmen, das Verhalten mancher Taxifahrer grenzt bisweilen an Straßenräuberei. Dies gilt besonders für die Straßenkreuzertaxis, die vor den Luxushotels warten. Jeder sei vor diesen Taxis gewarnt. Wirklich empfehlenswert und reell sind die gelben VW-Käfer-Taxis, die mit Taxameter fahren und überall im Stadtgebiet zu sehen sind. Eine Taxifahrt mittlerer Entfernung im Stadtzentrum (Zocalo – Chapultepec Park, etwa 5 km) sollte nicht mehr als 5,– DM kosten. Generell gilt, daß die einfachen kleinen Fahrzeuge bedeutend billiger und reeller sind als die großen Straßenkreuzer. Wer etwas Spanisch spricht, kann mit den niedrigsten Preisen rechnen. Nordamerikaner, ›Gringos‹, und solche, die dafür gehalten werden, bezahlen am meisten.

Noch ein paar Tips:

Nehmen Sie sich nicht zuviel vor in der hektischen und zermürbenden Riesenstadt Mexico-City. Die ungewohnte Höhenlage (2300 Meter), der Lärm, die schlechte Luft und das ungewohnte Essen belasten den Organismus erheblich. Treten Sie am Anfang kurz, gerade dann, wenn Sie Ihren Aufenthalt hier beginnen: weniger ist oft mehr! Ein Stadtspaziergang entlang der Prachtstraße Paeso de la Reforma hinterläßt oft tiefere Eindrücke als die hektische 08/15 Stadtrundfahrt.

Wer am Anfang seiner Reise nicht gleich typisch mexikanisch essen möchte, findet an der Reforma und an anderen markanten Stellen in der City die Restaurants der ›*Sanborn's*‹-Kette. Diese Lokale bieten schmackhafte, auch regionale Gerichte an, die hygienisch einwandfrei sind. Vielen Sanborn's ist ein Warenhaus angegliedert, das auch sonntags geöffnet hat.

Entlang der Reforma stehen die Beamten der Touristenpolizei, erkenntlich an ihrer blauen Uniform. Hier erhalten Sie Auskunft und Rat auf englisch.

Organisierte Ausflüge in die Umgebung, Stadtrundfahrten, Folkloreabende, etc. können in einem der zahlreichen Reisebüros an der Reforma gebucht werden oder über die Rezeption von jedem größeren Hotel. Im Hotel Emporio, Reforma 124, kann man deutsch geführte Touren (Terramar) buchen.

Wichtige Adressen

Aeromexico

Av. Juarez 92 und Reforma 52,
✆ 5920711

Das neue Büro an der Av. Juarez ist leistungsfähiger und weniger überlaufen als das an der Reforma, außerdem ist die Fluggesellschaft Mexicana und das Touristenbüro in unmittelbarer Nähe, so daß man viele organisatorische Dinge auf einmal erledigen kann.

Bahnhöfe:

Zug, an der Avenida Insurgentes Norte, ›Estacion Buenavista‹, 3 km vom Zentrum.

Bus, es gibt drei große Busbahnhöfe mit Banken, Reservierungsschaltern, Poststation etc. und zahlreiche kleine Bahnhöfe. Die Anfahrt zu den am Stadtrand gelegenen Bahnhöfen ist zeitraubend, deshalb immer zuerst alle Fragen bei der *zentralen Busauskunftsstelle* in der Calle Genova 2–4, Zona Rosa, klären. Dort erfahren Sie, welcher Bus von welchem Bahnhof wohin fährt.

Einfacher noch: *Kartenkauf und Busauskunft* im Greyhound Stadtbüro, Reforma 27, ✆ 5 91 03 38. Hier gibt's Karten von allen Gesellschaften und für alle Richtungen zum Originalpreis, die Angestellten sprechen englisch.

Botschaften siehe S. 232

Lufthansa
Reforma 76
✆ 5 66 03 11

Mexicana
Hauptbüro: Av. Juarez/Ecke Av. Balderas, neben Aeromexico und dem Touristenbüro
✆ 5 85 26 66

Mietwagen
Vertretungen aller Gesellschaften auf dem Flugplatz,
in der City u. a.:
Budget, Reforma 60
Avis, Reforma 325
Büros auch in vielen der größeren Hotels

Wohnmobile bei:
Remolques Canguero, S. A.
Cordillera 45
Mexico 20, D. F.
und:
Rente una Campera
Gabriel Mancera 1315
Mexico 12, D. F.
Schriftliches Reservieren *(in Englisch!)* empfehlenswert.

Hauptpost:
Ecke Tacuba und San Juan de Letran, beim Torre Latinoamericana, östlich vom ›Bellas Artes Palast‹. Geöffnet von 9 bis 23 Uhr, an Wochenenden bis 20 Uhr, im 3. Stock eine Briefmarkenausstellung.

Telegramme:
Balderas 14–18, westlich vom Alameda Park.

Touristenbüro:
›*Secretaria de Tourismo*‹, leider nicht ganz zentral, ein Besuch lohnt aber unbedingt. Es gibt viel Informationsmaterial, Stadtpläne, U-Bahn-Plan, etc., alles kostenlos. Freundliche Auskunft und Beratung. Es gibt zwei Büros:

Das neue in der Avenida Presidente Masaryk Nr. 172, nördlich vom Chapultepec Park, leider nicht im Zentrum.

Das *City-Büro* in der Av. Juarez 92 neben den Büros der Fluggesellschaften Aeromexico und Mexicana ist jetzt nur noch eine Kurzauskunftsstelle. Bedeutend informativer ist ein Besuch des neuen Büros in der Av. Masaryk.

Spezielles Auskunftstelefon für Touristen in Englisch, bisweilen auch Deutsch und Französisch: ✆ 2 50 01 23. Beim Büro in der Av. Juarez auch Ersatz, beziehungsweise Verlängerung von Touristenkarten.

Archäologische Stätten in und um Mexico-City:

Tenochtitlán. Laut einer Meldung des ›El Heraldo‹, Mexiko, soll das Ausgrabungsgelände des Haupttempels von

Tenochtitlán (in Mexiko-Stadt) für Besucher ausgebaut werden, so daß es von zwei Ebenen aus besichtigt werden kann: von einer unterirdischen, um die Mauerreste und den Coyolxauhqui-Stein aus der Nähe betrachten zu können, und von einer erhöhten Ebene, um die gesamte Anlage betrachten zu können. Innerhalb eines Jahres soll dann auch eine Licht-Ton-Schau für Touristen eingerichtet sein, wobei Laser-Strahlen die ursprünglichen Ausmaße der Pyramide in der Dunkelheit nachzeichnen.

Cuicuilco. Die Besichtigung arrangiert man am besten zusammen mit einem Besuch der Universitätsstadt. Cuicuilco liegt in demselben erstarrten Lavafeld, dem Pedregal, in dem auch die Ciudad Universitaria, die neue Universitätsstadt liegt, direkt am Rande des Weichbilds von Mexico-City. Die Insurgentes Sur führt direkt in die Ciudad Universitaria hinein, die Straße setzt sich fort in Richtung *Tlalpan.* Dicht vor Tlalpan links von der Straße liegt die Pyramide.

Besichtigung am einfachsten mit dem Mietwagen. In Tlalpan zweigt die Hauptstraße nach Cuernavaca und Taxco ab, geradeaus führt die Straße auf die gebührenpflichtige Autobahn nach Cuernavaca und Acapulco.

Teotihuacán. Die archäologische Hauptsehenswürdigkeit im Bereich von Mexico-City. Jedes Reisebüro bietet organisierte Touren mit Mittagessen an. Vorsicht! Manche Veranstalter fahren nicht direkt zu den Pyramiden, sondern legen verkaufsfördernde Umwege ein, zum Beispiel über Souvenierläden, Silberschmieden, etc., so daß wenig Zeit für die eigentliche Besichtigung bleibt. Erkundigen Sie sich über den Ablauf der Tour! Die 50 km nach Teotihuacán lassen sich auch leicht mit öffentlichen Verkehrsmitteln zurücklegen, ein Bus fährt jede halbe Stunde. Auskunft über Abfahrtszeit und Ort bei der Busauskunft, Calle Genova 2–4, Zona Rosa. Der Zutritt zur archäologischen Zone von Teotihuacán ist zwischen 8 und 18 Uhr erlaubt. An Sonntagen ist er frei, und an den übrigen Tagen wird ein geringer Eintrittspreis erhoben. Die meisten Touristen kommen ab 11 Uhr, die Zeit davor eignet sich gut zum Fotografieren. Das Museum ist von 10 bis 16.30 Uhr geöffnet. Im Museum wird der sehr informative ›*Offical Guide to the Ruins of Teotihuacán*‹, zu einem geringen Preis verkauft.

Die Entfernung von Mexico-City zu den Pyramiden beträgt 51 km. Am schnellsten erreicht man die Pyramiden über die Ausfallstraße Insurgentes Norte, und dann über die gebührenpflichtige Autobahn. Langsamer und origineller ist die alte Straße (Beschilderung: ›Libre‹). Am km 38 der Autobahn liegt die Ausfahrt zum **Kloster Acolman,** ein sehr interessanter Bau aus der Kolonialzeit, die Besichtigung läßt sich leicht mit der von Teotihuacán verbinden (siehe S. 200).

Wer von Mexico-City nach *Puebla* fährt, sollte bei *San Martin Texmelucan* die Cuota (Autobahn) verlassen und den Umweg über **Cacaxtla** machen. Hier sind kürzlich in einem Zeremonialkomplex der Olmeca – Xicalanca Wandmalereien freigelegt worden, die größte Ähnlichkeit mit Malereien der Maya aufweisen.

Wer Zeit hat, sollte daran den Besuch der Hauptstadt des kleinsten Bundesstaates, Tlaxcala, anschließen. Hier findet er neben anderem eine der schönsten und ältesten Franziskaner-Kirchen des Kontinents mit einer herrlichen Mudéjar-Holzdecke und das *Santuario von Ocotlán* mit seiner rot-weißen Fassade im Estipite-Stil.

Tula liegt im Staate Hidalgo etwa 80 km nördlich der Hauptstadt. Erreichbar mit Bahn, Bus oder Auto. Mit dem Auto ab Innenstadt über die Reforma zum Chapultepec Park, von dort auf die gebührenpflichtige Autobahn ›Autopista 57 D‹ in Richtung Querétaro. Bei km 44 der Autobahn liegt die Ausfahrt nach Tepotzotlán (vgl. S. 243). Sowohl die Bahn wie die Autostraße berühren bei Huehuetoca (km 47) den berühmten ›*Tajo de Nochistongo*‹, einen 7 km langen Damm aus der Kolonialzeit, der verhindern soll, daß die Hauptstadt in der Regenzeit unter Überschwemmungen zu leiden hat, wie das früher oft der Fall war.

Auf der Heimfahrt von Tula könnte man einen Umweg über **Actopan** einlegen; das herrliche Augustinerkloster aus dem 16. Jahrhundert liegt direkt an der Straße nach Laredo, 118 km von Mexico-City entfernt.

Der Ort Tula selbst besitzt eine interessante Kirche und ein Konvent aus dem 16. Jahrhundert. In vielen alten Häusern der Stadt wurden beim Bau prähistorische Steine und Skulpturen verwendet. Die alte Hauptstadt der Tolteken liegt in unmittelbarer Nähe der Stadt: geöffnet von 9 bis 19 Uhr. Beim Parkplatz befindet sich ein kleines Museum mit Funden von der Ausgrabungsstätte.

Tenayuca, liegt 10 km nordwestlich der Hauptstadt. Erreichbar mit dem Auto über die Insurgentes Norte, vorbei am Hauptbahnhof. Nach 4 km kommt man an eine große Kreuzung, erkenntlich an einem Denkmal in Pyramidenform mit einer Wasserfontäne, dem ›*Monumenta a la Raza*‹. Von hier halblinks in die ›Calzada Vallejo‹ einbiegen. Nach 9 km erreichen Sie das Dorf *San Bartolo,* in dessen Mitte die *Schlangenpyramide von Tenayuca* liegt. Sie erreichen den Ort auch mit dem Bus, der im Zentrum von der Kreuzung Reforma/Insurgentes in Richtung ›Tlalnepantla‹ abfährt.

Der Besuch von Tenayuca läßt sich um zwei weitere Besichtigungen erweitern: **Santa Cecilia** liegt nur 3 km nördlich von Tenayuca, an der Straße nach Tlalnepantla. Mitten im Dorf liegt die sehr gut restaurierte aztekische Pyramide, daneben, in einem Gebäude aus dem 19. Jahrhundert ein kleines Museum.

Die **Wallfahrtskirche von Guadelupe,** das Nationalheiligtum Mexikos wird meist im Zusammenhang mit den organisierten Touren nach Teotihuacán besucht. Man erreicht die Basilika aber auch auf dem Weg nach Tenayuca, wenn man an dem oben beschriebenen Straßenknotenpunkt am ›Monumenta a la Raza‹ geradeaus auf der Insurgentes weiterfährt und beim vierten Rondell dann rechts abbiegt in die Calle Montevideo, die direkt auf die Kirche zuführt.

Busanfahrt: ab Av. Juarez mit dem Bus Nr. 44, Aufschrift ›Lavilla‹, zurück mit dem Bus ›Zocalo‹.

Toluca. Die Stadt ist auch Ausgangspunkt für Besichtigungen von Calixtlahuaca und Malinalco. Sie liegt 2680 Meter hoch und ist damit eine der höchstgelegenen Städte des Landes. Sie ist mit 120 000 Einwohnern die Hauptstadt des Bundesstaates México. Schon die Anfahrt nach Toluca ist sehr lohnend und bietet wunderschöne Ausblicke auf die grandiose Landschaft. Toluca verdankt seine Anziehungskraft vor allem dem berühmten Freitagsmarkt, der aber mittlerweile touristisch überlaufen ist. Ein Besuch des großen und interessanten Marktes beeindruckt besonders am frühen Vormittag, wenn die zahlreichen organisierten Reisegruppen noch nicht angekommen sind. Die Marktpreise für Kunstgewerbe sind bisweilen überhöht, ein Verkaufsstand mit kontrollierten Preisen befindet sich beim Museum für Volkskunst und Kunsthandwerk, das am Ortseingang, nach dem Denkmal für die mexikanische Flagge, links liegt.

Toluca liegt 64 km südwestlich von Mexico-City. Viele Agenturen bieten einen organisierten Besuch des Indiomarktes, manchmal auch kombiniert mit dem Besuch der nahen archäologischen Stätten, an. Es bleibt dann aber wenig Zeit für die einzelnen Programmpunkte. Mit dem Auto erreicht man Toluca ab Mexico-City in westlicher Richtung über die Reforma, die zur Autobahn führt. Nach 30 km überquert man den 3100 Meter hohen ›Paso de las Cruces‹. Mit dem Bus erreicht man Toluca vom kleinen Busbahnhof in der Calle Antonio Caso 187. Der Expreßbus fährt eine Stunde, der Bus zweiter Klasse drei Stunden. Markt ist in Toluca übrigens an allen Wochentagen (nahe beim Hauptplatz ›Zocalo‹). Der große Freitagsmarkt ist am meisten auf Touristen ausgerichtet.

Nach Calixtlahuaca in Toluca vom Denkmal auf der Av. Independencia aus die Straße in Richtung Querétaro fahren. Nach etwa 6 km zeigt ein Wegweiser eine kleine unbefestigte Straße an, die links abzweigt, nach weiteren 3 km auf diesem Weg erreicht man die Ausgrabungsstätte. Taxifahrer in Toluca kennen den Weg. Die archäologische Zone liegt auf der linken Seite des Rio Tejalpa.

Nach Malinalco fährt man ebenfalls über Toluca. Es empfiehlt sich jedoch nicht, Calixtlahuaca und Malinalco am gleichen Tag zu besuchen, da sonst die Besichtigungszeit zu knapp wird. Der Bus aus Mexico-City fährt nach Malinalco weiter. Die Straße führt ab Toluca über Tenancingo und Ixtapan de la Sal nach Taxco. Kurz vor Tenancingo, 115 km von Mexico-City entfernt, biegt eine unbefestigte Straße links ab. Sie führt durch ein fruchtbares Tal und später an den ›Montes des Mixtongo‹ entlang bis zur Höhe von ›Matlalac‹ (1750 m). Von dort geht es steil hinab nach Malinalco, einer kleinen, zwischen den Bergen gelegenen Ortschaft. Die Ruinen liegen oberhalb dieses Ortes am sogenannten ›Cerro de los Idolos‹, zu dem ein steiler Fußpfad hinaufführt.

Xochicalco. Die archäologische Stätte liegt 32 km von Cuernavaca entfernt und 130 Meter über einer weiten Ebene an den Ausläufern des Vulkan ›Ajusco‹. Ein Besuch von Xochicalco lohnt vor allem in Verbindung mit einem Aufenthalt in den schönen, alten Städten *Cuernavaca* und der Silberstadt *Taxco*. Auch für den, der auf dem Weg zu den Pazifikbadeorten ist (Acapulco, Zihuatanejo) würde sich ein Abstecher lohnen, eventuell in Verbindung mit einer Übernachtung in Taxco.

Cuernavaca und Taxco erreicht man ab Mexico-City mühelos mit den häufig verkehrenden Bussen. Mit dem Auto über die Insurgentes Sur, vorbei an der Universitätsstadt und dem Olympiastadion auf die gebührenpflichtige Autobahn (cuota) in Richtung Cuernavaca, Taxco. Wieder fährt man durch atemberaubende Landschaft und genießt herrliche Ausblicke. Die alte Bundesstraße 95 ist etwas beschwerlicher zu fahren, bietet dafür aber mehr Lokales. Die Tour von Mexico-City über Cuernavaca nach Taxco ist wegen ihrer landschaftlichen Schönheit ein Standardausflug der Reisebüros in Mexico-City, oft kombiniert mit einer Übernachtung.

Nach Xochicalco gibt es keine regelmäßige Busverbindung. Man erreicht die archäologische Stätte von der Bundesstraße 95 aus, die in südlicher Richtung aus Cuernavaca führt. Zuerst passiert man den kleinen Ort Alpuyeca, hinter dem nach 8 km die Zufahrt zur Stätte von Xochicalco rechts abzweigt. Von der Abzweigung sind es noch 4 km bis zur archäologischen Zone, die einen herrlichen Rundblick auf das tieferliegende Land bietet.

Die Funde von *Tres Zapotes* und *Cerro de las Mesas*, darunter einige gigantische Steinköpfe der Olmeken, sind in ähnlicher Weise wie in Villahermosa im Museumspark von **Jalapa** ausgestellt (Museum Jalapa siehe S. 243). Jalapa liegt 320 km von Mexico-City entfernt. Man fährt zunächst auf der Autobahn Richtung Puebla, verläßt nach Puebla bei km 168 die Autobahn und fährt durch herrliche Landschaft dem Golf von Mexiko entgegen. Die Vegetation wird immer üppiger und kurz vor Jalapa, bei Banderilla, liegen prächtige parkähnliche Gärten. Besonders bekannt ist der Botanische Garten ›*Lecuona*‹, der als schönster tropischer Garten Mexikos gilt. Der Besuch Jalapas kann mit einer Reise zu der bedeutenden archäologischen Zone von *El Tajín* verbunden werden. In diesem Fall wäre eine Übernachtung in Jalapa ratsam. Die Stadt (130 000 Einwohner) wirkt mit ihrer üppigen Vegetation und der kolonialen Atmosphäre freundlich und einladend (Touristenbüro: Primo Verdad 25).

El Tajín liegt 320 km von Mexico-City entfernt und ist auf einer ausgezeichneten Straße, die über Pachuca, Tulacingo, Huachinango und Poza Rica führt, zu erreichen. Der Rückweg könnte dann über Papantla und Jalapa führen. El Tajín liegt 8 km südlich von Papantla, in tropischer Umgebung, und ist etwa gleich weit von Poza Rica, dem Zentrum großer Ölraffinerien, entfernt.

Poza Rica und *Veracruz* bei Jalapa verfügen über gute Flugverbindungen mit Mexico-City. Die Rundreise über Jalapa und El Tajín eignet sich aber insbesondere für Mietwagenfahrer.

Ab Poza Rica führt die Carretera Federal 180 zu einem Küstenabschnitt am Golf von Mexiko, der wunderschöne

Strände bietet, aber bislang touristisch nicht entwickelt ist. Lediglich Einheimische nutzen die herrlichen Strände dieser einsamen Küstenregion. Fährt man auf der Straße 180 weiter in Richtung Veracruz, erreicht man etwa 50 km vor Veracruz die Abzweigung (rechter Hand) zu dem Tropennest **Zempoala.** In der Nähe von Zempoala liegt die ehemalige Hauptstadt der Totonaken, ein ummauerter großer Platz mit verschiedenen Bauten, einer großen Pyramide und einem Rundtempel des Windgottes aus der aztekischen Zeit, umgeben von reicher, tropischer Vegetation. Von der Straße 180 bis Zempoala sind es 3 km.

Oaxaca

Oaxaca ist der klassische Ausgangspunkt für den Besuch der bekannten archäologischen Zonen von *Monte Albân* und *Mitla.* Die Stadt liegt 1545 Meter hoch und hat das ganze Jahr über ein angenehmes Klima. Mit ihren 130 000 Einwohnern ist sie auch für Fremde leicht überschaubar und bietet viel kolonialen Charme. Das Lebenszentrum der Stadt ist der bildschöne Hauptplatz ›Zocalo‹. In seiner Nähe liegen die meisten Hotels und Restaurants und das Touristen-Büro. Das pittoreske Stadtbild, die verkehrsgünstige Lage, angenehmes Klima und die Nähe der berühmten archäologischen Stätten haben Oaxaca zu einem beliebten Touristenziel werden lassen. Der Ort fehlt in keinem Rundfahrtprogramm der Reiseveranstalter. Dies führt aber auch dazu, daß Oaxaca während der Hauptreisezeit sehr stark besucht ist. Trotz der an sich guten Hotelsituation in der Stadt ist es dann nicht einfach, kurzfristig ein vernünftiges Zimmer zu bekommen. Selbstplaner sollten vom zuvor bewohnten Hotel aus ein Zimmer in Oaxaca reservieren lassen. Ähnliches gilt für die Verkehrsmittel von und nach Oaxaca: Flüge und Bustickets erster Klasse so früh wie möglich reservieren! Außerhalb der Saisonzeiten hat man meist wenig Probleme.

Ein paar Hinweise zur Orientierung: Wichtigster Orientierungspunkt in der Stadt und zugleich einer der schönsten Plätze Mittelamerikas ist der Zocalo. Das ›*Departemento de Tourismo*‹ liegt am Zocalo im Regierungsgebäude (Oaxaco ist Hauptstadt des gleichnamigen Bundesstaates) an der Av. Independencia 607, an der Ecke zur Garcia Vigil. Von hier aus erreicht man praktisch alle wichtigen Punkte zu Fuß (zum Museum siehe S. 242). Flugplatz, Busbahnhof und Zugbahnhof liegen außerhalb des Stadtzentrums. Sie erreicht man am einfachsten mit dem Taxi, Standplatz am Zocalo. Zum Flugplatz verkehren auch Sammeltaxis, Abfahrtstellen und Preise erfahren Sie in den Büros der Fluggesellschaften. Noch etwas: Die Restaurants am Zocalo liegen zwar malerisch, bieten auch die schönste Aussicht, die Preise und die Qualität der Speisen stehen aber oft in einem Mißverhältnis zueinander. Ein Block vom Zocalo entfernt erhält man dann schon wieder gutes Essen für wenig Geld.

Wichtige Adressen:

Aeromexico
Av Hidalgo Nr. 513
✆ 63765

Mexicana
Portal Marques de Valle Nr. 4
✆ 68414
Mietwagenbüros in mehreren großen Hotels und auf dem Flugplatz
Touristenbüro am Zocalo im Regierungsgebäude (siehe auch oben)
Hauptpost an der Ecke Independencia/Alameda Park.

Einige Dörfer in der Umgebung von Oaxaca sind bekannt für ihre mannigfaltigen und bunten Märkte, in ihnen trifft man auf reine Indiobevölkerung.

Markttage:
Ejutla, 65 km südlich, Dienstag ·
Etla, 15 km nördlich, Mittwoch
Zaachila, 18 km südwestlich, Donnerstag
Ocotlan, 30 km südlich, Freitag
Oaxaca, Samstag
(viel Kunstgewerbe und Schmuck)
Tlacolula, 30 km südöstlich, Sonntag

Weitere malerische Dörfer liegen im nahen Hochland, so beispielsweise *Gueletao,* 62 km nördlich Oaxaca, der Geburtsort von *Benito Juarez.*

Oaxaca ist bekannt für seine traditionsreichen Feste. Wichtige Termine: Ab Mitte Juli zwei Wochen ›*Fiesta Guelaguetza*‹, Auftakt dazu bereits am 21. März und 15. Mai. Außerdem sind Feste am 15./16. September, 1. und 2. November und in den letzten beiden Dezemberwochen, insbesondere am 18., 23. und 24. Dezember.

Zu den archäologischen Stätten von Monte Albán und Mitla

Monte Albán liegt beeindruckend 400 Meter über dem Hochtal von Oaxaca, 10 km von der Stadt entfernt. *Busanfahrt* mit ›Autobuses Touristicos‹ an J. P. Garcia Nr. 704, mehrmals täglich. *Mit dem Auto:* Ausfahrt aus Oaxaca auf der Calle 20 de Noviembre, dann auf einer schmalen, aber befestigten Straße direkt bis zum Eingang in die Ausgrabungszone.

Mitla liegt 45 km südwestlich von Oaxaca. *Busanfahrt* mit ›Fletes y Pasajes‹, Abfahrt vom neuen Busbahnhof, fünf Blocks südwestlich vom Zocalo. *Mit dem Auto:* Oaxaca in Richtung Tehuantepec verlassen. Sie kommen dann auf die Panamericana ›Carretera Federal 190‹. Nach 10 km erreicht man **Santa Maria del Tule,** wo der größte Baum der Welt stehen soll, ein 40 m hoher Ahuehuetl-Baum, den schon Alexander von Humboldt beschrieben hat. Der Baumname bedeutet ›Wassergeist‹. Den Baum finden Sie auf dem Friedhof vor der Kirche.

Nach 35 km auf der Panamericana zweigt links ein Weg zum 2 km entfernten *Yagúl* ab (siehe weiter unten). Nach 42 km Panamericana geht es links ab zum 3 km entfernten Dorf Mitla. Im Dorf, direkt bei der Bushaltestelle steht ein kleines Museum, das *Zapotekenmuseum.* Es sieht recht unscheinbar aus, hat aber einen schönen Innenhof. In den Ausstellungsräumen, die vom Patio aus zugänglich sind, sind zahlreiche Kleinskulpturen untergebracht. Im Patio befindet sich ein Café, das zum Ausruhen nach der Besichtigung der archäologischen Stätte einläd. Im Dorf Mitla gibt es auch eine Übernachtungsmöglichkeit in einer Hacienda neben dem Museum.

Yagúl liegt an der Panamericana, 35 km von Oaxaca entfernt. Man verbindet einen Besuch am besten mit der Mitla-Fahrt. Der Weg nach Yagúl zweigt links von der Panamericana ab, nach 2 km erreicht man die archäologische Zone, die dritte im Hochtal von Oaxaca, die am wenigsten besucht wird.

Yagúl ist eine Stadt, die im selben Stil und wahrscheinlich auch zur selben Zeit wie Mitla erbaut wurde. Die Stadt zerfiel in zwei Sektoren. In der Unterstadt standen die Tempel und Paläste, darüber erhob sich auf einem Hügel eine Festung, deren großartige Anlage noch deutlich zu erkennen ist. Der mühevolle Aufstieg zur Festung lohnt auch wegen des prächtigen Ausblicks.

»In architektonischer Hinsicht repräsentiert Yagúl ein Zwischenstadium zwischen Monte Albán und Mitla« (H. Stierlin).

Wie aus der Beschreibung deutlich wird, eignet sich zum Besuch von Santa Maria del Tule, Yagúl und Mitla ein Mietwagen ganz besonders. Empfehlenswert sind auch die Taxitouren, die der Wirt des Hotels Plaza in Oaxaca organisiert. Auf diesen Exkursionen kann man beliebig Zwischenstopps einlegen, und sieht so mehr als bei Busfahrten. Hotel Plaza, Trujano 112, ein Block südwestlich vom Zocalo.

Villahermosa

Ohne Umschweife: Villahermosa ist keine schöne Stadt. Die zahlreichen Ölfunde in der näheren Umgebung haben der Stadt eine rasante, hektische Entwicklung aufgezwungen. Dazu kommt das ausgesprochen feucht-heiße Klima, Lärm, Gestank und ein allabendliches Verkehrschaos. Durch die vielen Ölexplorateure, die sich in der Stadt aufhalten, ist es ausgesprochen schwer, eines der ohnehin wenigen guten Hotelzimmer zu einem vernünftigen Preis zu erhalten. Wer ohne Reservierung anreist, hat mit Sicherheit große Schwierigkeiten bei der Zimmersuche. Einen Ausweg bieten nur die neuerbauten Luxushotels in der Nähe des Flugplatzes. Preise über 100 DM für eine Übernachtung sind dort aber nicht außergewöhnlich. Die einfacheren Hotels und Pensionen im Stadtzentrum bieten bis auf Ausnahmen nur wenig Komfort.

Villahermosa wäre nicht weiter erwähnenswert, wären da nicht zwei Plätze, die für Kulturinteressierte von besonderem Interesse sind: Das **›Tabasco State Museum‹** und das **Freilichtmuseum** im tropischen *›La Venta‹-Park* (vgl. S. 242f.). Wer diese beiden Plätze nicht sehen will, sollte Villahermosa besser vergessen.

Bis vor kurzem war Villahermosa auch der Ausgangspunkt für den Besuch der Maya-Ruinen im Urwald bei *Palenque.* Diese so beeindruckende und lohnende Exkursion läßt sich jetzt auch von dem viel schöneren Städtchen *San Cristobal de las Casas* aus arrangieren. San Cristobal liegt malerisch im Hochland von Chiapas nahe der leicht erreichbaren Provinzhauptstadt Tuxtla-Gutierrez, die ähnlich Villahermosa wenig einladend wirkt. Die Straße von San Cristobal nach Palenque wird neuerdings regelmäßig von Bussen befahren und ist mittlerweile gut ausgebaut (siehe dazu weiter unten S. 268).

Wer einen Palenque-Besuch von Villahermosa aus arrangieren möchte, sollte folgendes beachten: Wegen der schlechten Zimmersituation lohnt es sich auf jeden Fall, ein oder zwei Übernachtungen bei den Ruinen von Palenque einzuplanen. Dies ist neuerdings ohne Schwierigkeiten möglich, weil mehrere Hotels und Bungalowanlagen eröffnet wurden. Die schönsten liegen direkt an der Straße, die zu den Ruinen führt. Im Ort Palenque selbst, einem verschlafenen Nest, gibt es nur einfachste Unterkunft. Verschiedene Reisebüros in Villahermosa bieten auch eintägige Touren nach Palenque an. Dies ist natürlich die einfachste Art, die archäologische Stätte zu besuchen, man versäumt dann aber die sehr eindrucksvolle Übernachtung im Urwald bei den Ruinen. Mietwagenfahrer sind, wie immer, am unabhängigsten.

Zur Orientierung in Villahermosa:
Das Stadtzentrum liegt um die Fußgängerzone und wird von drei Hauptstraßen gebildet, die von Nord nach Süd verlaufen: Madero, Pino Suarez und die Uferpromenade Malecon (am Rio Grijalva). Die älteren, einfachen Hotels, die Restaurants und wichtige Büros liegen in diesem Bereich. Der Flugplatz liegt 5 km vom Zentrum entfernt. In seiner Nähe liegen das Freilichtmuseum ›La Venta‹ und die neuen, teuren Luxushotels. Im Flughafengebäude ist ein Informationsschalter des Touristenbüros (Hotelreservierungen), außerdem die Niederlassung einer Mietwagenfirma. Vom Flugplatz zur Stadt fahren preiswerte Sammeltaxis.

Wichtige Adressen:

Aeromexico
Av. Malecon Nr. 1611
✆ 26991

Mexicana
Av. Madero 109
✆ 21169

Mietwagenagenturen und *Reisebüros* in allen größeren Hotels.

Neuer Standort des *1. Klasse Busbahnhofs:* ›ADO‹-Terminal, nördliche Seite der Av. Mino, nahe dem Schnittpunkt mit der Av. Merino. Hier Abfahrt der Busse nach Palenque.

Touristen-Büro
Zaragoza 108
(an der Ecke zur Uferpromenade Malecon)

Im guten Hotel ›Maria Dolores‹, Aldama 404, in der Fußgängerzone, werden freie Zimmer erst ab 17 Uhr vergeben, oft die einzige Möglichkeit für Reisende ohne fest reserviertes Zimmer noch Unterkunft zu finden.

Nach Palenque
Busanfahrt:
Ab ›ADO‹-Busbahnhof (Adresse siehe oben), täglich mehrmals Busverbindung. Man sollte aber so früh wie möglich fahren. Der erste Bus startet um 8 Uhr. Es gibt Tickets bis Palenque-Ort und solche bis Palenque ›Ruinas‹. Das Ticket bis Palenque-Ort ist nur für denjenigen ratsam, der länger bleiben möchte und im Ort ein Zimmer sucht, denn der Ort ist 8 km von den Ruinen

entfernt. Wer gleich zu den Ruinen oder zu den neuen Bungalow-Hotels möchte, sollte unbedingt einen Bus bis ›Palenque-Ruinas‹ nehmen, so spart man das oft lange Warten auf eine Verkehrsmöglichkeit zwischen dem Ort und den Ruinen. Die Busfahrt dauert etwa 2½ Stunden.

Autoanfahrt:
Ab Villahermosa auf der Carretera Federal 186 bis zur Abzweigung bei Catazaja (km 114), von dort noch 36 km bis Palenque.

Im Flughafengebäude können *Kleinflugzeuge* nach Palenque und nach Bonampak gechartert werden. Sie können auch über die Reisebüros in den Hotels vermittelt werden. Die Gesellschaft heißt: ›*Transportes Aero de Tabasco*‹ (Flüge nach Bonampak siehe auch S. 268).

San Cristobal de las Casas

Die spanische Gründung (1528, von Diego de Mazariego) zeigt auch heute noch viel kolonialen Stil. San Cristobal liegt 2024 Meter hoch in einem Hochtal der landschaftlich reizvollen Gebirgsprovinz Chiapas. Mit den fast 30 000 Einwohnern wirkt die Stadt überschaubar und angenehm provinziell. San Cristobal wurde in letzter Zeit zu einem beliebten Touristenstützpunkt, ist aber nicht überlaufen. Neben der reizvollen Atmosphäre der Stadt selbst gibt es zwei Hauptargumente für einen Aufenthalt in San Cristobal de las Casas:

1. San Cristobal eignet sich als Ausgangspunkt für den Besuch von Palenque. Seit kurzer Zeit ist die Straße zwischen San Cristobal und Palenque recht gut ausgebaut, so daß man zu jeder Zeit entweder mit dem Bus oder mit dem Mietwagen Palenque erreichen kann. Auch mit Kleinflugzeugen, die in San Cristobal gechartert werden können, ist eine Anreise nach Palenque und nach Bonampak möglich (siehe weiter unten).

2. San Cristobal ist ein beliebter Treffpunkt derjenigen Touristen, die auf dem Landweg von Mexico-City nach Guatemala-City reisen. Die Reise durch das Hochland von Chiapas hat sich zu einem ›Rucksack-Trampelpfad‹ entwickelt, der gerade bei jüngeren Globetrottern sehr beliebt ist. Die Reiseroute verläuft so: Mexico-City – Oaxaca – Tuxtla-Gutierrez – San Cristobal de las Casas – Comitan (Grenze Guatemala), weiter durch das Hochland von Guatemala nach Guatemala-City. Üblich sind Abstecher ab San Cristobal nach Palenque und von Palenque weiter auf die Halbinsel Yukatán (Merida). Wer die Tour von Mexico-City nach Guatemala abkürzen möchte, könnte dies in den Städten Tuxtla-Gutierrez oder Tapachula, die einen Flugplatz und regelmäßige Inlandverbindungen haben.

Wichtige Adressen:

Touristen-Büro, im Rathaus, Westseite vom Zocalo. Der Zocalo ist das städtische Handels- und Kommunikationszentrum, auch die meisten Touristen treffen sich hier.

Post, Av. 16. de Septiembre, ein Block südlich vom Zocalo.

Aero Chiapas (Flüge nach Palenque und Bonampak), Real de Guadelupe Nr. 7, ✆ 81192, nähe Zocalo.

Busbahnhof, 1. Klasse ›Autobuses Cristobal Colon‹, 1 km außerhalb, am südlichen Ende der Av. Insurgentes.

Markt, am nördlichen Ende der Straße B. Dominguez. Markt ist jeden Morgen, außer Sonntag.

Restaurant Olla Podria, Mazariegos Nr. 24, Treff der Weltenbummler.

Die *lokale Fiesta* in San Cristobal ist am 24. Juli.

Sehr lohnend sind Ausflüge in die stillen Indiodörfer der Umgebung. Über Markttage und Transportmöglichkeiten informiert das Touristenbüro. Beliebt ist der Ausflug nach **San Juan Chamula,** 8 km nordöstlich von San Cristobal, dem kulturellen Zentrum der Chamula-Indianer. Am Sonntagmorgen interessante Bürgerversammlung, eine Art ›Gemeinderat‹.

In weitem Umkreis von San Cristobal de las Casas leben noch eine Reihe von Indio-Stämmen, die alle zur Gruppe der *Tzeltal* gerechnet werden und die einen Dialekt sprechen, der mit der Mayasprache verwandt ist. Die Chamulas sind die zahlreichsten unter ihnen, es sind mehr als 100 000. Sie leben in den höchsten Regionen (um 3000 Meter), tragen schwarze Ponchos aus naturfarbener Schafwolle und halblange weiße Hosen. Die Indios eines anderen Stammes nennen sich *Huastécos.* Ihre Kleidung zeichnet sich durch kleine tellerartige Strohhütchen aus, die sie keck auf ihren pechschwarzen Haarschopf tragen. Statt der Hose tragen sie einen weißen Lendenschurz, der von einer roten Schärpe gehalten wird. Die Huastécos sind die verwegensten unter diesen Volksgruppen. Dann gibt es noch die *Tenejapanécos* und die *Zinacantécos,* die eine Gruppe von etwa 50 000 bilden. Sie haben ihre stolze Haltung und Würde ungebrochen bewahrt. Obwohl sie auch die dortige Sprache, das Tzotzil, angenommen haben, gehören sie nicht zu den mayaverwandten Stämmen. Unter Moctezuma I., dem Großvater des von Cortéz unterworfenen Kaisers Moctezuma II., kamen sie mit ihren Frauen und Kindern hierher und besetzten die Garnisonen, die die Azteken längs der Wege zu den ihnen tributpflichtigen Völkern errichtet hatten. Die Zinacantécos tragen einen rosafarbenen Baumwollponcho und darunter ein weißes Leinenhöschen. Von ihrem flach gewölbten Strohhut mit breiter Krempe hängen viele bunte Bänder herab, deren Farbe und Anzahl erkennen läßt, ob der Zinacantéco verheiratet ist, wieviele Kinder er hat und wie er wirtschaftlich gestellt ist. Seine Sandalen, ›caïtes‹ genannt, erinnern an manche Darstellungen auf alten Steinreliefs.

Amatl

Das Rindenpapier, ›amatl‹ genannt nach dem Amate-Baum, von dem es gewonnen wird, wird heute noch in derselben Weise hergestellt und zu rituellen Zwecken gebraucht wie in alten Zeiten. Der Chronist Francisco Hernández schrieb im 16. Jahrhundert: »Um das Papier herzustellen, schneiden die Indios die längsten Zweige der Bäume und lassen sie über Nacht im Wasser liegen, damit die Rinde weich wird. Am nächsten Tag entfernen sie die Rinde und schlagen sie mit einem steinernen Instrument, damit sie elastisch wird. Danach breiten sie sie über einer hölzernen Platte zum Trocknen aus. Die Farbe des Papiers entspricht der verwendeten Baumart.« Vor der Konquista benutzte man dieses Papier für die Codices. Heute schneiden die Indios in entlegenen Bezirken aus Amatl-Figuren Formen von Menschen, Tieren und Pflanzen und benutzen sie sowohl als Zauberfiguren im Fruchtbarkeitskult als auch zur Protektion gegen Krankheiten und böse Geister.

Nach Palenque. Vor wenigen Jahren noch war die Fahrt nach Palenque ein Abenteuer auf halsbrecherischen Straßen. Heute besteht regelmäßige Busverbindung auf der gut befestigten Straße, die durch herrliche Landschaft führt. Wegen der relativ langen Busfahrzeit (ab 4 Stunden) sollte man jedoch unbedingt eine Übernachtung bei den Ruinen in Palenque einplanen (siehe dazu S. 265).

Nach Bonampak. Bonampak ist nur mit Kleinflugzeugen problemlos zu erreichen. Die unbefestigte Dschungelstraße ist nur mit geländegängigen Fahrzeugen befahrbar, und während der Regenzeit auch manchmal ganz unpassierbar. Autotouren nach Bonampak sollte man nicht ohne ortskundige Fahrer unternehmen. Kleinflugzeuge nach Bonampak fliegen ab: Villahermosa, Tuxtla-Gutierrez, San Cristobal de las Casas und Tenosique. Übernachtungsmöglichkeit in Bonampak besteht nicht. Ausflüge nach Bonampak haben einen gewissen Expeditionscharakter, während der Regenzeit verhindern Wolkenbrüche manchmal den Start in Bonampak, so daß man immer eine Zeitreserve einplanen sollte.

Merida

Merida (10 m, 270 000 Einwohner) ist die Hauptstadt des Bundesstaates Yukatán. Die verkehrsgünstige Lage, das gewachsene, freundliche Stadtbild und die gute Hotelsituation machen die Stadt zum idealen Ausgangspunkt für einen Besuch der zahlreichen archäologischen Stätten Yukatáns. Aber auch Reisende, die auf dem Weg zu den nahen Karibikbadeorten sind, können hier ohne weiteres ein paar lohnende Tage Station einlegen. Merida verfügt über ausgezeichnete Hotels, nationale und internationale Verkehrsverbindungen und über eine weit entwickelte touristische Infrastruktur. Von Merida aus läßt sich der Reiseverlauf einer Mittelamerikareise praktisch genausogut organisieren wie von Mexico-City aus. Lediglich das sehr heiße Klima in den Sommermonaten beschränkt die Attraktivität des ansonsten idealen Stützpunktes, denn Bademöglichkeiten bieten nur Hotelschwimmbäder und die nahe Karibikküste.

Zur Orientierung:
Der Flugplatz und der Busbahnhof sind neu und gut ausgestattet (Touristenbüro für Hotelreservationen, Post, Mietwagenschalter, Restaurants, etc.). Der Busbahnhof für erste Klasse liegt etwa 15 Gehminuten vom Zentrum entfernt, der Flugplatz liegt 5 km außerhalb. Ab Flugplatz fährt ein orangegelber Bus mit der Aufschrift ›Aeropuerto/Zocalo‹ für wenig Geld direkt ins Zentrum (natürlich fahren auch Taxis). Vom Zocalo aus erreicht man fast alle wichtigen Punkte bequem zu Fuß. Die vielen, teilweise sehr schönen und altkolonialen Hotels und

die Restaurants liegen alle in der Umgebung des Zocalo. Ein Informationsstand des Touristenbüros liegt am Zocalo, vor dem Gouverneurspalast.

Wichtig: Adressen zu finden ist in Merida einfach, alle Straßen sind numeriert. Gerade Zahlen: Straßen in Nord-Süd Richtung, ungerade Zahlen: Straßen in West-Ost Richtung.

Wichtige Adressen:

Aeromexico
Ecke Calle 60/Calle 57
✆ 36644

Aviateca (Luftlinie von Guatemala), im Hotel Panamericana, Calle 59
✆ 18730

Merida hat als einzige Stadt, neben Mexico-City, eine direkte Flugverbindung mit Guatemala-City.

Im Hotel Panamericana befindet sich ein Reisebüro und eine Mietwagenagentur.

Konsulate siehe S. 232

Lufthansa
Paeso de Montejo 481
✆ 27497

Mietwagen
Avis, Calle 59, Nr. 448
Hertz, Calle 55, Nr. 479
(und in den größeren Hotels)

Mexicana
Calle 58, Nr. 500
✆ 12780

Ein gutes *Reisebüro,* das auch die Hotels bei den archäologischen Zonen von Uxmal und Chichén-Itzá reserviert:

Merida Travel Service
Calle 60, Nr. 488

Verkehr:

Taxis am Zocalo

Busbahnhof erster Klasse
›ADO‹, Calle 69

Zugbahnhof
Züge in Richtung Veracruz und Palenque täglich frühmorgens, Calle 55, Ecke Calle 49

Markt
Merida ist das Welthandelszentrum für Sisal-Produkte wie Hängematten, Hüte und Taschen, Ecke Calle 60/65.

Das *Touristenbüro* liegt weit außerhalb an der Av. Itzaes 590. Man besucht am besten den *zentralen Informationsstand* am Zocalo vor dem Gouverneurspalast.

Zu den archäologischen Stätten

Uxmal, Kabáh. Uxmal ist neben Chichén-Itzá die am häufigsten besuchte Stätte auf Yukatán. Uxmal und Kabáh erreicht man von Merida aus mit dem Auto über die Carretera Federal 184, wenn man in Muna nach rechts abzweigt (Gesamtstrecke etwa 80 km, mehrmals täglich auch Busverbindung mit ›ADO‹-Bus). Die Straße führt weiter nach Campeche. Mit dem Mietwagen kann man noch einen Abstecher zu den Maya-Ruinen von **Edzná** einlegen. Wer von Campeche aus startet, wird zuerst Edzná besuchen.

Bei den Ruinen von Uxmal gibt es gute und teure Hotels, die aber in der Saison stark belegt sind. Wer dort übernachten möchte, sollte in Merida reservieren. Reisebüros in Merida bieten auch organisierte Touren nach Uxmal und Kabáh an.

Kabáh liegt direkt an der Carretera Federal 184 zwischen Merida und Campeche, bei km 154.

Mayapán. Diese weniger stark besuchte archäologische Stätte liegt 45 km südlich von Merida. Man erreicht sie problemlos nur mit einem Mietwagen auf der Landstraße, die über Arcanceh und Tecoh führt. Die Stadt war das Zentrum der Liga von Mayapán. 1441 wurde sie in Stammeskriegen völlig zerstört. Der Stil der freigelegten Reste ist primitiver, gröber und schwächer als der von Chichén-Itzá.

Dzibilchaltún, eine ebenfalls weniger bekannte Stätte, liegt an der Carretera Federal 273, Merida – Progresso (bei km 15,5 rechts ab, dann noch 5,5 km). Eine der größten Zeremonienstraßen der Maya führt auf den restaurierten ›*Templo de las Siete Muñecas*‹, den Tempel der sieben Puppen zu. Der Tempel wurde so benannt nach den im Fundament vergrabenen Figuren. Möglicherweise war das Gebäude ein Observatorium, da sich – einmalig in der Mayaarchitektur – im Dach eine senkrechte Öffnung befindet.

Sayil, Labná. Bis vor kurzem hatte die Anfahrt zu diesen im Puuc-Stil erbauten Stätten noch Expeditionscharakter. Die Straßen sind mittlerweile aber besser ausgebaut, Busverbindungen bestehen allerdings nicht. Die Reisebüros in Merida organisieren aber auch Touren zu diesen wenig besuchten archäologischen Stätten. Labná liegt südlich von Uxmal, man erreicht es am besten von Kabáh aus. Ein ortskundiger Führer oder eine gute Straßenkarte sind unerläßlich. Von Merida kommend, erreicht man 200 Meter hinter der Einfahrt von Kabáh eine Abzweigung nach links. Der Weg führt 6 km durch dichten Buschwald und zweimal über Viehgatter, bis man den Weg erreicht, der aus Sayil kommt. An dieser Stelle nicht abbiegen, sondern weiter etwa 18 km auf dem Fahrweg bleiben. Labná wird insbesondere wegen eines herrlichen Bogens gerühmt, der als der vollkommenste Bogen der Maya-Architektur gilt (Farbt. 10).

Während der Regenzeit wird die Anfahrt durch Wolkenbrüche oft erheblich erschwert, vor allem in den Nachmittagsstunden. Nochmals: Der Ausflug nach Sayil und Labná ist keine Kaffeefahrt! Auf der Weiterfahrt von Labná nach Sayil erreicht man **Xlapak;** hier sieht man einen großen Palast, dessen Front mit Masken des Regengottes Chac geschmückt ist. Von Sayil aus erreicht man dann wieder die Hauptstraße zwischen Kabáh und Uxmal.

Chichén-Itzá

Chichén-Itzá zählt sicher zu den meistbesuchten und imposantesten archäologischen Stätten in Mesoamerika. Die weit ausgedehnte Stätte liegt 120 km von Merida entfernt, direkt an der guten Schnellstraße (Carretera 180) die Merida mit der Karibikküste bei Puerto Juarez verbindet. Mittlerweile gibt es mehrere gute Hotels, die mehr oder weniger dicht bei den Ruinen liegen (die ›Hacienda Chichén‹ liegt besonders schön und hat ein Schwimmbad, eine Wohltat bei der Hitze!). In der Saison sollte man auch hier in Merida im voraus buchen. Die Besichtigung der ausgedehnten Anlage von Chichén-Itzá erfordert schon einige Zeit; eine Übernachtung ist also unbedingt empfehlenswert, gerade auch für Reisende, die hier ein oder zwei Tage Station auf dem Weg zu den Karibikbadeorten Isla Mujeres, Cancun oder Isla Cozumel einlegen möchten. Das Übernachten im dichten, dschungelähnlichen Buschwald von Yukatán mit den vielen tropischen Geräuschen ist immer ein Erlebnis.

Die Autoanfahrt nach Chichén-Itzá ist völlig problemlos: Die gut ausgebaute Carretera 180 führt zunächst durch große Agavenplantagen, dann durch den schier endlosen Buschwald Yukatáns, direkt zu der archäologischen Stätte von Chichén-Itzá. Die Verkehrsstraße teilt den Komplex in zwei ähnlich ausgedehnte Bereiche: in das nördliche Ruinenfeld mit der berühmten *Kukulcán-Pyramide* und in das südliche mit dem ›*Caracol*‹. Die Hotels liegen alle direkt an der Straße.

Busanfahrt: Mehrmals täglich Busverbindung mit Bussen erster und zweiter Klasse aus Richtung Merida und von der Karibikküste aus, ab Puerto Juarez. Bus erster Klasse ab Merida: ›ADO‹-Busbahnhof, Calle 69. Die Busroute Merida – Chichén-Itzá – Puerto Juarez (Karibikbadeorte) ist unter selbstplanenden Touristen sehr beliebt, weil man auf dieser Tour den Besuch von archäologischen Anlagen und einen Badeaufenthalt leicht kombinieren kann. Die Strecke kann ebensogut in umgekehrter Richtung befahren werden. Man würde dann einen Badeort an der Karibikküste als Ausgangspunkt wählen (siehe auch S. 273).

Die Höhle von **Balancanché** liegt 8 km östlich Chichén-Itzás, 300 Meter von der Straße Chichén-Itzá – Puerto Juarez entfernt. Eine wenig besuchte, aber interessante archäologische Stätte, die erst 1959 von einem Fremdenführer durch Zufall entdeckt wurde. In der Höhle befindet sich ein dem Regengott geweihtes Heiligtum, das noch ganz in seinem ursprünglichen Zustand mit allen abgelegten Weihgaben erhalten ist. Unter den Funden waren auch Gefäße mit Darstellungen des Chac und eine Anzahl ›metates‹ (Steinplatten zum Maismahlen) als Zeichen für eine fruchtbare Ernte.

Wer von Merida aus mit dem Mietwagen nach Chichén-Itzá unterwegs ist, könnte noch einen Abstecher nach **Izámal** einlegen. Die Stätte liegt nördlich der Carretera Federal 180 (Merida – Puerto Juarez), Abzweigung nach Izámal entweder bei km 47,5 (Hoctún) oder bei Kantunil, km 63. Izámal ist die größte Pyramidenanlage Yukatáns; viele Pyramiden sind aber nur als überwachsene Hügel erkennbar. Auf der gegenüberliegenden Seite der Anlage liegt ein ausgedehnter Klosterkomplex, wo die Schutzheilige Yukatáns, die ›Virgen de Izámal‹, verehrt wird.

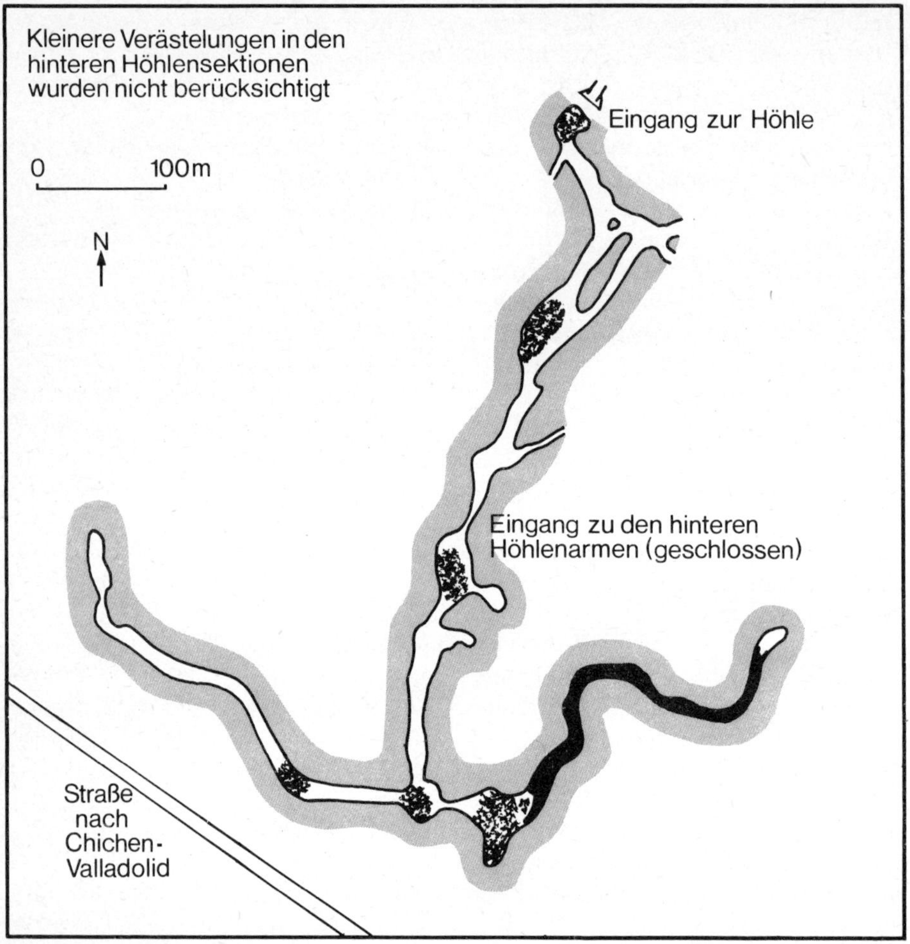

Die Höhle von Balancanché (siehe S. 271)

Die Karibikbadeorte Isla Mujeres, Cancun, Isla Cozumel

An der Ostküste der Halbinsel Yukatán, im kleinen Bundesstaat Quintana Roo liegen drei Badeplätze mit sehr unterschiedlichem Charakter, die sich gut als Stützpunkte für den Besuch der weniger bekannten archäologischen Stätten im Osten von Yukatán eignen. Man kann aber auch Chichén-Itzá und Uxmal von hier aus besuchen. Neben ihrer Funktion als Ausgangspunkt für Kulturausflüge bieten alle drei Plätze die Badefreuden der Karibik, das heißt, das ganze Jahr hindurch warmes, klares Wasser, ideales Badewetter und traumhafte Tauchmöglichkeiten.

Kurz zum Charakter der Orte: Die kleine Badeinsel **Isla Mujeres** und der Retortenferienort **Cancun** liegen dicht beieinander an der Nordostspitze von Yukatán, unterscheiden sich aber in vielem voneinander: Isla Mujeres war bis vor kurzem eine verträumte Karibikinsel ohne großen Flugplatz und ohne Hotelsilos am Meer. Wenig Reisegruppen, überwiegend Rucksackreisende, haben die freundliche Insel zu ihrem Domizil gemacht. Dies ändert sich zur Zeit, die Insel wird mehr und mehr erschlossen. Aber außerhalb der Saisonzeit bietet Isla Mujeres immer noch viel Inselromantik und Karibikstimmung, allerdings wenig organisierte Unterhaltung und keinen Ferienrummel.

Cancun ist das genaue Gegenteil: Internationaler Flugplatz mit Direktverbindungen in die USA, luxuriöse Hotelneubauten mit allem Komfort und saftigen Preisen, perfekt organisierter Urlaubsspaß bis ins Detail – eine Ferienmaschine.

Die Insel **Cozumel**, weiter südlich und weiter im freien Meer gelegen, ist in gewisser Weise eine Mischung aus den zuvor geschilderten Verhältnissen. Großer Flugplatz, Luxushotels, aber auch einfache Pensionen und verträumte Winkel und natürlich jede Menge Strand und Sand.

Für alle drei Orte gilt, daß sie zu Saisonzeiten (Wintermonate, besonders über Weihnachten/Ostern und Hochsommer) stark besucht sind. Zimmerreservierung ist dann unbedingt ratsam. In der ›Off Season‹ findet man im Hotel und am Strand viel Platz. Alle drei Orte sind auf Touristen eingestellt, so daß Sie alle weiteren Informationen mühelos vor Ort erhalten.

Ein Hinweis für die Besucher von Isla Mujeres: Zwei Fähren verbinden die Insel mit Puerto Juarez (Fahrzeit 45 Min.). Die Personenfähre legt direkt an der Busendhaltestelle in Puerto Juarez an. Die letzte Fähre läuft gegen 17 Uhr aus. Da eine Übernachtung in Puerto Juarez auf keinen Fall lohnt, seien Sie also rechtzeitig zur Stelle! Die Autofähre zur Isla Mujeres legt bei ›Punta Sam‹ an, wenige km nördlich von Puerto Juarez (Fährpreis für ein Auto 10,– DM, letzte Fähre gegen 17 Uhr).

Die Fähre nach Cozumel legt bei Playa del Carmen an. Die letzte Fähre geht hier gegen 18 Uhr (Autofähre ab Puerto Morelos einmal täglich gegen 8 Uhr morgens, Tickets ab 7 Uhr morgens, Fahrdauer 2½ Stunden, Preis für ein Auto 30,– DM).

Tulúm, die bekannteste archäologische Stätte an der Karibikküste von Yukatán thront in entrückt schöner Lage über dem Meer. Die meisten Tulúm-Besucher kommen mit organisierten Touren von der Insel Cozumel. Man erreicht Tulúm aber auch problemlos auf der guten Straße Carretera Federal 307 ab Puerto Juarez. Zwischen Puerto Juarez und Chetumal an der Grenze zu Belice besteht außerdem regelmäßige Busverbindung, und Tulúm liegt genau auf der Strecke. Die Anfahrt von Cancun mit Bus oder Auto ist ebenfalls ohne Schwierigkeiten möglich (Farbt. 6).

Der Name Tulúm bedeutet ›Mauer‹ oder ›Festung‹, er stammt aus neuerer Zeit. Der ursprüngliche Name der Stadt war wahrscheinlich Zamá, denn alte Chroniken berichten, daß zur Zeit der spanischen Eroberung eine Stadt dieses Namens an der Ostküste Yukatáns existiert haben soll. Zamá bedeutet ›Sonnenaufgang‹, und Tulúm liegt ja an der Küste Yukatáns, wo die Sonne aufgeht. Die Lage des Schlosses ›El Castillo‹ ist wirklich unglaublich würdig und erhaben, ein Besuch im frühen Morgenlicht bleibt unvergessen.

Die Strecke Puerto Juarez – Chetumal, an der ja auch Tulúm liegt, ist Teil des ›Globetrotter Trampelpfades‹, der dann weiter durch Belice nach Tikal und Flores und bis Guatemala-City führt. Auch wenn man diese ausgesprochen anstrengende Busreise nicht auf sich nehmen möchte (Mietwagenreise aus Mexiko nach Belice und Guatemala ist nicht möglich), für Mietwagenfahrer bietet die Ostküste von Yukatán neben Tulúm noch weitere, interessante Ziele. Allgemein ist ein Mietwagen gerade in Yukatán von Vorteil, weil hier viele interessante Stätten auf guten Straßen durch reizvolle, oft einsame, Landschaft bereist werden können. Dies gilt besonders für

Grundriß der Stadt Tulúm am Karibischen Meer, die von einer starken Festungsmauer umschlossen ist

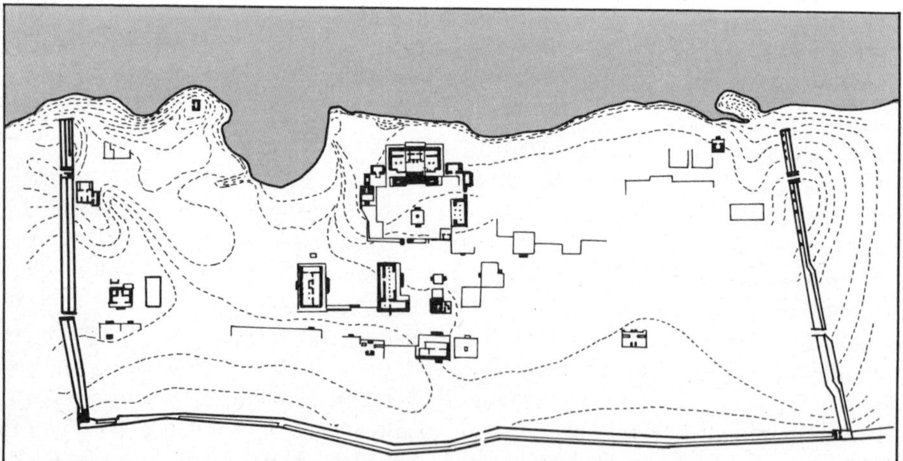

die sehr interessante Straße 307 zwischen Puerto Juarez und Chetumal. Die Straße führt teilweise direkt an der Karibikküste entlang. Man erreicht zahlreiche ›caletas‹, dies sind kleine Badebuchten, die wunderschöne einsame Bade- und Tauchmöglichkeiten bieten. Von Puerto Juarez aus erreicht man bei km 114, also etwa 12 km vor Tulúm, die berühmte Lagune Xelhá, ein Bade- und Tauchparadies. Ab Tulúm führt die Straße 307 dann in das ewige, dichte Grün des Buschwaldes. Man fährt endlose Kilometer durch tropische Vegetation. Ab Carrillo Puerto, einer verschlafenen Urwaldstadt, führt dann eine Straße nach Merida zurück.

Cobá. Einer der ausgedehntesten Ruinenkomplexe des Maya-Gebietes liegt westlich von Tulúm im Dschungel von Quintana Roo. Man erreicht die bis jetzt noch wenig restaurierte und kaum von Touristen besuchte Anlage auf einer recht guten Straße ab Tulúm. Wer sich für archäologische Stätten in herrlicher tropischer Vegetation interessiert, sollte Cobá unbedingt besuchen. Neuerdings besteht auch eine gute Übernachtungsmöglichkeit direkt an einem der Seen bei den freigelegten Ruinen. Wer kann, sollte unbedingt über Nacht bleiben.

Coba muß eine Hauptwallfahrtsstätte gewesen sein, denn hier endet die Zeremonialstraße (Sacbé), die von *Yaxuná* (nahe Chichén-Itzá) aus schnurgerade in einer Länge von fast 100 km dorthin führt (Farbt. 14).

Seit 1974 wird das ›Projekt Cobá‹ als Teil der archäologischen Untersuchungen auf der Halbinsel Yukatán vom Centro Regional del Sureste, I.N.A.H., durchgeführt, nachdem schon früher dort umfangreiche Untersuchungen stattgefunden hatten: 1926–1930 durch die ›Carnegie Institution of Washington‹ und 1974–1976 von einer nordamerikanischen Forschungsgruppe der ›National Geographic Society‹. Bisher konnte festgestellt werden, daß die Ausdehnung der Stadt sich mindestens über 70 km^2 erstreckt hat. Die vielen Bezirke und Architekturgruppen der alten Stadt wurden von einem System von mindestens 43 befestigten Straßen (›Sabeh‹) zusammengehalten. Vom Zentrum ausgehend, wurden in alle vier Himmelsrichtungen Breschen von mehreren Kilometern Länge und 200 m Breite geschlagen. Anfang 1980 begann man mit weiteren Untersuchungen, um die Siedlungsstruktur festzustellen. Die Mexikaner beabsichtigen, in Cobá einen Naturschutzpark zu schaffen, der sich über mehrere Quadratkilometer erstrecken soll und in dem die Mayamonumente, die Flora und die Fauna geschützt werden sollen.

Wer die Fahrt entlang der Ostküste Yukatáns bis Chetumal fortsetzen möchte, sollte die Möglichkeit nutzen, die neueren, noch wenig bekannten archäologischen Stätten bei **Kohunlich** zu besuchen. Die Ruinen liegen auch hier wieder im tiefen Urwald, was ja immer besonders reizvoll ist. Kohunlich liegt 54 km westlich von **Chetumal**, der Hauptstadt des Bundesstaates Quintana Roo. Chetumal hat als Stadt wenig zu bieten, außer tropisch-feuchter Hitze; eine Übernachtung lohnt nicht. Die Stadt wurde 1955 durch einen Wirbelsturm zerstört. Zuvor galt das damals entlegene, aber landschaftlich reizvolle Gebiet um Chetumal als ›Grüne Hölle‹: ein Verbannungsgebiet, in dem die Malaria wütete. Ehrgeizige Entwicklungsprojekte der Regierung haben der Stadt raschen Wachstum beschert (Flugplatz). Sonderlich einladend wirkt Chetumal trotzdem nicht. Interessant sind höchstens die preiswerten Einkaufsmöglichkeiten von Konsumgütern, weil Chetumal als Freihandelszone gilt.

Die Ruinen von Kohunlich erreicht man auf der guten Straße Carretera Federal 186, die Chetumal mit Francisco Escácega verbindet. Das Ausgrabungsfeld liegt beiderseits der Straße. Auf der südlichen Seite kommt man zuerst nach Kohunlich, wo seit 1973 unter der Leitung von Victor Segovia ausgegraben wird. Neben dem Ballspielplatz und zahlreichen Zeremonialbauten ist eine Stufenpyramide mit großen Stuckmasken des Sonnengottes, die ›*Pyramide de Mascarones*‹, bemerkenswert.

Die Straße 186 führt durch heute menschenleeres Urwaldgebiet. Neben Kohunlich (Abzweigung bei km 40, dann 9 km auf einer guten Nebenstraße) deuten weitere archäologische Stätten auf eine vergangene, dichte Besiedlung dieser Region hin, die mit ihrer tropischen Vegetation auf den Reisenden heute so geheimnisvoll und einsam wirkt: bereits im Bundesstaat Campeche, bei km 102, die Anlage von **Xpujil** und bei km 108, auf der rechten Seite, die von **Bećan,** wenige Kilometer weiter schließlich die Reste von **Chicama,** südlich der Straße. Die einzelnen Ruinen dieser Stätten sind teilweise tief im Urwald verstreut und nur mit einem kundigen Führer zu erreichen.

Palast von Xpujil: Auf den drei Pyramiden stehen falsche Hochtempel

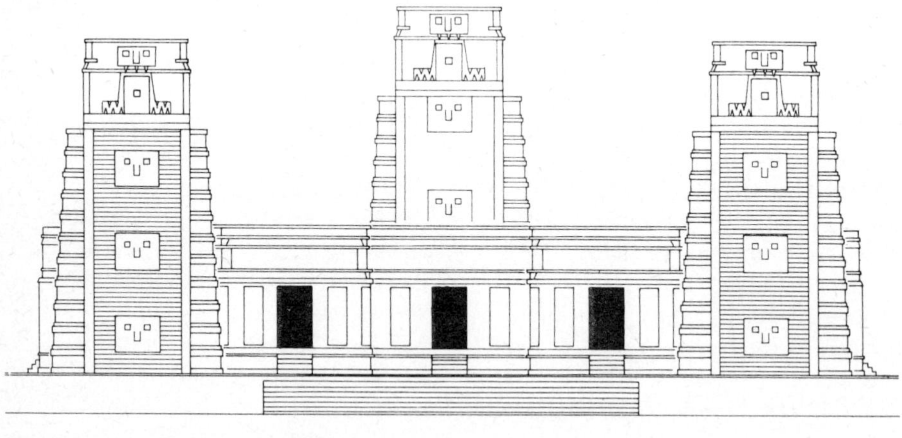

Bildnachweis

Farbabbildungen

1–7, 9, 15–37	Hans Helfritz
8	Fritz Prenzel (Gröbenzell)
12	Klaus Thiele (Warburg)
10, 11, 13, 14	Zefa – Karl Kummels

Schwarzweißabbildungen

28, 29	Horst Hartung (Guadalajara)
46	H. Roger-Viollet (Paris)

Alle anderen Aufnahmen stammen von Hans Helfritz

Textabbildungen

Aus folgenden Publikationen wurden Textabbildungen entnommen:

Cholula-Ciudad Sagrada. Artes de Mexico, No. 140, Año XVIII 1971

La Catedral de Mexico. Artes de Mexico, No. 182–183, Año XXI

El Arte Popular de Mexico. Artes de Mexico, No. 196, Año 1979

Henri Stierlin. Maya – Guatemala, Honduras, Yukatán. Office du Livre. Fribourg 1964

Reves et Gravures de José Guadelupe Posada. Photo-Revue 39. Mexico 1968

Kunst aus Mexico – von den Anfängen bis zur Gegenwart. Katalog zur Ausstellung der Villa Hügel. Essen 1974

Mexikanische Tage. Katalog zur Ausstellung in Ingelheim am Rhein 19. 4.–1. 6. 1975

Personenregister

Acosta, I. R. 47
de Acosta, José 176
Ägypter 114
Alzate y Ramirez, José António 78
Ambrosius 201
Araber 115
Arroyo, Antonio Vanegas 214
Axayacatl 75
Azteken 7, 8, 15, 16, 41, 42, 46, 48, 49, 51, 53ff., 80, 82, 85, 105, 112, 174

de Balbas, Jeronimo 117, 203
de Benanvente, Toribio 197
Bernal, Ignacio 43
Betanzos, Domingo 193
Blom, Frans 119
de la Borda, José 196, 197
de Burgoa, Francisco 108

Cali, Francois 177
Caso, Alfonso 87, 105
del Castillo, Bernal Diaz 51
de Castro, Damian Ortiz 203
Catherwood, Frederick 118, 147
Charnay, Désiré 108
Chichimeken 48, 53
Churriguera, José 177
Clavigero 76, 176
Cocom 152
Coe 80, 108
Cortés, Hernando 48, 50, 54, 195, 267

Etrusker 112

Franzosen 202

Götter
- Chac 145, 146, 149, 150, 170f., 270, 271
- Cinteotl 174
- Ciuacouatl-Ilamatecuhtli 174
- Coatlicue Fig. S. 173
- Cocijo 105
- ›Fetter Gott‹ 42, 43
- Feuergott 42 (Fig. S. 2)
- Huitzilopochtlis 52
- Itzamná Fig. S. 146
- Ixtlilton 174 (Fig. S. 173)
- Jaguargott 105
- Kuculcán Fig. S. 142, 151 (s. auch Quetzalcoatl)
- Mondgott 173
- Ometochtli 180, 201
- Quetzalcoatl 8, 42, 47, 48, 74, 116, 147, 174 (Fig. S. 75, 173)
- Regengott 16, 79, 117
- Sonnengott 46, 173
- Tepeyolotl 77, 82
- Tezcatlipoca 48, 77, 196 (Fig. S. 53)
- Tlaloc 42, 52
- Windgott s. Quetzalcoatl
- Xochipilli 174 (Fig. S. 173)
- Xochiquetzal Fig. S. 9
- Xolotl 174
- Yum Kaax Fig. S. 144

Gage, Thomas 196
de Gante, Pedro 193
Griechen 9, 112, 174, 178

Hernández, Francisco 267
de Herrera, Alonso Lopez 176, 193f.
de Herrera, Juan 203

Hidalgo y Costilla, Miguel 204
Holmes, William H. 108
Huaxteken (Huastécos) 80, 114, 267
Humboldt, Alexander von 78, 108, 118, 119, 195, 197, 263
Hurtado, Eusebio Dávalos 56

de Iturbide, Augustin 204

Juarez, Benito 263

Kreter 114
Krickeberg, Walter 12, 42

de Landa, Diego 176
Lehmann, Walter 151
Loretto 201
de Loyola, Ignatius 195

Marquina, Ignacio 51, 56
Matisse, Henri 9
Matlatzincas 74
Mauricio, Miguel 182
Maximilian (Kaiser von Mexiko) 202
Maya 8, 48, 77, 79, 80, 82, 83, 84, 85, 86, 105, 112ff., 245, 258
de Mazariego, Diego 266
Mendieta 178
Messmacher, Miguel 56
Mexica 196
Mixcoatl 45
Mixteken 86, 88, 106ff., 196
Moctezuma I. 267
Moctezuma II. 50, 195, 267
Moldanos, Pedro 202
Morley, Silvanus G. 115, 116, 169

Olmeken 80ff., 83, 84, 86, 114, 261
Orizaba, Graf von 204
Orozcoo 241
Otomi 75

Philipp II. 175
Phönizier 114

Picasso 9
Le Plongeon 171
Posada, José Guadelupe 194, 213ff. (Fig. S. 211–214)
Price 44

de Regla (Graf) 204
Rivera, Diego 204, 241
Römer 112, 178
Ruz Lhuillier, Alberto 139, 141

Sahagún, Bernardo de 15, 74, 176
Sanders 44
Segovia, Victor 276
Seler, Eduard 85, 108
Siculus, Diodorus 109
Siqueiros 241
Spanier 15, 50, 80, 108, 150, 152, 169, 175ff., 205, 206, 208, 209, 244
Stephens, John L. 118, 119, 169
Stierlin, Henri 116, 264
Stirling, M. W. 81

Tamayo, Rufino 242
Tarasken 196
Tenejapanécos 267
Thompson, Ed. H. 169
de Toledo, Juan 203
Tolsa, Manuel 177, 203
Tolteken 45ff., 80, 112, 114, 147, 151, 152, 259
Torquemada 182
Totonaken 83ff., 137, 262
Tutanchamun 88

Vazquez, Pedro Ramirez 241
Velazques, Antonio Gonzales 177

Xiu 152

Zapoteken 77, 83, 84, 86ff., 108, 109, 111, 196
Zinacantécos 267
de Zumárraga, Juan 176

Ortsregister

Acapulco 199, 206, 220
Acatepec
- San Francisco 198; (Farbt. 25, 27–29)
Acolman 182, **200f.**
- Augustinerkloster 182, 193, 200, 258
Actopan
- Augustinerkloster 259
Ägypten 9, 88
- Cheopspyramide 41
Ajusco (Vulkan) 77, 260
Ameyaltepec 207
Anahuác 41, 54
Atzcapotzalco 12
Azcualco 51

Babylon 9
Balancanché 271 (Fig. S. 272)
Banderilla 261
Bécan 276
Belice 118, 252
Beringstraße 11
Bonampak 145, 266, 268

Cacaxtla 258
Calixtlahuaca 51, **74f.**, 76, 260
- Rundpyramide 74f. (Abb. 14)
- Schädelgerüst 74f. (Abb. 15)
Campeche 118, 151
Cancun 220, 252, **273**
Carrillo Puerto 275
Cerro de las Mesas **81f.**, 261
Chakanputun 151
Chetumal 274, **275f.**
Chicama 276
Chichén-Itzá 11, 114, 142, 143, 146, 150, **151–174**, 269, **270f.** (Abb. 84, 86, 91, 92)
- Ballspielplatz 173f. (Abb. 81, 82)
- Caracol 171f. (Abb. 87–90)
- Hauptpyramide (El Castillo) 169f. (Farbt. 1, Abb. 73)
- Heiliger Teich 117, 150, 151 (Abb. 85)
- Kriegertempel 152, 169 (Farbt. 7; Abb. 74–78)
- Tempel der Jaguare 173
- Tempel des Kukulcan 170
- Tigertempel Abb. 79, 80
Cholula **55–74**, 106, 198
- Capilla Real Fig. S. 179
- Pyramide 41, 55ff. (Abb. 27)
- San Francisco 193
- Sta. Maria de los Rmedios 55 (Fig. S. 180)
Coatzacoalcos 118
Cobá **275** (Farbt. 14)
Copán (Honduras) 79, 105, 141, 151
Copilco 13, 15
Coyotepec 206
Cuautitlán 182
Cuernavanca 77, 180, 261
Cuicuilco **12–15**, **258**
- Pyramide 12f.

Dahomey
- Palast der Könige von Abomey 183
Delphi 8
Dzibilchaltún 116, **270**
- Tempel der sieben Puppen 270

Edzná 269f.
El Paso 219
El Salvador 112
El Tajín 44, **83ff.**, 261

– Nischenpyramide (sog. ›Großer Tajín‹) 83ff. (Abb. 22, 23)
– Säulenbau 84f.
Epazoyucan 193
Escorial 203
Essen
– Villa Hügel 244
Etla 86

Feuerland 12

Griechenland 8, 112
Guadelupe
– Wallfahrtskirche 259
Guatemala 112, 114, 118, 252
Guatemala-City 16, 252
Gueletao 263

Honduras 112, 118
Huejotzingo 193, 197 (Fig. S. 198)

Isla Cozumel 252, **273**
Isla Mujeres 252, **273**
Ixtapalapa 51

Jalapa 82, 243, 261
– Museo de la Universidad Veracruz 243f. (Abb. 1, 21)
Janizio 213
Jerez 209

Kabáh 143, **145f.**, 269f. (Farbt. 11)
– Palast der Masken 146 (Abb. 61, 62)
– Triumphbogen 145 (Abb. 60)
Kaminaljuyú 16
Kohunlich **275f.**
– Pyramide de Mascarones 276

Labná 8, **143ff.**, **270** (Abb. 56, 58, 59)
– Triumphbogen 144f., 270 (Farbt. 10; Abb. 57)
Las Vegas 11
La Venta **80ff.**, 105, 243

Malinalco 51, **76f.**, 82, 260 (Farbt. 32)
– Felsentempel 76f.
Mani 152
Mayapán 114, 152, **270**
Merida 142, 220, 243, 252, **268ff.**
– Archäologisches Museum 243
– Kathedrale 199, 203

Mexico-City 12, 44, 49ff., 179, 182, **203f.**, 219, 220, 221, 228f., 243, 247, 252, **253ff.** (Fig. S. 50, 254)
– Alameda-Park 253
– Casa se los Azulejos 204
– Chapultepec-Park 253
– Kirchen und Klöster
– – Convento de la Merced 204
– – Kathedrale 50, 177, 203, 241f., 253 (Farbt. 31; Fig. S. 203)
– – Konvent El Carmen 181
– – Sagrario Metropolitano 203
– – San Francisco 182, 204
– – Santo Domingo 194, 204
– Museen
– – Museo Anahuacalli Diego Riveira 241
– – Museo de Arte Moderno 241
– – Museo de la Ciudad 242
– – Museo Nacional de Antropología 141, 239ff. (Farbt. 19–22; Abb. 26, 35, 93–101)
– – Museo Nacional de Etnologia 240
– – Museo Nacional de Historia 241
– – Museum Bellas Artes 194, 253
– – Pinacoteca Virreinal de San Diego 242
– Nacional Monte de Piedad 204
– Paläste
– – Palacio de Iturbide 204
– – Palacio del Ayuntamiento 204
– – Palacio des los Condes de San Mateo Valparaiso 204
– – Palacio Nacional (Regierungspalast) 50, 204, 241, 253
– Platz der drei Kulturen 52 (Abb. 102, 105)
– Plaza de Santo Domingo 204
– Staatsoper 253
– Stadtteile
– – Coyoacan 51
– – Dan Angel 181
– – Mixcoac 51
– – Nonoalco-Tlatelolco 51
– – Tacubaya 51
– Torre Latinoamericano 242, 253
– Universität 175 (Abb. 103)
Mitla 86, **106–109**, 263f. (Abb. 37, 41, 42)
– Palast der Säulen 108f. (Abb. 38–40)
Monte Albán 7, 16, 77, **86–106**, 108, 109, 111, 206, 242, 263f. (Farbt. 5; Abb. 28, 29, 31, 34, 36)
– Ballspielplatz 105
– ›Danzantes‹ 105 (Abb. 30, 32)
– Grab Nr. 7 88, 108 (Farbt. 15)

- Haupttempel 105
- Observatorium 105
Monterrey 220

Oaxaca 44, 87, 108, 179, **202**, 208, 209, 220, 221, 242, 243, 252, **262ff.**
- La Soledad 183, 202
- Museo del Estado 242 (Farbt. 17)
- Museo Rufino Tamayo 242
- Santo Domingo 183, 202, 242
Oaxtepec 193
Olympia 8

Pachuca 51
Palenque 114, **118–141**, 143, 151, 264f., 266, 268 (Abb. 44, 45, 48–50)
- Hauptpalast 138 (Farbt. 8; Abb. 47)
- Observatorium 138
- Sonnentempel 137 (Farbt. 9)
- Tempel des Blattkreuzes 137 (Abb. 43)
- Tempel der Inschriften 137, 139ff. (Abb. 46)
Pamplona 203
Papantla 83
Pazcuar (Pazcuaro)-See 213 (Farbt. 37)
Petén (Guatemala) 114, 116, 146, 219, 252
Pico de Orizi 219
Piedras Negras 144
Pompeji 13
Poza Rica 83, 261
Puebla 179, 184, **197ff.**, 205 (Farbt. 26)
- Kathedrale 199
- Rosenkranzkapelle 198
- Santo Domingo 198, 199
Puerto Juárez 273
Puuc 142

Sahuayo 208
Salamanca 175
Saltillo 209
San Augustin de las Flores 207
San Cristobal de las Casas 264, **266ff.** (Farbt. 35)
San Juan Chamula 267
San Miguel 209
San Salvador 112
Santa Ana Acatlan 208
Santa Cecilia 51, **54**, 259
Santa Maria del Tule 263f.
Santo Domingo 175
Sayil **143f.**, **270**
- Großer Palast 143f. (Abb. 52–55)
Sevilla 177, 193

Tapachula 266
Taxco 179, **195ff.**, 220, 261
- ›Casa de la Borda‹ 197
- Humboldt-Haus 197
- Santa Prisco (Prisca) 184, 196f. (Farbt. 23, 24; Abb. 106)
Tenayuca 52, **53f.**, 259
- Pyramide 53f. (Abb. 11–13)
- Schlangenmauer 54
Tenochtitlán 8, **48–52**, 54, 77, **257f.**
- Palast des Moctezuma 50, 204
- Pyramide des Quetzalcoatl 51
- Tempotzantli 51
- Teocalli 51
- Tzompantli 50
Teotihuacán 8, 11, **15–45**, 47, 53f., 74, 77, 79, 80, 138, **258** (Fig. S. 14)
- Haupttempel 42 (Abb. 6)
- Mondpyramide 42 (Abb. 2)
- Palast des Quetzalpapalotl 43f., 111
- Sonnenpyramide 41f (Abb. 3)
- Zitadelle 42
Tepantitla (Farbt. 16)
Tepeaca 197
Tepetlazcoc 193
Tepotzotlán 179f., **201**, 243, (Abb. 104)
- Dominikanerkloster 179f., 183f., 201
- Museo Nacional del Virreinato 243
Tetzcocinco 76
Texcoco-See 51
Tikal 16, 141, 142, 144, 151, 252
Tlalpan 258
Tlatilco 12
Tlaxcala 181, 197, 209, 259
- Franziskaner-Kirche 181, 259
- Santuario von Ocotlàn 259
Toledo 200
Toluca 208, **260**
Tonala 206
Tonantzintla
- Santa Maria 198f. (Farbt. 30)
Tres Zapotes **81f.**, 261
Tula (Tollán) 8, **45–48**, 77, 152, 243, 259
- Coatepantli 47
- Pyramide des Morgensterntempels 47, 152, 169 (Farbt. 2, 3; Abb. 5, 7–10)

Tule-Springs 11
Tulúm 252, **274** (Farbt. 6)
Tuxtla-Gutierrez 234, 264, 266

Uaxactún 114, 141
Uxmal 142, 143, 146, **147–150**, 151, 152, 269f. (Farbt. 13; Abb. 17, 65, 83)
- Ballspielplatz 147
- ›Haus der Nonnen‹ 145, 149f. (Abb. 67–72)
- Palast des Gouverneurs 149 (Abb. 63)
- Pyramide der alten Frau 147
- Schildkrötentempel 143, 150
- Südtempel 147
- Taubenhaus 147
- Wahrsager-Pyramide 148f., 150 (Farbt. 12; Abb. 64, 66)

Veracruz 220
Villahermosa 82, 220, 242f., 252, 261, **264ff.**
- Museo de Tabasco 242, 264
- Tropisches Freilichtmuseum 243, 264 (Abb. 20)

Wien 107

Xelhá (Lagune) 275
Xitle (Vulkan) 12
Xlapak 270
Xochicalco 7, **77ff.**, 260f.
- Ballspielplatz 77ff.
- Haupttempelpyramide 77ff. (Abb. 16, 18)
Xochimilco 181, 182
Xoxo 86
Xpujil 276 (Fig. S. 276)

Yagúl 86, **109ff.**, 263f.
Yaxuná 275
Yucatán 114, 116, 142, 146, 219

Zaachila **111**
Zempoala 262

Raum für Ihre Reisenotizen

Anschriften neuer Freunde, Foto- und Filmvermerke, neuentdeckte gute Restaurants, etc.

Raum für Ihre Reisenotizen

Anschriften neuer Freunde, Foto- und Filmvermerke, neuentdeckte gute Restaurants, etc.

DuMont Kunst-Reiseführer

Ägypten – Geschichte, Kunst und Kultur im Niltal
Vom Reich der Pharaonen bis zur Gegenwart. Von Hans Strelocke

Äthiopien – Kunst im Verborgenen
Ein Reisebegleiter ins älteste Kulturland Afrikas. Von Hans Helfritz

Algerien – Kunst, Kultur und Landschaft
Von den Stätten der Römer zu den Tuareg der zentralen Sahara. Von Hans Strelocke

Belgien – Spiegelbild Europas
Eine Einladung nach Brüssel, Gent, Brügge, Antwerpen, Lüttich und zu anderen Kunststätten. Von Ernst Günther Grimme

Dänemark
Land zwischen den Meeren. Kunst – Kultur – Geschichte. Von Reinhold Dey

Deutsche Demokratische Republik
Geschichte und Kunst von der Romanik bis zur Gegenwart. Brandenburg, Mecklenburg, Sachsen-Anhalt, Sachsen, Thüringen. Von Gerd Baier, Elmar Faber und Eckhard Hollmann

Bundesrepublik Deutschland

Das Bergische Land
Kultur, Geschichte, Landschaft zwischen Ruhr und Sieg. Von Bernd Fischer

Franken – Kunst, Geschichte und Landschaft
Entdeckungsfahrten in einem schönen Land – Würzburg, Rothenburg, Bamberg, Nürnberg und die Kunststätten der Umgebung. Von Werner Dettelbacher

Hessen
Vom Edersee zur Bergstraße. Die Vielfalt von Kunst und Landschaft zwischen Kassel und Darmstadt. Von Friedhelm Häring und Hans-Joachim Klein

Köln
Stadt am Rhein zwischen Tradition und Fortschritt. Von Willehad Paul Eckert

München
Von der welfischen Gründung Heinrichs des Löwen bis zur Gegenwart: Kunst, Kultur, Geschichte. Von Klaus Gallas

Der Niederrhein
Das Land und seine Städte, Burgen und Kirchen. Von Willehad Paul Eckert

Oberbayern
Kultur, Geschichte, Landschaft zwischen Donau und Alpen, Lech und Salzach. Von Gerhard Eckert.

Oberpfalz, Bayerischer Wald, Niederbayern
Kunst, Kultur und Landschaft im Nordosten Bayerns. Von Werner Dettelbacher (Erscheint Herbst '80)

Die Pfalz
Die Weinstraße – Der Pfälzer Wald – Wasgau und Westrich. Wanderungen im ›Garten Deutschlands‹. Von Peter Mayer

Schleswig-Holstein
Zwischen Nordsee und Ostsee: Kultur – Geschichte – Landschaft. Von Johannes Hugo Koch

Sylt, Amrum, Föhr, Helgoland, Pellworm, Nordstrand und Halligen
Natur und Kultur auf Helgoland und den Nordfriesischen Inseln. Entdeckungsreisen durch eine Landschaft zwischen Meer- und Festlandküste. Von Albert am Zehnhoff (DuMont Landschaftsführer)

Zwischen Neckar und Donau
Kunst, Kultur und Landschaft von Heidelberg bis Heilbronn, im Hohenloher Land, Ries, Altmühltal und an der oberen Donau. Von Werner Dettelbacher

Frankreich

Die Bretagne
Im Land der Dolmen, Menhire und Calvaires. Von Frank und Almut Rother

Burgund
Kunst, Geschichte, Landschaft. Burgen, Klöster und Kathedralen im Herzen Frankreichs: Das Land um Dijon, Auxerre, Nevers, Autun und Tournus. Von Klaus Bußmann

Das Elsaß
Wegzeichen europäischer Kultur und Geschichte zwischen Oberrhein und Vogesen. Von Karlheinz Ebert

Frankreichs gotische Kathedralen
Eine Reise zu den Höhepunkten mittelalterlicher Architektur in Frankreich. Von Werner Schäfke

Das Tal der Loire
Schlösser, Kirchen und Städte im ›Garten Frankreichs‹. Von Wilfried Hansmann

Paris und die Ile de France
Von der antiken Lutetia bis zur Millionenstadt. Die Metropole und das Herzland Frankreichs. Von Klaus Bußmann (Erscheint Herbst '80)

Die Provence
Ein Reisebegleiter durch eine der schönsten Kulturlandschaften Europas. Von Ingeborg Tetzlaff

Südwest-Frankreich
Vom Zentralmassiv zu den Pyrenäen – Kunst, Kultur und Geschichte. Von Rolf Legler

---

Griechenland

Athen
Geschichte, Kunst und Leben der ältesten europäischen Großstadt von der Antike bis zur Gegenwart. Von Evi Melas

Die griechischen Inseln
Ein Reisebegleiter zu den Inseln des Lichts. Kultur und Geschichte. Hrsg. von Evi Melas

Kreta – Kunst aus fünf Jahrtausenden
Minoische Paläste – Byzantinische Kirchen – Venezianische Kastelle. Von Klaus Gallas

Alte Kirchen und Klöster Griechenlands
Ein Begleiter zu den byzantinischen Stätten. Hrsg. von Evi Melas

Tempel und Stätten der Götter Griechenlands
Ein Reisebegleiter zu den antiken Kultzentren der Griechen. Hrsg. von Evi Melas

---

Großbritannien

Schottland
Geschichte und Literatur. Architektur und Landschaft. Von Peter Sager

Süd-England
Von Kent bis Cornwall. Architektur und Landschaft, Literatur und Geschichte. Von Peter Sager

---

Guatemala
Honduras – Belize. Die versunkene Welt der Maya. Von Hans Helfritz

---

Holland
Kunst, Kultur und Landschaft. Ein Reisebegleiter durch Städte und Provinzen der Niederlande. Von Jutka Rona

---

Indien

Indien
Von den Klöstern im Himalaya zu den Tempelstädten Südindiens. Von Niels Gutschow und Jan Pieper

Ladakh und Zanskar
Lamaistische Klosterkultur im Land zwischen Indien und Tibet. Von Anneliese und Peter Keilhauer.

Indonesien
Ein Reisebegleiter nach Java, Sumatra, Bali und Sulawesi (Celebes). Von Hans Helfritz

---

Iran
Kulturstätten Persiens zwischen Wüsten, Steppen und Bergen. Von Klaus Gallas

---

Irland – Kunst, Kultur und Landschaft
Entdeckungsfahrten zu den Kunststätten der ›Grünen Insel‹. Von Wolfgang Ziegler

---

Italien

Apulien – Kathedralen und Kastelle
Ein Reisebegleiter durch das normannisch-staufische Apulien. Von Carl Arnold Willemsen

Elba
Ferieninsel im Tyrrhenischen Meer. Macchienwildnis, Kulturstätten, Dörfer, Mineralienfundorte. Von Almut und Frank Rother (DuMont Landschaftsführer)

Das etruskische Italien
Entdeckungsfahrten zu den Kunststätten und Nekropolen der Etrusker. Von Robert Hess

Florenz und die Medici
Ein Begleiter durch das Florenz der Renaissance. Von My Heilmann

Ober-Italien
Kunst, Kultur und Landschaft zwischen den Oberitalienischen Seen und der Adria. Von Fritz Baumgart

Von Pavia nach Rom
Ein Reisebegleiter entlang der mittelalterlichen Kaiserstraße Italiens. Von Werner Goez

Rom
Kunst und Kultur der ›Ewigen Stadt‹ in mehr als 1000 Bildern. Von Leonard von Matt und Franco Barelli

Das antike Rom
Die Stadt der sieben Hügel: Plätze, Monumente und Kunstwerke. Geschichte und Leben im alten Rom. Von Herbert Alexander Stützer

Sardinien
Geschichte, Kultur und Landschaft – Entdeckungsreisen auf einer der schönsten Inseln im Mittelmeer. Von Rainer Pauli

Sizilien
Insel zwischen Morgenland und Abendland. Sikaner/Sikuler, Karthager/Phönizier, Griechen, Römer, Araber, Normannen und Staufer. Von Klaus Gallas

Toscana
Das Hügelland und die historischen Stadtzentren. Pisa · Lucca · Pistoia · Prato · Arezzo · Siena · San Gimignano · Volterra. Von Klaus Zimmermanns

Venedig – Geschichte und Kunst
Erlebnis einer einzigartigen Stadt. Von Marianne Langewiesche

---

Japan – Tempel, Gärten und Paläste
Einführung in Geschichte und Kultur und Begleiter zu den Kunststätten Japans. Von Thomas Immoos und Erwin Halpern

---

Der Jemen
Nord- und Südjemen. Antikes und islamisches Südarabien – Geschichte, Kultur und Kunst zwischen Rotem Meer und Arabischer Wüste. Von Peter Wald

---

Jugoslawien
Kunst, Geschichte und Landschaft zwischen Adria und Donau. Von Frank Rother

---

Malta und Gozo
Die goldenen Felseninseln – Urzeittempel und Malteserburgen. Von Ingeborg Tetzlaff

---

Marokko – Berberburgen und Königsstädte des Islam
Ein Reisebegleiter zur Kunst Marokkos. Von Hans Helfritz

Mexiko
Ein Reisebegleiter zu den Götterburgen und Kolonialbauten Mexikos. Von Hans Helfritz

---

Nepal – Königreich im Himalaya
Geschichte, Kunst und Kultur im Kathmandu-Tal. Von Ulrich Wiesner

---

Österreich

Kärnten und Steiermark
Vom Großglockner zum steirischen Weinland. Geschichte, Kultur und Landschaft in Innerösterreich. Von Heinz Held (Erscheint Herbst '80)

Salzburg, Salzkammergut, Oberösterreich
Kunst und Kultur auf einer Alpenreise vom Dachstein bis zum Böhmerwald. Von Werner Dettelbacher

Wien und Umgebung
Kunst, Kultur und Geschichte der Donaumetropole. Von Felix Czeike und Walther Brauneis

Portugal
Ein Begleiter zu den Kunststätten von Porto bis zur Algarve-Küste. Von Albert am Zehnhoff

---

Rumänien
Schwarzmeerküste – Donaudelta – Moldau – Walachei – Siebenbürgen: Kultur und Geschichte. Von Evi Melas

---

Kunst in Rußland
Ein Reisebegleiter zu russischen Kunststätten. Von Ewald Behrens

---

Die Schweiz
Zwischen Basel und Bodensee · Französische Schweiz · Das Tessin · Graubünden · Vierwaldstätter See · Berner Land · Die großen Städte. Von Gerhard Eckert

---

Skandinavien – Dänemark, Norwegen, Schweden, Finnland
Kultur, Geschichte, Landschaft. Von Reinhold Dey

Spanien

Die Kanarischen Inseln
Inseln des ewigen Frühlings: Teneriffa, Gomera, Hierro, La Palma, Gran Canaria, Fuerteventura, Lanzarote. Von Almut und Frank Rother (DuMont Landschaftsführer)

Katalonien und Andorra
Von den Pyrenäen zum Ebro. Costa Brava – Barcelona – Tarragona – Die Königsklöster. Von Fritz-René Allemann und Xenia v. Bahder

Zentral-Spanien
Kunst und Kultur in Madrid, El Escorial, Toledo und Aranjuez, Avila, Segovia, Alcalá de Henares. Von Anton Dieterich

---

Südamerika: präkolumbische Hochkulturen
Ein Reisebegleiter zu den indianischen Kunststätten in Peru, Bolivien und Kolumbien. Von Hans Helfritz

---

Städte und Stätten der Türkei
Ein Begleiter zu den Kunstwerken Istanbuls und Kleinasiens. Von Kurt Wilhelm Blohm

---

Tunesien
Karthager, Römer, Araber – Kunst, Kultur und Geschichte am Rande der Wüste. Von Hans Strelocke

---

USA – Der Südwesten
Indianerkulturen und Naturwunder zwischen Colorado und Rio Grande. Von Werner Rockstroh